Carola Baxmann

Steig ein, wir fahren ans Meer

Geschichten aus Charlottes Coaching Car

Carola Baxmann wuchs in der mecklenburgischen Kleinstadt Teterow und in Zingst auf dem Darß auf. Nach ihrem Psychologiestudium in Leipzig war sie langjährige Geschäftsführerin eines freien Trägers der Jugendhilfe in Leipzig und arbeitete als Therapeutin in einer Mutter-Kind-Klinik an der Ostsee. Seit 20 Jahren ist sie in eigener Praxis als Therapeutin, Coachin und Supervisorin tätig. Sie hat einen erwachsenen Sohn und lebt mit ihrem Mann im Ruhrgebiet und an der Ostsee.

Carola Baxmann

STEIG EIN, WIR FAHREN ANS **MEER**

Geschichten aus

Charlottes **C**oaching **C**ar

GELÖST!

Website: info@geloest-coaching.de

Lektorat von: Romy Schneider, Katrin Opatz
Coverdesign von: Stefanie Scheurich
Satz & Layout von: Stefanie Scheurich, Bildmaterial: freepik.com
Fotos von Viola Haderlein

Verlagslabel: Gelöst!, www.geloest-coaching.de

Druck und Distribution im Auftrag der Autorin:
tredition GmbH, Heinz-Beusen-Stieg 5, 22926 Ahrensburg, Deutschland

INHALT

Vorwort ... 7
Besondere Tage und magische Momente ... 12
Die Charlottestrategie ... 36
Isso ... 84
Lassan, de biztosan ... 138
Samstags auf dem Markt ... 188
Alles ist gleichzeitig ... 212
Stell dir vor, es geschieht ein Wunder ... 264
Lösungsräume ... 280
Selbstcoaching ... 292
Das Gelöst! Coachingmodell ... 318
Epilog ... 339
Danke ... 341

VORWORT

Auf meine alten Tage habe ich einen neuen Namen bekommen. Charlottes Coaching Car werde ich jetzt genannt.

Ich habe herausgefunden, was das bedeutet. Man kann viel lernen durchs Zuhören. Sogar Sprachen.

Coach heißt eigentlich die Kutsche und Kutschen haben Menschen und Sachen von einem Ort zum anderen gebracht. Das mache ich auch, nur schneller.

Komischerweise sagen die Menschen, die ich von einem Ort zum anderen bringe, Charlotte, meine Fahrerin, sei ein Coach. Dabei hat sie nun wirklich keine Räder. Manche sagen, dass sie mit Charlotte ein ganzes Stück weitergekommen sind.

In der letzten Zeit fahren wir nur noch zwischen Dortmund und der Ostsee hin und her. Früher sind wir weit gefahren, Charlotte und ich. Manchmal sind wir solange Serpentinenstraßen über Berge und durch Täler gefahren, bis mein Motor ganz heiß wurde. Aber geschafft habe ich es immer.

Das Meer habe ich auch schon gesehen. Es gibt Straßen, von denen aus das Meer zu sehen ist. Ganz genau weiß ich nicht, was die Menschen daran finden. Es ist eine große blaue Fläche. Wenn es windig ist, entstehen kleine Berge und Täler mit weißen Spitzen. Schaumkronen nennt Charlotte sie. Die Gipfel von sehr hohen Bergen sind auch weiß. Auf dem Meer sind schon die ganz kleinen Berggipfel weiß und sie bewegen sich. Ich glaube, darum mögen die Menschen das Meer so, weil es sich bewegt. Es ist immer gleich und immer anders.

Jetzt lässt Charlotte mich nicht mehr so weit fahren. Ich weiß, dass ich alt werde. Und hohe Berge mag ich nicht mehr. Aber Charlotte fährt sowieso lieber ans Meer als in die Berge.

Städte gefallen mir auch. Da sind viele Autos und sie sind laut. Sie hupen oder quietschen oder die Motoren heulen.

Ehrlich gesagt gefällt es mir, immer dieselbe Strecke zu fahren. Ich habe schon viel gesehen und ich bin ein bisschen müde. Diesen Weg kenne ich. Ich habe Zeit zuzuhören. So viele Geschichten fahren mit!

Ich weiß, dass die Geschichten auch etwas mit meinem Namen zu tun haben. Charlottes Coaching Car.

Ich glaube, die Menschen meinen noch einen anderen Weg, auf dem sie weiterkommen. Einen Weg, den ich nicht sehen kann.

Sie sind Charlotte dankbar, obwohl die das Gleiche

macht wie ich. Zuhören. In letzter Zeit hat sie auch viel erzählt.

Ich habe Geschichten von meiner Charlotte gehört aus der Zeit, als es mich noch nicht gab. Meine Charlotte. Die hat auch schon viel erlebt. Sie ist die Einzige, die mir dankbar ist. Weil ich immer noch fahre. Jetzt ist sie ja auch schon älter und so fahren wir immer dieselbe Strecke und hören zu.

Nur ganz selten mische ich mich ein. Wenn es mir zu viel wird, zeige ich einfach irgendeine Fehlermeldung an. Das unterbricht die Erzählung. Wenn sie dann weitererzählt wird, ist es anders als vorher.

Ich bin für den Weg zuständig, den man in Kilometern messen kann. Charlotte hilft auf einem anderen Weg. Das habe ich auch beim Zuhören gelernt.

Und das auch:

Das Große liegt im Kleinen. Neues in dem, was immer wiederkehrt.Veränderung passiert in den Pausen zwischen den Worten. Das Besondere liegt im Alltäglichen,das Normale im Außergewöhnlichen. Die Wirklichkeit liegt im Erdachten, die Lösung im Problem. Oder woanders.

Ich habe Charlotte beobachtet. Ich wollte herausfinden, wie sie hilft. Aber sie tut nichts. Manchmal fragt sie etwas. Ich glaube, Coaching in Charlottes Sinne hat etwas mit Neugier zu tun. Es ist eine besondere Art, neugierig zu sein.

Am besten, du hörst selbst zu. Vielleicht entdeckst du, was hilft, um mutig und frei den eigenen Weg gehen zu können. Darum geht es Charlotte, das hat sie oft gesagt. Dabei möchte sie helfen.

Ich sorge inzwischen dafür, dass wir auch Wegkilometer zurücklegen. Sonst kommen Charlotte und ihre Mitreisenden nie ans Ziel.

Ein Platz ist noch frei. Steig ein, wir fahren ans Meer.

Wie aus einem alten Citroën
Charlottes Coaching Car wird.
Über Wut, das Meer und das, was wichtig ist.

BESONDERE TAGE UND MAGISCHE MOMENTE

Zingst, Sommer 1970

Immer, wenn sie am Meer ist, fühlt sich Charlotte wohl. Sie badet gern und sie spielt Wasserball. Es gefällt ihr, wenn sie zusammen mit ihrem Bruder und ihrem Vater Sandburgen bauen und abends ganz lange am Strand bleiben kann. Das ist immer dienstags und mittwochs, wenn das Restaurant, in dem ihre Eltern zum Abendbrot einen Tisch reserviert haben, Ruhetag hat. Dienstags kochen ihre Eltern am Strand Pellkartoffeln und jeden Mittwoch grillen sie zusammen mit den Strandnachbarn, die in jedem Jahr dieselben sind. Charlottes Mutter ist für den Kartoffelsalat zuständig. Ihr Kartoffelsalat schmeckt am besten. Charlotte mag es, wenn ihre Eltern am Abend zuvor zusammen in der Küche sitzen und Kartoffeln, Zwiebeln und Äpfel ganz klein schnippeln. Charlotte ist sechs Jahre alt und manchmal darf sie schon helfen. Meistens schneidet sie die Gurken in kleine Würfel. Mario, ihr kleiner Bruder, reicht Kartoffeln, Zwiebeln und Äpfel.

Charlotte und Mario freuen sich auch, wenn es mal wolkig oder regnerisch ist. Dann können sie nicht an den Strand gehen, sondern sie fahren nach Stralsund und sehen sich die Fische im Meereskundemuseum an. Und bei Westwind geht's zum Weststrand. Dort ist der Darß schön wild. Der Darß – so heißt die Halbinsel, auf der sie den Sommer verbringen. Jahr für Jahr.

Am Weststrand gibt es keine Drahtzäune, die den Zugang zu den Dünen versperren, und die Dünen gehen in den Wald über. Manchmal liegen umgestürzte Bäume am Strand. Viele Künstler kommen hierher und es gibt lustige Strandburgen aus Treibgut und ausgeblichenen Stöcken und Ästen. Es ist oft stürmisch dort und Mario und Charlotte dürfen nur bis zu den Knien ins Wasser gehen und nur zusammen mit ihren Eltern. Dann halten sie sich alle aneinander fest und freuen sich, wenn die Wellen sie mit donnernder Kraft fast umreißen.

Der Höhepunkt eines jeden Ostseeurlaubs ist das Strandsportfest, das ihre Eltern und die Eltern ihrer Freundin Sabine jedes Jahr für die beiden Familien organisieren. Es gibt selbstgebastelte Urkunden und Medaillen. Die wichtigste Disziplin ist Kohlrabiweitstoß. Dafür züchtet Charlottes Vater im Garten extra große Kohlrabis. Die sind fast so groß wie ein Ball. Den Abschluss bildet die große Wasserschlacht der beiden Familien gegeneinander.

Für Charlotte gibt es noch einen besonderen Moment, von dem keiner etwas weiß. Am liebsten ist sie dabei allein.

Sie läuft deshalb oft vor, wenn sie zum Strand gehen. Das ist einfach, ihre Eltern haben so viel zu tragen, dass sie nicht schnell laufen können. Charlotte trägt nur ein paar Handtücher oder eine Decke und ihren Bademantel. Mario hat meistens sowieso nur einen Ball, einen Buddeleimer und einen Schwimmring zu tragen. Den Ball schießt er immer vor sich her und läuft ihm dann nach. Charlotte muss nur seinen Ball wegschießen, wenn sie in diesem Moment allein sein will.

Die letzten Schritte bis zur Düne hat sie immer ein ganz kribbeliges Gefühl im Bauch, so freut sie sich, dass sie gleich das Meer sehen wird. Jeden Schritt kostet sie jetzt aus. Dann kommt sie endlich oben auf der Düne an und das Meer öffnet sich vor ihr. Charlotte bleibt stehen. Das Kribbeln im Bauch verschwindet und von ganz tief kommt die Freude – so, dass sie eigentlich weinen möchte. Und gleichzeitig wird sie ganz ruhig. Fast feierlich fühlt es sich an. Das Meer ist immer da, so groß.

Es ist überall das gleiche Meer, denkt sie. Die ganze Welt ist im Meer. Und ihr kommt es vor, als ob sie dazugehört. Als ob ein bisschen von der Kraft, die das Meer hat, auch in ihr ist. Es kommt ihr vor, als ob sie alles schaffen kann.

Das sind komische Gedanken, aber sie kann das fühlen. Sie erzählt niemandem davon. Wie sollte sie das auch erklären?

Betty, Herbst 2022

Charlotte möchte allein sein. Sie fährt an der Tramperin vorbei, die mit einem leuchtend orangen Koffer an der Autobahnauffahrt steht. Auf dem Pappschild, das die junge Frau ihr entgegenhält, steht: *Ans Meer*. Charlotte hat Platz im Auto und sie fährt ans Meer. Trotzdem, sie möchte allein sein.

Dann bremst sie scharf und fährt rückwärts. Die Frau kommt ihr eilig entgegen.

„Fahren Sie zum Darß?"

Charlotte lacht. „Ach, der Aufkleber." Ihre Eltern hatten ihr den Darßaufkleber mit dem Kranich geschenkt, als sie das Auto gekauft hatte. Das war vor sechzehn Jahren und der Aufkleber hält immer noch. Jetzt fährt sie ihre Eltern in Zingst besuchen. Es ist Kranichzeit.

„Ja. Der Aufkleber – ich bin Betty", stellt sich die Tramperin vor.

Charlotte steigt aus und öffnet den Kofferraum für Bettys Gepäck. Zu spät fällt ihr ein, dass dort kein Platz ist. Zwei Taschen mit aussortierten Sachen, die sie immer noch nicht im Sozialkaufhaus abgegeben hat, ihr Koffer, der Parka, Schuhe.

„Ich nehme ihn mit nach vorne", sagt Betty lachend und will die hintere Tür öffnen.

„Nicht die!"

Zu spät. Betty hat die rechte Tür schon geöffnet. Der orange Koffer landet auf dem Sitz. Als sie das Pappschild auf den Koffer legt, sieht Charlotte, dass es gar kein Pappschild ist, sondern ein zusammengefalteter Flipchartbogen.

Klickklack. Die Tür schließt nicht. Wie durch ein Wunder hatte sie sich heute Morgen verschlossen, nach einem halben Jahr das erste Mal. Nun ist sie wieder offen. Macht nichts. Noch nie war etwas abhandengekommen aus ihrem alten C3. Nach Reichtum sieht er nicht aus. Überhaupt, ihr rotes Auto hat ein Eigenleben. Ab und zu geht der Heckscheibenwischer an und die Wischanlage. Es zeigt Fehler an, die es meistens nicht gibt: Abblendlicht defekt. Glatteisgefahr bei fünfzehn Grad. Aber es fährt. Seit sechzehn Jahren sehr zuverlässig. Das kleine, runde Auto fährt und fährt, schon mehr als 300.000 Kilometer.

Charlotte hatte sich von niemandem reinreden lassen damals, als sie es nach der Trennung gekauft hatte. „Mein Citroën", nennt Charlotte es noch heute. Mit langem Ö und deutschem N. Es war ihr Auto. Sie haben viel erlebt zusammen, das Auto ist voller Geschichten. Nur selten sind Tramper mitgefahren, es stehen längst nicht mehr so viele Menschen an der Straße.

Auch Betty wirkt nicht wie eine Tramperin – Koffer, Trenchcoat, weiße Sneakers, eine ordentliche Bluse über der hellen Jeans.

Mitte dreißig, denkt Charlotte. Sie ist nicht gut im Alter schätzen. Müde sieht ihre Mitfahrerin aus.

„Wo darf ich sitzen?"

„Wo du möchtest."

Sie steigen ein und Betty setzt sich neben Charlotte.

„Oh, Blumen." Charlottes neue Beifahrerin zeigt auf den kleinen bunten Blumenstrauß in einem Plastikbecher, der mit einem Kabelbinder an den Lüftungslamellen befestigt ist.

„Ja. Ich habe überall Blumen. Wenn ich allein unterwegs bin, achtet mein Mann darauf, dass auch im Auto Blumen sind."

„Wie lieb." Betty zieht anerkennend die Augenbrauen nach oben.

„Willst du auch auf den Darß?", fragt Charlotte und startet den Motor. Es kann weitergehen.

Betty zuckt mit den Schultern. „Ja."

„Hauptsache Meer?", fragt Charlotte.

„Ja", sagt Betty wieder.

„Aber bis zum Darß ist es weit."

„Ist okay." Dann schaut Betty Charlotte erschrocken an. „Ist das überhaupt in Ordnung, wenn ich so weit mitfahre?"

Charlotte lächelt und richtet ihren Blick wieder auf die Straße. „Klar. Ich hab ja angehalten." Dann beugt sie sich vor, nimmt die Postkarte, die in der Ecke hinter der Frontscheibe klemmt, und hält sie Betty hin.

„Steig ein, wir fahren ans Meer", liest Betty laut vor. Ein bisschen ungläubig, ein bisschen belustigt schaut sie Charlotte an. „Na, dann passt's ja." Sie tippt schnell etwas in ihr Handy.

„Ich hab eine Unterkunft in Wustrow gebucht", sagt Betty nach einer Weile und legt ihr Handy auf die Ablage. Dann lehnt sie sich zurück und sagt nichts mehr. Charlotte ist froh. Sie muss nicht reden. Nicht zuhören. Die Stille mit Betty ist angenehm, selbstverständlich. Sie passt hierher, der Citroën nimmt sie auf. Jetzt schaut Betty zu Charlotte. Sie lächeln sich an. Es ist ein ruhiges, freundliches Lächeln, kein bisschen schüchtern oder verlegen.

„Trampst du oft?", fragt Charlotte schließlich doch.

„Nein. In diesem Jahrtausend das erste Mal. Früher bin ich mal an die Nordsee nach Holland getrampt. Es war nur einmal." Betty lacht wieder, es klingt belustigt über sich selbst, ein bisschen traurig.

Charlotte nickt. Ihre Trampzeit liegt auch lange zurück. „Dann ist ja heute ein besonderer Tag für dich."

„So kann man's auch sehen", meint Betty.

„Manchmal muss man einfach ans Meer, egal wie. Das Meer hilft. Immer."

„Ja", sagt Betty, „hoffentlich. – Hilft es auch gegen Wut?"

„Gerade gegen Wut."

Charlotte erinnert sich an ein Gespräch mit einer Patientin und nach ein paar Minuten beginnt sie zu erzählen:

„Vor ein paar Jahren habe ich auf dem Darß gearbeitet, als Psychologin in einer Mutter-Kind-Klinik. Ich erinnere mich an ein Gespräch mit einer Frau – Gespräch kann man das eigentlich gar nicht nennen. Die Frau wollte reden, aber es kamen nur Tränen. ‚Ich weine vor Wut', konnte sie nur mühsam zwischen ihren Tränen sagen. Sie stand auf und ging ans Fenster. Ich fragte sie, ob wir rausgehen sollten. Sie nickte und zog ihre Jacke an. Ich hatte nicht bedacht, dass es regnete und windig war. Sie wollte trotzdem ans Meer gehen. ‚Ich halte es hier nicht aus', hat sie gesagt. Die Mutter-Kind-Klinik liegt gleich hinter den Dünen und bis zum Meer sind es nur ein paar Schritte. Es war wirklich stürmisch. Wind und Regen kamen von vorne und wir mussten uns richtig dagegenstemmen. Die Frau redete und weinte, manchmal schrie sie. Sie ging schnell, rannte fast, manchmal blieb sie stehen, drehte sich zum Meer und redete gegen den Wind. Und ich verstand gar nichts, kein Wort. Ich hatte keine Ahnung, worüber sie redete und wie ich ihr helfen konnte. Das Einzige, was ich tun konnte, war, Schritt zu halten, mitzugehen, neben ihr zu stehen, ihre Gefühle zu halten. Zu halten, was ich fühlte und wovon ich nichts wusste, was ich nicht verstand. Manchmal sah sie mich bedeutungsvoll an, während sie redete. Ich spürte ihre Wut und ihren Schmerz. Ich fühlte mit ihr, ohne zu wissen, worum es ging.

Zuerst hatte sie zu mir geredet. Doch je länger wir liefen, desto lauter schrie sie gegen den Wind und das Meer an. Ich gab mir keine Mühe mehr, sie zu verstehen oder etwas zu sagen. Keine Chance. Das Meer hatte meine Arbeit übernommen. Es brauchte nur da zu sein.

Als wir zurück zur Klinik kamen, war die Gesprächszeit um und die nächste Patientin würde jeden Moment kommen. Ich wusste immer noch nicht, was ich zu ihr sagen sollte. Aber bevor ich irgendetwas sagen konnte, umarmte mich die Frau und bedankte sich für das Gespräch. Welches Gespräch?, dachte ich, aber da sprach die Frau schon weiter. ‚Das war das beste Gespräch mit einer Psychologin, das ich je hatte – Sie haben mir sehr geholfen', sagte sie voller Überzeugung."

„Wow." Betty klingt beeindruckt. „Hast du noch erfahren, warum die Frau so wütend war?"

„Nein. Das war das einzige Gespräch. Ich habe sie nur ab und zu auf dem Flur getroffen ... Sie grüßte immer freundlich und wirkte ruhig und gelöst."

„Vielleicht hilft es mir auch, das Meer", sagt Betty leise.

„Ja, bestimmt." Charlotte schaut zu Betty rüber, die aus dem Seitenfenster schaut. Nachdenklich.

Dann dreht sie sich wieder zu Charlotte um. „Ich glaub's langsam auch. Vielleicht ist das wirklich ein besonderer Tag. Nicht nur ein besonders schlechter."

„Sieht so aus." Charlotte muss auf die Straße achten, knapp vor ihr hat ein dunkelgrauer BMW eingeschert. „Du fährst heute ans Meer und du trampst zum ersten Mal seit über zwanzig Jahren", fasst sie schließlich zusammen. „Wenn das kein besonderer Tag ist." Charlotte schaut kurz zu ihrer Beifahrerin und lächelt sie an.

Betty schaut zweifelnd. Auch nachdenklich. „Waren eigentlich viele Frauen wütend?", fragt sie.

„Hm, ich glaube ja."

Nach einer Weile ergänzt Charlotte: „Hinter der Wut war oft Traurigkeit."

„Hilft dir das Meer denn auch?"

„Klar."

„Aber das reicht doch nicht, oder?"

„Nein, manchmal nicht. Aber es hilft. Eigentlich immer."

Es ist wieder still im Auto. Dann spricht Charlotte weiter.

„Mir hat das Meer zum Beispiel nach einer sehr schweren Trennung vor ein paar Jahren geholfen. Ich konnte es eigentlich nur aushalten, wenn ich am Meer entlanggelaufen bin. Stundenlang. Damals habe ich angefangen zu joggen. Ich kam mir vor wie Forrest Gump. Am liebsten wäre ich gelaufen, gelaufen, ohne stehen zu bleiben. Na ja, mein Sohn hat auch geholfen. Einfach, weil er da war. Ich wollte nicht, dass er sich Sorgen macht. Das hat mir geholfen, alles zu tun, was mir eingefallen ist, damit es mir besser geht. Wann immer ich Zeit hatte, war ich am Meer."

„Das mit dem Laufen kenn ich", erwidert Betty. Nach einer Weile fragt sie: „Und was hilft noch? Du bist Psychologin, oder? Ich möchte so gerne ruhig sein. Das wünsche ich mir schon so, so lange. Diese Wut! Ich könnte platzen. Sie macht alles kaputt! – Aber ich möchte dich hier im Auto nicht nerven mit meiner Geschichte. Vielleicht weißt du ja ganz kurz noch was, was hilft?"

„Gelöst! Coaching", sagt Charlotte und lächelt fast ein bisschen widerwillig.

„Was?"

Auf diese Frage hatte Charlotte einfach nicht anders antworten können. Sie erzählt Betty, dass das der Name ihres Coachingansatzes und des dazugehörigen Coachingprogramms ist, die sie entwickelt hat.

„Du hast einen Coachingansatz entwickelt? – wie cool!" Nach einer kurzen Pause: „Wie bist du darauf gekommen? Gibt es nicht schon echt viele?"

Der BMW schert wieder aus und Charlotte muss sich konzentrieren. Dann ist die Straße vor ihr frei, sie kann erzählen:

„Vor ein paar Jahren bin ich nach NRW zu meinem jetzigen Mann gezogen. Ich habe meine Praxis in Rostock aufgegeben und neu angefangen. In Rostock und auf dem Darß war ich bekannt, in NRW kannte mich niemand. Ich wollte wieder selbstständig arbeiten und musste mir überlegen, was meine Arbeit ausmacht, was ich zu geben habe. So ist Gelöst! entstanden."

Charlotte denkt kurz nach. „Es gab noch einen anderen Grund: Ich hatte das Glück, gute Lehrer gehabt zu haben. Ich konnte so viel von ihnen lernen. Einige lebten nicht mehr oder sie hatten sich verabschiedet. Und ich wollte etwas von dem, was ich gelernt hatte, weitergeben, um ihnen gerecht zu werden. Das, was ich daraus gemacht habe, und auf meine Art. Ich hatte schon mit so vielen verschiedenen Menschen gearbeitet. Das, was gut geholfen hat und die Menschen am besten weitergebracht hat, habe ich dann zusammengefasst. Auch das, was mir selbst am meisten geholfen hat in schweren Zeiten. Plötzlich war das Konzept da. Seitdem erkläre ich es Leuten, wenn sie es wollen. Ich begleite sie damit und bilde Coaches aus."

„Wobei hilft es?"

„Es hilft Menschen, ihren eigenen Weg zu finden und ihn mutig und frei gehen zu können."

„Geht das immer?"

„Ja. Es gibt immer einen Weg. Immer." Charlotte lacht und nickt nachdrücklich. „Das ist der Gelöst! Slogan."

Sie sieht Bettys zweifelnden Blick. „Manchmal können wir die Situation ändern und manchmal nicht. Dann können wir unsere Haltung verändern", fügt sie hinzu.

„Mutig und frei. Das ist schön. – Was meinst du damit?", will Betty wissen. „Ist das eigentlich okay, wenn ich so frage?"

„Ja. Wenn es zu viel ist, sag ich es. Die Frage gefällt mir. Ich sage das immer so selbstverständlich. Mutig und frei."

Charlotte denkt nach. „Ich glaube, das wäre eine längere Geschichte. – Oder ich mach's ganz kurz: Mut ist für mich, wenn ich meine Möglichkeiten nutze. Wenn ich mich nicht einschränken lasse von mir selbst, von Ängsten und eigenen Gedanken. Und auch die äußeren Grenzen in Frage stelle. Ich habe früher so viel Angst um mich herum gespürt. Das hat mich wütend gemacht. Und Freiheit – ist mehr ein Gefühl für mich."

Ein bisschen unsicher schaut Charlotte zu Betty. „Ich werde selten danach gefragt. Meistens stelle ich die Fragen. Vielleicht hat es auch was damit zu tun, dass ich in der DDR aufgewachsen bin, dass das so wichtig ist für mich."

Plötzlich ein Piepton. *Abblendlicht defekt*, lesen sie auf dem kleinen Display unter dem CD-Player.

Charlotte bleibt gelassen: „Das stimmt meistens nicht. – Was ist denn für dich wichtig?", fragt sie Betty. Dabei reibt sie mit ihrem rechen Zeigefinger die Stelle zwischen ihren Augenbrauen. „Liebe Güte. So große Themen", unterbricht Charlotte sich selbst. „Wollen wir Musik hören?"

Auf die letzte Frage reagiert Betty nicht. „Was mir wichtig ist?", kommt schließlich zögerlich von ihr. „Gute Frage. Mutig und frei sein, das wäre schön. – Hm. Was ist mir eigentlich wichtig?" Dann ist sie wieder still.

„Für mich heißt mutig und frei sein auch, den eigenen Werten entsprechend zu leben, also, mein Leben nach dem auszurichten, was mir wichtig ist. Dafür ist es gut, das zu wissen – dazu gibt es auch eine Übung im Gelöst! Coaching."

Charlotte lacht. „Hm. Ich glaube, ich nehme öfter Mitfahrerinnen mit. Gute Marketingmöglichkeit."

Betty bleibt ernst. „Für mich wäre es mutig, mal mit einem Mann zusammenzubleiben", sagt sie. „Mich einzulassen. Ich bin zuerst immer total verliebt und nach einer Weile kippt es und ich bin wütend und will weg. Immer dasselbe. – Allein wegfahren wäre auch mutig."

„Darf ich dich daran erinnern, dass du das gerade tust?"

Betty stutzt. „Das ist aus Wut. Ich möchte es auch machen, wenn ich ganz ruhig bin. Überhaupt wäre das schön, wenn ich mich mal frei entscheiden könnte. Nicht, weil ich wegwill, wie es bei mir mit Männern immer ist, und auch nicht, weil ich denke, ich muss bleiben wie jetzt im Job."

„Was machst du eigentlich?", will Charlotte jetzt doch wissen.

Betty erzählt, dass sie die Marketingabteilung einer Produktionsfirma leitet. „Ich mag meinen Job", sagt sie.

„Stark – macht das Spaß?"

„Ja. Schon. Ich bin gut darin."

Inzwischen sind sie von der Autobahn in Richtung Fischland/ Darß abgefahren, haben die 105 verlassen und sind abgebogen in Richtung Halbinsel.

Charlotte liebt diesen Weg übers Fischland und den Darß. Als sie in Rostock wohnte und in der Mutter-

Kind-Klinik in Zingst arbeitete, fuhr sie diesen Weg drei Jahre lang. Über das ganze Fischland und den Darß bis an das letzte Ende von Zingst. Dort liegt die Klinik. Danach kommt nichts mehr, dann beginnt die besonders geschützte Zone des Nationalparks, die hohe Düne. In der DDR war das militärisches Gebiet. Jetzt ist es unberührt und ganz ruhig. Kein Urlauberlärm, keine Sandburgen. Und danach, an der Spitze der Halbinsel, beginnt Pramort, das Kranichland. Dort hinten sammeln sich die schönen, lauten Vögel zu Zehntausenden, bevor sie in den Süden weiterziehen. Danach machen sie keine Pause mehr. Sie verirren sich nicht und teilen sich die Arbeit an der Zugspitze. Charlotte kann sie stundenlang beobachten, wie sie schön und majestätisch fliegen und scheinbar zufällig oder vielleicht auch nach einem komplizierten System ihre Flugformation ständig neu bilden. In jedem Herbst treffen sie sich hier, um sich noch einmal auszuruhen und sich mit Nahrung und Energie aufzutanken. Man hört ihr Geschrei früh am Morgen bei Sonnenaufgang, wenn sie losfliegen zu den umliegenden abgeernteten Feldern, und am Abend, wenn sie zurückkommen auf ihre Insel. Zuerst sieht man ganz weit entfernt am Himmel einen schwarzen Punkt. Er wird immer größer, je näher die Kraniche kommen, bis schließlich der Himmel ganz schwarz wird, dort, wo sie fliegen. In großer Zahl und mit lautem Geschrei landen sie dann auf der Kirr, der kleinen Vogelschutzinsel im Zingster Bodden, oder am Pramort.

Immer, wenn Charlotte Kraniche sieht, ist sie glücklich. Ganz tief, stark und ruhig spürt sie dann das Glück in sich. Und sie denkt, nein, sie fühlt: *Zu Hause.*

Auf ihrem Arbeitsweg hatte sie dieses Gefühl auch, jeden Tag, drei Jahre lang. *Zu Hause*, das hat sie an anderen Orten nie gedacht. Auch jetzt nicht, in Opherdicke, dem kleinen Dorf bei Dortmund, in dem sie mit Maik wohnt. Dieses Zuhause-Gefühl hat sie nicht nur, weil ihre Eltern jetzt schon seit langer Zeit auf dem Darß wohnen. Schon als Kind hatte sie sich hier wohlgefühlt, und wenn sie während ihres Studiums in Leipzig gefragt wurde, wo sie herkam, hatte sie geantwortet: „Aus Zingst."

Immer, wenn sie wie jetzt vor sich die Kirchturmspitze von Wustrow sieht und rechts die salzigen Boddenwiesen, dahinter den Bodden, hat sie das Gefühl, anzukommen. Manchmal ist der Bodden, dieses flache Gewässer vor der Ostsee, ruhig und glitzert freundlich, manchmal hat er kleine Schaumkämme und viele bunte Kitesegel, die in der Sonne leuchten, schweben über ihm. Wenn der Bodden grau ist und bedrohliche Wellen hat, denkt Charlotte auch heute noch die Kinderworte: *Er ist böse.*

Heute leuchtet er in der Abendsonne. Goldene Stunde. Hinter dem Bodden kann sie den Kirchturm von Ribnitz erkennen. An dieser Stelle beginnt für sie die Halbinsel, die aus drei Teilen besteht: Fischland – Darß – Zingst.

Von hier aus fährt sie durch Wustrow und Ahrenshoop. Trotz der vielen modernen Hotels haben die beiden Orte noch etwas von ihrem Charme behalten. Die alte Künstlerkolonie Ahrenshoop ist immer noch ein Ort, in dem sich Künstler und solche, die es sein wollen, tummeln. In den Boddendörfern Born und Wieck geht es noch ruhiger zu. Ursprüngliches war hier noch besser zu erahnen. Und am Prerower Hafen muss Charlotte immer lachen, wenn sie den Schaufelraddampfer sieht, der hier im Hafen liegt statt am Mississippi, wo er wohl eigentlich hingehört. Was der Tourismusbetrieb doch alles an Absonderlichkeiten hervorbringt. Und dann kommt schließlich Zingst, Charlottes Lieblingsort, der Ort, an dem sie sich am meisten zu Hause fühlt. Zingst ist der größte Ort auf der Halbinsel und hoffnungslos zugebaut, an manchen Stellen mondän. Nur an ganz wenigen Orten ist das alte Fischerdorf noch zu erkennen, das Charlotte schon als Kind kannte.

In Zingst endet das Urlaubergebiet. Das Land hinter Zingst gehört den Vögeln und den Kühen. Nur ganz wenigen Menschen ist der Zutritt zum Vogelschutzgebiet auf der Insel Kirr hinter Zingst gestattet. Vom Bodden und vom Boddendeich aus kann man die Vögel beobachten.

Hier, wo Charlotte gerade entlangfährt, kurz vor Wustrow, ist die Halbinsel ganz schmal. Nur ein halber Kilometer Land liegt zwischen Meer und Bodden.

Immer an dieser Stelle denkt Charlotte an Ellie. „Shall we?“ Diese beiden Worte und Ellies Blick würde sie nie vergessen. Sie rechnet. Das ist schon über dreißig Jahre her!

Charlotte betrachtet die Frau neben sich. Schon über fünf Stunden sind sie gemeinsam unterwegs. Sie haben geschwiegen, Geschichten erzählt, zugehört. Jetzt ist es schon seit einer Weile still im Auto. Seitdem sie die Autobahn in Rostock verlassen haben, haben sie nur noch wenig geredet. „Bald gibt's wieder Erdbeeren", war wohl das Letzte, was Charlotte gesagt hat. Das war, als sie an den riesigen Erdbeerfeldern von Karls Erdbeerhof vorbeigefahren sind, vor ungefähr zwanzig Minuten.

„Hier ist die engste Stelle zwischen Meer und Bodden", sagt sie jetzt. „Shall we?", denkt sie laut.

„Ja." Bettys Antwort kommt selbstverständlich und klar. Gerade hat sie noch gedankenversunken neben Charlotte gesessen.

Jetzt schaut Charlotte sie verwundert an. Woher weiß Betty?

Ein Déjà-vu, denkt sie. Diese Situation hat sie schon einmal erlebt.

Spätsommer 1985

Charlotte kommt gut voran. Sie hat den Berliner Ring hinter sich gelassen und wartet jetzt auf der A 19 kurz hinter Wittstock an einer Raststätte darauf, dass jemand sie

Richtung Norden mitnimmt. Nach kurzer Zeit schon hält ein großer Pkw mit Westberliner Kennzeichen.

„Can I help you?", fragt eine ältere Frau mit lustigen Augen. Hier hat Charlotte nicht mehr damit gerechnet, auf Englisch angesprochen zu werden. Sie sagt, dass sie nach Zingst wolle. Die Autobahn führt nach Rostock, von dort würde sie auf der Landstraße weitertrampen. Natürlich konnte die Frau Zingst nicht kennen. Aber sie lacht und sagt auf Deutsch mit Akzent: „Da will ich auch hin."

Charlotte schaut sie ungläubig an.

Die Frau scheint ihr Misstrauen zu verstehen und erklärt, dass sie Verwandte in Fuhlendorf habe. Jetzt lachen nur ihre warmen Augen. Charlotte vertraut der Frau. Wer kennt schon Fuhlendorf? Dieses kleine Dorf am Bodden im Darßer Hinterland. Sie steigt ein in das große Westauto, dessen Marke Charlotte nicht kennt. Die Frau hört Yellow Submarine von den Beatles und singt mit. Charlotte auch. Dann will die Frau wissen, wie sie heißt und wo sie herkommt. Dabei schaut sie auf Charlottes schmutzige Füße. Zum Glück trägt Charlotte heute die Jesuslatschen, die flachen Sandalen für sieben Mark fünfzig, die es so selten zu kaufen gibt. Sie waren gleich am ersten Tag eingerissen. Es waren die einzigen Schuhe, die sie noch mithatte, und darum hat sie sie geschont. Sie halten immer noch, nach sechs Wochen Trampen nach Bulgarien und zurück. Jetzt ist sie fast wieder zu Hause angekommen, und es ist nicht mehr nötig, sie zu schonen. Charlotte nennt ihren Namen und berichtet kurz von ihrer Tour. Ellie, so hat sich die Frau vorgestellt, sieht sie erstaunt an. Sie stellt die Musik aus und bittet Charlotte, mehr zu erzählen. Charlotte ist noch so voll von all ihren Erlebnissen und die Worte sprudeln aus ihr heraus. Ellie ist eine interessierte, gute Zuhörerin. Charlotte merkt gar nicht, wie die Zeit vergeht. Inzwischen sind sie schon auf dem Fischland. Jetzt dauert es nur noch eine halbe Stunde bis nach Zingst. Gerade fahren sie an ihrer Lieblingsstelle vorbei, an der engsten Stelle des Fischlands. Rechts sind die Boddenwiesen und der Bodden zu sehen und links hinter den Dünen ist schon das Meer zu erahnen.

Ellie fragt, ob sie „the magic moment" kenne. Charlotte denkt sofort an ihren besonderen Moment, wenn sie oben auf der Düne steht und das Meer erblickt. Aber den kennt keiner. Oder doch? Unsicher nickt sie und sieht Ellie fragend an.

„You know it", sagt Ellie ruhig. „Shall we?"

Charlotte kann wieder nur nicken. An einem der Strandparkplätze an der Straße hält Ellie an. Sie steigen aus und gehen schweigend nebeneinander den Weg zur Düne. Charlotte hat diesen Moment noch nie mit jemandem geteilt, noch nie darüber geredet. Auch jetzt redet sie nicht, aber neben ihr läuft Ellie, die Kanadierin, die sie vor zwei Stunden noch nicht gekannt hat. Immer noch schweigend gehen sie die Düne hinauf.

Dann sehen sie das Meer.

Gleichzeitig sind sie stehen geblieben. Charlottes Aufre-

gung weicht tiefer Freude. Jetzt sind da Ruhe und Vertrauen. Sie fühlt sich frei und stark. Es ist das schönste Gefühl, das sie kennt.

Sie spürt, wie Ellie ihre Hand nimmt. Sie, die Jüngere, und Ellie, die Ältere, sehen sich an. Sie können sich in der anderen erkennen. Das spürt Charlotte genau. Dann schauen sie wieder aufs Meer.

Ohne ein Wort zu sagen, gehen sie zurück zum Auto.

Betty, Herbst 2022

„Willst du anhalten?", reißt Betty Charlotte aus ihren Gedanken.

Charlotte nickt. Dann fährt sie auf denselben Parkplatz wie damals. Charlotte kommt sich vor wie in einem Film. Schweigend steigen sie aus. Sie hören das Meer und gehen die Düne hinauf. Als sich das Meer vor ihnen öffnet, bleibt Charlotte stehen. Betty auch. Sie schauen von der Düne aufs Meer. Betty, die Jüngere, und sie, die Ältere. Der Moment verbindet sie.

„Wow", sagt Betty, als sie wieder im Auto sitzen.

„Ja", antwortet Charlotte. „Das ist das Gefühl, das ich meinte." Bevor sie den Motor wieder startet, lächelt sie Betty an.

Betty nickt. „Freiheit."

„Manchmal, wenn ich mich in meinen Gedanken und Gefühlen verfange, beame ich mich in Gedanken auf die Düne und schaue aufs Meer. Mir hilft das oft. Mein Blick wird weiter und ich entdecke Lösungen, die ich vorher nicht sehen konnte. Ich nenne das meinen Magic Moment."

Kurz darauf hält Charlotte vor der Pension in Wustrow, in der Betty ein Zimmer gemietet hat.

„Ich weiß gar nicht, was ich sagen soll. Heute Morgen wollte ich nur weg und wusste gar nichts mehr. Du könntest auch einen Tagessatz Coaching abrechnen. Das heißt, eigentlich ist das nicht mit Geld zu bezahlen."

„Danke", erwidert Charlotte. „Mir hat's auch Spaß gemacht. War schön, mal wieder einfach Geschichten zu erzählen, ohne Absicht, ohne Coach zu sein." Sie lacht.

„Ich habe auch ein paar Coachingkurse gemacht. Wenn ich mich nicht irre, ist das die hohe Kunst des Coachings. Zuhören in einer Weise, die Wunder bewirkt und Sachen löst."

„Darf ich das als Coachingdefinition weitergeben?" Charlotte lacht. – „Eine Coachingfrage stelle ich dann doch: Was soll bleiben von dieser Fahrt?"

Betty überlegt nur einen Moment. „Dieser Tag ist ein besonderer Tag. – Dieser Satz soll bleiben. Und ich möchte mich vor allem an miesen Tagen daran erinnern. Jeder Tag ist ein besonderer Tag und bringt neue Möglichkeiten."

„Wow." Charlotte flüstert fast.

Betty lacht. „Habe ich das wirklich gerade gesagt? – Der magische Moment bleibt auch. Meer hilft. Und deine Frage, was mir wirklich wichtig ist – darüber möchte ich nachdenken."

Sie umarmen sich kurz.

„Hab eine gute Zeit", sagt Charlotte.

„Du auch." Bettys Blick fällt noch einmal auf die Postkarte an der Frontscheibe. *Steig ein, wir fahren ans Meer.* Sie nimmt ihr Handy und öffnet die Kamera. „Darf ich?"

„Klar", erwidert Charlotte lachend.

„Du hörst von mir. Sowieso", sagt Betty im Weggehen. Dann dreht sie sich noch einmal um: „*Coaching on the road* ist wirklich eine gute Idee. Meld dich doch bei einer Mitfahrzentrale an. Dann schreibst du ein Buch darüber und alle Menschen erfahren von deinem Gelöst! Coaching. Das sollten sowieso alle kennen." Ihr Lachen ist jetzt fröhlich und offen, so anders als heute Morgen. „Glaub mir, ich bin Marketingfrau."

Ein Platz ist noch frei in Charlottes Coaching Car.
Steig ein, wenn du magst, und fahre zusammen mit
Charlotte, Ravi und Betty zurück in den Ruhrpott.
Über Kraniche und Beziehungen,
übers Trampen und ein Upcycling-Café.
Was hilft, um mutig zu sein.

DIE CHARLOTTESTRATEGIE

Ravi und Betty, Herbst 2022, drei Tage später

Warum war Charlotte nicht früher auf die Idee mit dem Mitfahrportal gekommen?

„I am an old school hitchhiker lady“, sagt sie und lacht den jungen Mann an, der gerade auf dem Beifahrersitz ihres Citroëns Platz genommen hat.

Vor drei Tagen erst hatte Betty sie auf die Idee gebracht, sich auf einer Mitfahrplattform anzumelden. Es war ganz leicht gewesen. Und jetzt sitzt Ravi neben ihr. Er hatte seine Anfrage auf Englisch geschrieben.

„Really, I am your first fellow passenger?“, fragt er.

„Ja, you are someone special for me.“

Tatsächlich, bisher hat Charlotte nur Tramper mitgenommen. Manchmal hat sie auch nicht angehalten, wenn sie allein im Auto war. Über das Mitfahrportal ist es sicher und die Mitfahrenden beteiligen sich sogar an den Fahrtkosten. Ich bin wirklich ziemlich oldschool, amüsiert sie sich im Stillen über sich selbst. Nun hat sie ihren ersten offiziellen Mitfahrer am Nationalparkhaus in Wieck eingesammelt.

Es ist seltsam, wieder hierherzukommen, um jemanden im Auto mitzunehmen. Drei Jahre ist es Teil ihrer täglichen Routine gewesen. Auf dem Heimweg von der Mutter-Kind-Klinik ist sie täglich zum Nationalparkhaus gefahren, um Ben, ihren Ex-Mann, mitzunehmen. Sie mochte die Atmosphäre und die Leute hier. In den letzten Monaten hatte Ben immer schon auf dem Parkplatz gewartet. Charlotte hatte damals nicht gefragt, warum er nicht mehr wollte, dass sie in sein Büro kam. Obwohl sie dieses ungute Gefühl hatte.

Das ist schon so lange her und trotzdem hat sie sich wieder an das komische Gefühl von damals erinnert, als sie Ravi einsteigen ließ. Gefühle vergessen nicht, denkt sie.

Betty will auch wieder mitfahren. Sie hatte angerufen und gefragt, ob sie mit zurückkommen könne.

Charlotte freut sich auf die Fahrt mit den beiden jungen Menschen. Junge Menschen. Sie muss schon wieder über sich schmunzeln. Aus der Perspektive von Ende fünfzig ist man ziemlich lange ein junger Mensch. Ein bisschen Wehmut liegt in diesem Gedanken. Ravi lächelt Charlotte fragend an. Er kann Nähe herstellen, ohne etwas zu tun. Charlotte mag das. Sie weiß, dass sie diese Fähigkeit auch hat. Sie erzählt Ravi von ihren Gedanken über junge Menschen. Young people.

„I don't care of the age", sagt Ravi so, als ob es der selbstverständlichste Satz der Welt ist. Charlotte nickt. Sie spürt, dass er meint, was er sagt. Sie genießt diese vertrauten Momente von zwei Menschen, die nichts voneinander wissen. Gleich würde Betty einsteigen, bestimmt würde sie Fragen stellen und sie würden einander Geschichten erzählen. Charlotte hat Betty als neugierige, interessierte junge Frau kennengelernt. Junge Frau, schon wieder diese Formulierung. Charlotte schmunzelt. Wieder Ravis fragender Blick. Er beobachtet sie von der Seite, das kann Charlotte sehen, und sie wirft ihm ab und an einen Blick zu. Charlotte informiert ihn, dass noch jemand mitfahren wird. „A young lady." Sie lächeln sich vertraut an, wissend, dass der andere versteht.

Schon von weitem erkennt Charlotte den orangen Koffer.

„Hi!", begrüßt Betty sie, nachdem Charlotte ausgestiegen ist.

Betty hat frische Haut, sie wirkt ruhig und strahlend. Das Meer hilft, denkt Charlotte.

„Du siehst gut aus", sagt sie zu Betty.

„Ja, das Meer hilft."

„War's denn schön?"

Bettys glückliches Gesicht ist Antwort genug. Sie lacht. „Das war meine beste Idee seit Langem."

Charlotte öffnet den Kofferraum.

„Du hast aufgeräumt", bemerkt Betty. Nachdem sie ihren Koffer verstaut hat, stellen sich die beiden Mitreisenden einander vor. Ravi ist ausgestiegen und bietet Betty den Platz neben Charlotte an. Betty möchte hinten sitzen. Sie macht einen Schritt nach rechts, hält inne und geht zur linken Tür. Sie lacht Charlotte dabei an.

Charlotte winkt ab. „Rechts ist sowieso offen."

„Hier ist die schmalste Stelle der Halbinsel", erklärt Charlotte Ravi, als sie über das Fischland fahren. Ihr Blick trifft Bettys im Rückspiegel. Der magische Moment. So viel Vertrautheit heute Morgen in dem kleinen roten Auto.

Ravi fährt nach Münster. Seine Freundin wohnt dort und er ist mit einem Kollegen verabredet. Sie wollen über ein gemeinsames Projekt sprechen, eine Reportage über Street Skater. Betty ist neugierig. Sie ist auf der Rückbank nach links gerutscht und sitzt jetzt hinter Charlotte. Ravi erzählt bereitwillig. Er dreht sich halb nach links und redet zu Charlotte und Betty gleichzeitig. Bald wissen sie, dass Ravi seine Schwester auf dem Darß besucht hat. Sie absolviert gerade einen Freiwilligendienst im Nationalpark und übernimmt Kranichführungen.

Ravi ist Fotograf und Kameramann und lebt scheinbar überall.

Jetzt lernt er zusammen mit seiner Schwester Deutsch. Jeden Tag haben sie eine virtuelle Unterrichtsstunde mit wechselnden Lehrerinnen und Schülern. Er sagt, dass es die erste Fremdsprache ist, die er lernt. Er ist in seiner internationalen Familie mehrsprachig aufgewachsen. Es gefällt ihm, zusammen mit seiner Schwester eine neue Sprache zu lernen. Sie lesen Bücher und schauen Filme in deutscher Sprache. Einen Monat hat er schon mit ihr zusammen auf dem Darß verbracht, in ein paar Tagen will er wieder dorthin zurückkehren.

Charlotte und Betty staunen, wie gut er schon nach einem Jahr Deutsch spricht. Es macht ihnen Spaß, zwischen den Sprachen hin und her zu wechseln, obwohl es nicht nötig wäre.

„The cranes are so fascinating“, sagt Ravi.

„Ja, sie sind so schön“, sagt Charlotte.

„Und laut“, ergänzt Ravi.

„Als ich Maik, meinen jetzigen Mann, wiedergetroffen habe, habe ich in Rostock gewohnt. Wir sind fast jedes Wochenende zwischen Dortmund und Rostock gependelt. 512 Kilometer. Irgendwann haben wir darüber nachgedacht, zusammenzuziehen. Maik konnte wegen seiner Arbeit nicht weg, also überlegte ich, zu ihm zu ziehen. Wenn Max, mein Sohn, die Schule beendet hätte, wäre ein guter Zeitpunkt, dachte ich. Aber ich war nicht sicher, ob ich dort wohnen könnte, am Stadtrand von Dortmund, zwischen Ruhrgebiet und Sauerland. Als ich Maik das erste Mal besucht habe und die engen Häuser und zugepflasterten Vorgärten sah, war mein erster Satz: ‚Hier könnte ich niemals wohnen.‘

Aber einmal, als ich bei ihm war, hörte ich Kraniche. Ich lief auf die Terrasse und sah, wie sie genau über Maiks Haus kreisten und sich neu formierten. Es war, als ob sie mich begrüßten. Da wusste ich, dass ich dorthin ziehen könnte. Später erzählte mir ein Ranger in Zingst, dass das die Flugroute der Zingster Kraniche ist.

In jedem Frühjahr, wenn sie über unser Haus ziehen, rufe ich meinen Eltern an und sage ihnen, dass die Kraniche kommen. Ich gebe ihnen Grüße mit."

„Das ist schön", sagt Betty nach einer kurzen Pause. „Ich habe gar keine Kraniche gesehen. Ich glaube, ich weiß gar nicht, wie die aussehen."

Charlotte verspricht, ihr Kraniche zu zeigen. Bestimmt würden sie welche auf den Feldern entlang der Autobahn entdecken.

Die stillen Momente im Auto sind friedlich, die Atmosphäre ist freundlich, fast freundschaftlich und nah. Erst nach ein paar Minuten beginnt Ravi zu reden, in bestem Deutsch.

„Bei uns spielen Kraniche auch eine besondere Rolle. Die Familie meines Vaters stammt aus dem Norden Indiens, er gehört zu den Bishnoi. Die Menschen dort sind sehr naturverbunden und tierlieb, sie schützen alle Tiere und Pflanzen, besonders Bäume. Dort überwintern viele Kraniche, Jungfernkraniche. Sie werden sogar gefüttert. Auch andere scheue Tiere leben dort in der Nähe der Menschen. Gazellen kommen, wenn sie verletzt sind, und lassen sich pflegen.

Ich bin in England geboren, meine Schwester, die ich gerade besuche, auch. Trotzdem haben wir eine Beziehung zu Kranichen. Meine Schwester macht ein Praktikum auf dem Darß, um bei den Kranichen zu sein und sie zu beobachten. Kraniche sind für uns auch ein bisschen Zuhause."

Charlotte hört interessiert zu. „Wo ist das in Indien? Hast du dort noch Familie?"

„Im Norden, in der Wüste Thar. Zwei Schwestern meines Vaters leben dort mit ihren Familien. Mein ältester Bruder arbeitet an der Universität in Jodhpur, der größten Stadt in diesem Gebiet."

„Und wo fühlst du dich zu Hause?", fragt Charlotte weiter.

Ravi zuckt mit den Schultern. „Ich bin Nomade. Meine Geschwister leben überall. Meine Schwester möchte Umweltschutz in Deutschland studieren. Meine ältere Schwester wohnt mit ihrer Familie in Stanford, ein Bruder lebt in Tallin und zwei in Liverpool."

„Wow. Weltenbürger. – Ich war immer in Dortmund. Meine Wohnung ist mein Zuhause. Ich weiß nicht mal, ob ich sie mit jemandem teilen würde. – Wo bist du zu Hause?", möchte sie jetzt von Charlotte wissen. Auch Ravi schaut sie interessiert an.

„Darüber denke ich oft nach. Ich hatte immer Fernweh. Jetzt auch noch, gleichzeitig habe ich Sehnsucht nach einem Zuhause-Gefühl. Manchmal wüsste ich auch gerne so sicher wie du, wo ich zu Hause bin", sagt sie zu Betty mit Blick in den Rückspiegel. „Ich finde, das ist etwas Wertvolles. Wenn ich gefragt werde, wo ich herkomme, sage ich immer: aus Zingst. Dabei habe ich nie dort gewohnt. Ich habe dort viel Zeit verbracht, in jedem Sommer, meine Eltern leben dort und auch mein Sohn war oft da. Aber gewohnt habe ich dort nie. Eigentlich komme ich aus einer kleinen Stadt in Mecklenburg. Die längste Zeit habe ich in Leipzig gewohnt. Ich habe wirklich Sehnsucht nach einem Zuhause. Am Meer fühle ich mich zu Hause, an jedem Meer. Und wenn ich Kraniche sehe. Oder wenn ich über den Darß fahre. Und in Zingst. – Da sind Kraniche“, unterbricht sie sich selbst und zeigt nach links auf ein Maisfeld, an dem sie gerade vorbeifahren.

Alle drei schauen sie zu den großen, grazilen Vögeln, die auf dem abgeernteten Maisfeld neben der Autobahn nach Futter suchen.

„Wow“, sagt Betty schon wieder.

Jetzt ist die Stille im Auto fast feierlich. Auch wenn dieser Anblick inzwischen in dieser Gegend fast alltäglich ist, ist er doch berührend. Jedes Mal. Charlotte wechselt einen kurzen Blick mit Ravi. Wieder ist diese Nähe da, beide erkennen das Zuhause-Gefühl im anderen. Charlottes und Bettys Blick treffen sich im Rückspiegel. Auch Betty hat diese kurze Verbindung gesehen. Da ist sich Charlotte sicher. Sie lächelt, ein bisschen unsicher. Dieser Moment bedeutet mehr als alle Gedanken, Überlegungen und Gespräche, die Charlotte in der letzten Zeit zu diesem Thema hatte. Zuhause. Kraniche auf einem Feld an der Autobahn geben zwei Menschen ein Zuhause-Gefühl, beide denken an verschiedene Orte an unterschiedlichen Enden der Welt, keiner von beiden lebt an einem dieser Orte. Beide fühlen sich miteinander verbunden in diesem Augenblick, durch ein vertrautes Gefühl, das sie im anderen wiedererkennen, in einem Auto, in dem sie zufällig für ein paar Stunden nebeneinandersitzen. Wieder ist es still im Auto.

„Ich würde mich gerne in einer Beziehung zu Hause fühlen." Betty spricht mehr zu sich selbst als zu Charlotte und Ravi.

„Ich auch", kommt es prompt von Charlottes Beifahrersitz.

„Du hast eine Freundin, oder?" Betty klingt verwundert.

Ravi nickt langsam. „Aber zuerst kommt mir das Bild von einer anderen Frau in den Sinn und nicht das meiner Freundin. Eigentlich habe ich zwei Beziehungen."

„Wie meinst du das?" In Bettys Frage ist nur Interesse zu hören, keine Wertung.

Charlotte lächelt Ravi aufmunternd an. Erzähl gerne, wenn du willst, soll das heißen. In diesem Auto werden Geschichten erzählt und aufbewahrt.

„Meine Freundin kommt aus Schweden. Sie ist viel unterwegs, wie ich. Wir haben uns bei der Arbeit kennengelernt. Auf Hawaii, wir haben ein Werbevideo für Bikinis gedreht, sie war Model. Zurzeit hat sie einen Job am Theater in Münster. Wir streiten uns viel, sie ist sehr eifersüchtig. Sie kontrolliert mein Handy und meine Social-Media-Accounts. Sie fühlt sich schlecht dabei. Vor einigen Wochen hat sie sich von mir getrennt, hat dann aber Fotos von uns beiden in ihren Instagram-Account gestellt. Sie hat von mir verlangt, dass auf all meinen Profilbildern ein Foto von uns beiden ist."

„Hast du das gemacht?"

„Ja, natürlich. Ich verstehe sie. Sie ist verletzt und leidet. Wir lieben uns, aber wir haben keine gute Beziehung."

„Leidet sie wegen dir?" Betty fragt mitfühlend. Für wen sie mitfühlt, weiß Charlotte nicht.

„Ja. Na ja, sie ist unsicher. Man könnte sagen, ich gebe ihr einen Grund. Ich fühle mich nicht gut deswegen. Auch als es noch keinen Grund gab, war sie schon eifersüchtig. – Ich liebe sie. Aber ich bin auch mit anderen Frauen zusammen. Vielleicht bin ich polyamorös. Ich weiß nicht. Es ist gut, dass es ein Wort dafür gibt. Das macht es normal. Das Wort ist wie eine Entschuldigung. Ich möchte Sex haben und Spaß. – Ja, ich würde mich gerne zu Hause fühlen bei ihr. Ich wohne bei ihr, aber nichts in der Wohnung habe ich eingerichtet. Das ist okay. Wir sind zusammen und auch nicht."

Für einen Moment ist es wieder still im Auto.

Dann beginnt Betty zu reden: „Es ist ein bisschen wie bei mir." Sie spricht leise. „Mein Freund hat auch keine

Chance in meiner Wohnung. Ich glaube, er würde gerne mit mir zusammenwohnen, doch ich lenke immer ab. Ich kann es mir nicht vorstellen. Ich bin ganz froh, dass er in Köln wohnt. Er versucht, in Dortmund einen Job zu bekommen, aber ich bin mir gar nicht sicher, ob ich das will. Genaugenommen weiß ich auch nicht, ob er das will. Er hat einen Sohn, der auch in Köln lebt, bei seiner Mutter.

Eigentlich habe ich mein Zuhause noch nie mit jemandem geteilt. Zuerst bin ich immer sehr verliebt, aber bald wird es mir zu viel, ich bin genervt und alles ist zu eng. So ist es jetzt auch. Mein Freund will immer bei mir sein, will mit mir zusammen joggen. Aber ich will in meinem Tempo joggen, allein. Ich jogge jeden Tag, das ist wie eine Flucht. Ich weiß auch nicht, wovor ich weglaufe. Jetzt bin ich schon vor dem Wochenende abgehauen, gleich von der Arbeit. Darum bin ich getrampt. So habe ich Charlotte getroffen“, erklärt sie Ravi. „Mein Freund hatte mich gefragt, wann ich zu Hause wäre. Er war schon früher aus Köln gekommen und wartete in meiner Wohnung auf mich. Er hat mir ein Foto mit einer Flasche Prosecco geschickt. Da bin ich abgehauen. Ich habe mir ein paar Klamotten und den orangen Koffer gekauft und wollte nur noch weg. Das war gemein. Er ist wirklich lieb. Wir können gut reden und er versteht mich. Aber es ist mir zu viel. Ich hatte mich auf einen freien Nachmittag, aufs Laufen und auf mein Buch gefreut. Wir wollten uns am

Abend treffen. Ich weiß auch nicht – ich bin nur wütend und mit nichts zufrieden. Das war bis jetzt bei jedem Mann so. Wenn es zu nah wurde, bin ich gegangen."

Betty lässt sich gegen die Rückenlehne des Fahrersitzes fallen. Charlotte spürt, wie es ganz leicht wackelt.

„Ich glaube, ich habe mich noch nie richtig einlassen können. – Eifersüchtig bin ich trotzdem."

„Warum kann man nicht einfach lieben?", fragt Ravi. „Und vertrauen, dass man geliebt wird? Ist das nicht alles, worauf es ankommt? Ich weiß, dass Yva mich liebt. Ich glaube, sie hat auch etwas mit einem Kollegen. Es tut ein bisschen weh, aber es ist okay. Wir lieben uns. Liebe bleibt doch, oder? Ich meine, wirkliche Liebe, nicht besitzen wollen. Sie bleibt, egal, ob man eine Beziehung hat oder nicht. Ein paar Wochen nachdem ich Yva kennengelernt habe, habe ich Marie getroffen. Im Flugzeug. Ich habe noch nie jemanden im Flugzeug kennengelernt. Mit Marie war das anders. Wir saßen nebeneinander und gehörten zusammen, ich wusste, dass sie dasselbe gespürt hat. Wir haben gar nicht viel geredet zuerst, erst später im Bus, und dann haben wir immer weitergeredet. Bis heute sind wir fasziniert voneinander, es ist so inspirierend mit ihr. Really, so inspiring. Wir kennen uns jetzt schon vier Jahre."

Ravis Stimme klingt verträumt. Charlotte sieht, dass er lächelt.

„Liebst du sie?", fragt Betty.

Ravi dreht sich jetzt ganz zu Betty um. „Ja."

„Denkst du, dass du dich entscheiden musst?", fragt Betty weiter.

„Ich möchte mich nicht entscheiden. Wir tun uns gut, wenn wir uns sehen. Mit Yva würde ich gerne zusammenleben. Ich möchte Kinder haben. Eine Familie gründen."

„Warum nicht mit der anderen Frau?"

„Mit Marie? Sie liebt ihren Mann. Sie ist 55."

„Und warum ist sie mit dir zusammen? Seid ihr richtig zusammen?"

„Was meinst du? Ob wir zusammen schlafen? Ja." Ravi sagt es selbstverständlich.

Charlotte lächelt vor sich hin. Sie schaut im Rückspiegel zu Betty. Es ist nicht schwer zu erkennen, wie ihre Gedanken durcheinanderwirbeln.

Ruhig redet Ravi weiter. „Wir lieben einander. Sie ist klug und kreativ und weise." Er sagt es fast sachlich. „Kennt ihr den Begriff Sapiosexualität?"

Charlotte nickt. Sie sieht im Rückspiegel, dass Betty etwas in ihr Handy tippt. Dann nickt sie auch. „Wenn man sich vom Intellekt des anderen angezogen fühlt, oder?"

Ja, aber das trifft es nicht genau, was zwischen uns ist", antwortet Ravi. „Es ist auch der Intellekt, der uns anzieht, aber es ist mehr. Wir verstehen einander. Wir streiten auch, anders als mit Yva. Die Beziehung ist frei. Wir wissen viel voneinander. Wir schonen uns nicht,

Lügen sind nicht notwendig. Ich glaube, Marie ist der einzige Mensch, bei dem ich nichts verschweigen, nichts beschönigen und nicht lügen muss. Wir sind sehr frei und ehrlich miteinander. Das ist schwer zu erklären. Niemand versteht das. Marie erlebt das auch. Keine ihrer Freundinnen hat Verständnis dafür, sagt sie. Ich glaube, es ist vor allem der Altersunterschied." Aus den Augenwinkeln bemerkt Charlotte, dass er sie anschaut. Vielleicht hofft er, dass sie versteht.

„Kennst du das?", fragt Betty Charlotte.

„Das ist schön", sagt Charlotte und übergeht Bettys Frage.

„Ja. Sehr schön. Sehr nah." Ravi redet einfach weiter, wie in Trance. „Wir lieben uns als Menschen. Yva liebe ich auch nicht, weil sie Model ist. Sie ist schön, ja. Es ist ihr Job, schön auszusehen. Und klar, ich mag das. Aber deswegen liebe ich sie nicht. – Wärst du auch so verwirrt, wenn ich nicht erzählt hätte, dass Marie 25 Jahre älter ist als ich?" Er dreht sich zu Betty um bei dieser Frage. „Marie war anfangs oft wütend. Sie hat mich immer gefragt, was ich von ihr wolle, ich hätte doch die schönste Freundin der Welt. Dabei wusste sie, dass es darauf nicht ankam. Es war Angst."

„Trotzdem ist sie mit dir zusammen", stellt Betty fest.

„Ja. Wir sind noch nicht lange ein Paar, ich habe lange um sie geworben. Unsere Gespräche waren vom ersten Augenblick an so nah. Wir verstehen einander. Wir reden auch viel, aber das Verständnis füreinander ist tiefer als die Worte. Ihr nennt das Seelenverwandtschaft. Ich glaube, so was erlebt man nicht so oft. Irgendwann hat sie sich entschieden, sich einzulassen."

„Ist sie schön?", fragt Betty.

Ravi klingt traurig, als er weiterredet. „Ja. Für mich ja. Ich liebe sie. Wahrscheinlich würden auch andere sagen, dass sie schön ist. Vielleicht würdest du sagen, dass sie ein bisschen übergewichtig ist. Das ist wirklich egal. Wie das Alter. Sie ist schön."

„Irgendwie ist das ja auch mutig", überlegt Betty laut. „Ich fühle mich immer unzulänglich. Ich jogge jeden Tag – auch aus Angst, dass ich nicht schön genug sein könnte."

„Ihr Frauen wärt noch schöner, wenn ihr nicht immer an euch zweifeln würdet."

Sein Ton klingt verärgert. Aber auch mitfühlend, findet Charlotte.

„Ja, Marie ist mutig. Sie hält sich nicht an Normen. Auch nicht an Altersnormen, die für Beziehungen zwischen Männern und Frauen immer noch gelten. Leider. Wir wissen beide, dass wir nichts Unrechtes tun. Es ist einfach Liebe. – Aber wir tun unseren Partnern weh."

Charlotte schaut kurz zu Ravi hinüber und nickt ganz leicht.

„Liebe zu leben ist wohl immer mutig. Vertrauen auch."

„Liebe ist mutig?" fragt Betty.

„Liebe zu leben, sich wirklich einzulassen. Das ist ja immer auch ein Risiko. Man macht sich verletzbar."

„Das stimmt. Ich glaube, davor habe ich auch Angst. Liebe zu leben, mich einzulassen. – Du bist zum zweiten Mal verheiratet, oder? Wie machst du das, dich immer wieder zu trauen?"

Charlotte zuckt mit den Schultern. „Ich war schon immer zuversichtlich. Schon als Kind war ich überzeugt, dass ich ein glückliches Leben haben werde. Ich hatte wenig Angst. Wenn ich etwas Bedrohliches, Peinliches oder Unangenehmes befürchtete, habe ich mich immer gefragt, was schlimmstenfalls passieren könnte und was dann wäre oder was ich dann täte. Meistens ist das gar nicht so schlimm oder ich weiß, dass ich es schaffen könnte. Mir hilft es, so zu denken."

Zingst, 1972

Zusammen mit Sabine, Charlottes zwei Jahre älterer Urlaubsfreundin in Zingst, dürfen Charlotte und Mario abends allein in die Eisdiele gehen oder in die kleine Gaststätte zwei Straßen weiter. Sie trinken Kola und essen Kekse und spielen Karten. Neulich hat Charlotte ihre Jacke im Heideröschen vergessen. So heißt die Gaststätte. Sie waren schon auf dem Heimweg, als sie es bemerkte. Char-

lotte lief allein zurück, um die Jacke zu holen. Sabine und Mario sollten ruhig schon weitergehen.

Der Weg nach Hause kam ihr weiter vor, als sie ihn in Erinnerung hatte. Sie würde die beiden wohl doch nicht mehr einholen. Es war auch dunkler, als sie gedacht hatte. Bisher hat sie sich immer auf Sabine verlassen und ist einfach mitgegangen. Nie zuvor hatte sie bemerkt, dass es so viele Seitenstraßen gab. Wo musste sie denn einbiegen? Was, wenn sie sich verliefe?

Dann würden die Eltern vielleicht ein bisschen schimpfen oder vielleicht würden sie es gar nicht merken. Und irgendwann fände sie den Weg schon wieder. Sie würde eben so lange laufen, bis ihr etwas bekannt vorkam, sprach sie sich Mut zu. Schließlich war sie ja schon oft hier entlanggegangen und kannte sich aus.

Da hörte Charlotte Schritte hinter sich. Wenn sie nun jemand überfallen wollte? Wieder beruhigte sie sich selbst. Erstens ist das Quatsch und außerdem könnte ich schnell genug weglaufen oder laut rufen, dachte sie. Links und rechts standen ja Wohnhäuser.Die Schritte hinter ihr waren nicht mehr zu hören. Charlotte sah sich um. Eine Frau schloss gerade eine Haustür auf. Charlotte ging jetzt in der Mitte der Straße, auf der fast nie ein Auto fuhr, so hätte sie mehr Zeit zu erkennen, wenn jemand von der Seite käme. So'n Quatsch, beendete sie diese blöden Gedanken und hüpfte weiter. „Gelöst, gelöst, gelöst“, sang sie und dachte sich eine Melodie dazu aus.

So macht Charlotte es immer, wenn sie Angst hat: Sie überlegt sich, was passieren könnte und was sie dann tun könnte. Meistens fällt ihr etwas ein, was sie tun könnte oder das, was passieren könnte, ist gar nicht so schlimm. Wenn ihr nichts einfällt, würde es eben nicht passieren, glaubt sie dann ganz fest und schiebt den Gedanken zur Seite. Und außerdem würde sowieso nichts passieren. Auf diese Weise hat Charlotte so wenig Angst, dass ihre Eltern ihr manchmal sogar Geschichten von schlimmen Dingen erzählen, die passieren könnten. Damit sie ein bisschen vorsichtiger wird. Aber das hilft nicht viel. Charlotte mag es nicht, wenn die Menschen ängstlich sind. Manchmal glaubt sie, so viel Angst um sich herum zu spüren.

Charlotte erkannte das alte Bahnhofsgebäude. Sie war einen großen Umweg gegangen, aber jetzt wusste sie wieder, wo sie war, und käme schnell in ihrer Ferienwohnung an.

Zu Hause hatte keiner etwas bemerkt.

Während Charlotte die Geschichte von der kleinen Charlotte erzählt, bewegen sich die Scheibenwischer an der Heckscheibe. Ebenso wie sie von allein begonnen haben, die trockene Heckscheibe quietschend zu säubern, stehen sie auch von allein wieder still.

„Es regnet nicht“, wundert sich Ravi.

„Charlottes Coaching Car hat ein Eigenleben“, erklärt Betty.

„Charlottes Coaching Car. Das wäre ein guter Titel für eine Serie. Pass auf, dass sich das nicht rumspricht. Sonst kannst du dich vor Mitfahrern nicht retten.“ Ravi sagt das nur halb im Spaß.

„Solange ihr das nicht in die Bewertung schreibt“, warnt Charlotte und lacht ebenfalls. Dann kommt sie zu ihrer Geschichte zurück.

„Zu deiner Frage, Betty. Das mache ich noch immer so. Wenn ich vor irgendetwas Angst habe oder wenn eine Entscheidung mit einem Risiko verbunden ist, auch mit einem emotionalen Risiko, frage ich mich, was schlimmstenfalls passieren kann. Und wenn ich denke, dass ich das schaffen könnte, dann entscheide ich mich dafür. Das ist oft das Schwierige an Angst. Wir hören auf zu denken, wenn wir uns vorstellen, wovor wir Angst haben:

Aber wenn er mich betrügt?

Aber wenn er sich trennt?

Aber wenn ich in der Prüfung durchfalle?

Ich frage dann: Ja, was ist dann?

Nach der Trennung von meinem Mann war ich sehr traurig. Zum ersten Mal in meinem Leben hatte ich meine Zuversicht verloren. Die Trennung war so unfair. Zuerst war ich wütend, dann abwechselnd wütend und traurig. Beides habe ich nicht ausgehalten. Wenn ich wütend war, habe ich mir gewünscht, dass die Traurigkeit wiederkommt, weil ich hoffte, dass ich es eher aushalten könnte, traurig zu sein als wütend. Und wenn ich traurig war, habe ich mir die Wut zurückgewünscht, weil ich die Traurigkeit nicht aushalten konnte. Damals habe ich wieder angefangen zu joggen. Und ich bin am Meer entlangspaziert. Stundenlang.

Das ist übrigens etwas, was ich aus der Zeit gelernt habe: Liebe kann vorbeigehen, Beziehungen können beendet werden, aber wenn die Trennung unfair und respektlos ist, zerstört sie auch die guten Zeiten der Beziehung. Im Nachhinein sozusagen. Das ist doppelt traurig.

Einige Jahre später hat mich mein jetziger Mann, Maik, wiedergefunden. Mir ging es wieder besser und die vier Jahre davor, in denen ich mit Max alleine war, hatten mich stark gemacht. Meinem Sohn hätte ich die Erfahrung allerdings gerne erspart. Das schlechte Gewissen wird wohl immer bleiben.

Aber ich wusste, was auch passiert, ich würde es schaffen. Damals habe ich mich auch gefragt, was schlimmstenfalls passieren kann, wenn es wieder schiefgeht. Ich wäre traurig und würde leiden. Und was dann? Dann komme ich darüber hinweg, ich werde es schaffen. Darum habe ich mich getraut, mich wieder einzulassen und wieder zu lieben."

„Hm, hm", macht Betty. Für einige Augenblicke ist es wieder still im Auto. „Dein jetziger Mann hat dich wiedergefunden?"

Betty hört wirklich aufmerksam zu, denkt Charlotte. „Das ist eine andere Geschichte“, sagt sie dann. „Eine schöne. Die erzähle ich beim nächsten Mal. Vielleicht.“ Charlotte möchte ihren Mitreisenden nicht so viel eigene Geschichten zumuten, denen sie vielleicht nur aus Höflichkeit zuhören. Auch nicht, wenn sie sich so vertraut miteinander fühlen hier in ihrem Citroën.

„Can I dj?“, lenkt Ravi ab und Charlotte antwortet dankbar: „Klar. Du hast die Wahl zwischen Radio und einer feststeckenden Beatles-CD. *Yellow submarine* und *Paperback Writer* laufen noch ohne Störung.“

Ravi kramt einen kleinen Lautsprecher aus seinem Rucksack hervor und verbindet ihn mit seinem Handy. Eine ganze Weile hören sie einfach nur Musik.

Charlotte würde sich am liebsten eine Playlist erstellen lassen aus all der schönen Musik, die Ravi spielt, bunt durcheinander durch die Genres, Kulturen und Sprachen, alles ein bisschen melancholisch und leicht gleichzeitig. Die meisten Lieder kennt sie nicht. Nur Shotgun von George Ezra kann sie mitsingen. Sie kennt den ganzen Text.

„Das war unser Urlaubssong vor ein paar Jahren, als wir mit unserem alten Van durch Sardinien gefahren sind“, erklärt sie, als sie bemerkt, wie Ravi sie beobachtet.

Bis zur Pause am Back-Drive-Bäcker in Hamburg hören sie Musik. Die Stimmung ist wieder gelöst und sie sind gut gelaunt.

Als sie weiterfahren, dreht Ravi sich zu Charlotte. „Hello, old school hitchhiking lady. Ich bin immer unterwegs, auf der ganzen Welt, aber getrampt bin ich noch nie. Erzählst du ein bisschen davon?“

„O ja“, stimmt Betty mit ein, „hast du Lust, ein paar Trampgeschichten zu erzählen?“

Charlotte hält ihren Blick auf die Straße gerichtet und lächelt. „In den letzten Tagen, nach der Fahrt nach Zingst zusammen mit Betty, habe ich wirklich viel an meine Tramperzeit gedacht. Das ist so lange her. Wo soll ich anfangen?“

„Wo du willst“, sagt Betty.

„Bei dem, woran du dich am liebsten erinnerst“, schlägt Ravi vor.

Sommer 1985

In diesem Sommer wollen Charlotte und Katrin die ganze Strecke trampen, und sie wollen auch nicht in ihrem vertrauten Ungarn bleiben, sondern bis Bulgarien ans Schwarze Meer fahren. Sie haben keine Lust mehr auf die überfüllten Züge und die erniedrigenden Grenzkontrollen im Zug – sie wollen trampen. So weit es geht für sie, die jungen Frauen aus der DDR.

Charlottes Vater hat sie zur Autobahn gebracht. Gleich

das erste Auto hält an. Der Fahrer will nach Berlin und setzt sie auf einem Rastplatz am Berliner Ring ab. Dort müssen sie warten. Es hält nur selten ein Auto. Sie stellen ihre Rucksäcke in Sichtweite an einem der Picknicktische ab und setzen sich vorn an den Rastplatz, wo sie gesehen werden können. Wie so oft singen sie zweistimmig alle Lieder, die ihnen aus dem Schulchor einfallen. Auto um Auto fährt vorbei. Viele haben westdeutsche Kennzeichen. Ein älteres Paar in einem Mercedes fährt auf den Rastplatz und hält an dem Tisch, an dem ihre Rucksäcke stehen. Sie schütteln den Kopf, um ihnen zu zeigen, dass sie sie nicht mitnähmen. Sie halten nur für einen Fahrerwechsel. Bevor die Frau auf der Fahrerseite wieder einsteigt, deutet sie auf ihre Rucksäcke. Charlotte und Katrin nicken. Ja, sie haben ihr Gepäck im Blick. Trotzdem geht Charlotte hin, um nachzuschauen. Vor ihren Rucksäcken stehen zwei Coca-Cola-Dosen, Schokolade, eine Tüte Gummibärchen und ein paar Schokoriegel. Charlotte ruft ihre Freundin und zeigt ihr die Geschenke.

„Die hätten uns lieber mitnehmen sollen“, meint Katrin.

Sie verstauen die Westsüßigkeiten in ihren Taschen. Die Cola-Dosen öffnen sie sofort.

Ein paar Minuten später hält ein Polizeiauto neben ihnen. Die Polizisten fordern sie auf, ihre Taschen zu öffnen.

„Woher haben Sie das?“ Der Polizist klingt einigermaßen bedrohlich.

Trotzdem antwortet Charlotte: „Das glauben Sie uns sowieso nicht."

Charlotte und Katrin müssen den beiden Polizisten getrennt voneinander alles erzählen: Woher sie sich kennen und wie lange, woher sie kommen, wo sie hinwollen und wo ihre Eltern arbeiten. Die Polizisten drohen damit, ihre Eltern auf der Arbeit anzurufen. Was wollen sie damit erreichen? Natürlich will Charlotte nicht, dass ihre Eltern angerufen werden. Zu gut kann sie sich an die Auseinandersetzungen in der Schulzeit erinnern und an ihre Wut, wenn ihre Eltern Angst um sie hatten. Aber das sagt sie nicht. Und sie will sich nicht drohen lassen! Und warum sollen sie nach Hause fahren? Außerdem wohnt sie längst im Studentenwohnheim in Leipzig, sie ist 20 Jahre alt.

Dann erhält einer der Polizisten einen Anruf. Er läuft zur Straße und winkt ein Auto heraus. Charlotte sieht, wie der eine am Nummernschild herumbastelt und es abnimmt. Darunter kommt noch ein anderes Kennzeichen zum Vorschein. Das ist wohl wichtiger als die beiden Studentinnen, die wahrscheinlich wirklich schon lange befreundet sind und nur in die Ferien nach Bulgarien fahren wollen. Der strenge Polizist, der ihre Eltern anrufen wollte, stoppt ein Auto und fordert den Fahrer auf, sie und Katrin zur Raststätte nach Michendorf mitzunehmen.

„Dort habt ihr es leichter. Aber keine Dummheiten machen", verabschiedet er sich jetzt fast väterlich.

Der Skoda-Fahrer nimmt sie bis nach Dresden mit, wo

sie bei einer Freundin übernachten können. Von ihm erfahren sie, dass sie sich auf der Transitstrecke befunden haben. Darum also das Misstrauen der Polizisten. Sie dachten wohl, dass sie sich in den Westen absetzen wollten.

„Ärger vorprogrammiert", erklärt er nachsichtig.

Am nächsten Morgen müssen sie weit laufen, um eine gute Stelle zum Trampen zu finden. Sie warten lange und werden in Decin, nicht weit hinter der tschechischen Grenze, schon wieder abgesetzt. Wieder müssen sie weit laufen, um aus der Stadt herauszukommen. Dabei reißt Charlottes Sandale. Jetzt hat sie nur noch ihre Jesuslatschen, aber davon ist schon eine eingerissen. Sie will nicht riskieren, dass die auch noch kaputtgehen, vielleicht braucht sie ja irgendwo Schuhe. Ab jetzt geht sie also barfuß. Kurz darauf hält ein Bus. Ein Mann im Trainingsanzug, so alt wie ihre Väter, öffnet die Tür und macht eine einladende Handbewegung. Im Bus sitzen etwa zwanzig Jungs und begrüßen sie mit lautem Hallo. Alle tragen die gleichen Trainingsanzüge, sie fahren ins Trainingslager. Katrin und Charlotte sehen sich kurz an. Sie haben vereinbart, dass sie nur mitfahren, wenn sie beide ein gutes Gefühl haben. Jetzt nicken sie sich zu und steigen ein. Sie fahren weit, das Trainingslager der Fußballmannschaft ist in der Nähe von Brno. Am späten Nachmittag kommen sie dort an.

Der Trainer zieht zu den Jungs und überlässt den Mädchen sein Zimmer. Heute kämen sie sowieso nicht mehr weit, meint er in seinem schönen Deutsch mit tschechischem Akzent.

Es wird ein lustiger Abend. Nach dem gemeinsamen Abendbrot packen Katrin und Charlotte ihr Babkin-Spiel aus, ein selbstgemachtes Kartenspiel, das sie Trainer und Mannschaft beibringen. Vor dem Schlafengehen kontrolliert der Trainer, ob sie ihr Zimmer abgeschlossen haben. Er hätte wirklich ihr Vater sein können.

Am nächsten Morgen um sieben steht er wieder vor ihrer Tür.

„Guten Morgen. Frühsport!" Er lacht.

Katrin dreht sich im Bett um. Kurzerhand nimmt Charlotte die Sportschuhe ihrer Freundin. Sie hat lange Jahre Leichtathletik trainiert und viele Wettkämpfe und Crossläufe absolviert. Es macht ihr Spaß, beim Waldlauf mit den Jungs mitzuhalten. Nach dem Frühstück verabschieden sie sich. Sie schenken den Jungs ihr Kartenspiel, mit dem sie gestern Abend so viel Spaß hatten. Der Trainer bringt sie zur Straße und entscheidet, mit welchem Auto sie fahren dürfen. Zwei Autos lässt er wieder fahren, bevor sie in das dritte einsteigen können. Ein junges Paar bringt sie direkt nach Budapest!

Zwei Jahre war Charlotte nicht hier. Wie sie es genießt, wieder in dieser Stadt zu sein! Von hier aus fahren sie nach Kisoroszi, ein kleiner Ort auf einer Insel am Donauknie, vierzig Kilometer von Budapest entfernt. Hier kann man umsonst zelten und Charlotte hat fast jedem Sommer der letzten Jahre dort verbracht. Von hier können sie ganz schnell nach Budapest und zurückfahren: Mit der HÉV, der

Budapester Stadtbahn, bis zur Endstation nach Szentendre, das letzte Stück bis zur Fähre können sie trampen. In diesem Jahr treffen sie Charlottes Bruder und dessen Freunde auf dem Campingplatz. Charlotte kennt sie alle und freut sich, mit ihnen zusammen zu sein. Sie bleiben länger, als sie eigentlich vorhatten. In Budapest werden auf einer Parkbühne „Hair" und „Jesus Christ Superstar" gezeigt. Im Freilichtkino läuft „The Band". Charlotte will alles sehen.

Dann beginnt es zu regnen. Die Donau tritt über die Ufer und sie müssen mit ihrem Zelt an einen weiter vom Ufer entfernten Platz umziehen.

Als sie eines Abends aus Budapest zurückkommen, ist ihr Zelt nicht mehr da. Dort, wo sie am Morgen noch gezeltet haben, fließt jetzt die Donau. Mario hat ihr Zelt jetzt an der höchsten Stelle der Insel aufgebaut. Inzwischen regnet es durch die Zeltwände und die Mädchen können sich nur noch in der Mitte des Zeltes wie Katzen zusammenrollen, um einigermaßen trocken durch die Nacht zu kommen. Katrin hat sich ein Handtuch wie einen Turban um den Kopf gewickelt, den sie Tag und Nacht nicht mehr abnimmt. Sie hat Angst vor einer Gehirnhautentzündung. Weiterfahren können sie auch nicht. Sie wollen das nasse Zelt und all die nassen Sachen nicht einfach in die Rucksäcke packen. In der Donau schwimmen Äste und Bäume. Diese Wassermassen haben nichts mehr mit dem Fluss zu tun, den sie kennen.

Nach ein paar Tagen scheint die Sonne wieder. Endlich trocknet das Zelt und die Fähre nimmt den Fahrbetrieb wieder auf. Mario und die anderen fahren nach Budapest, Charlotte und Katrin wollen endlich weiterfahren in Richtung Bulgarien. Der Fährmann erzählt ihnen, dass das richtige Hochwasser erst noch kommen soll. Charlotte macht sich Sorgen um ihren Bruder. Obwohl er nur anderthalb Jahre jünger ist, fühlte sie sich schon als Kind für ihn verantwortlich. Und auch jetzt spürt noch dasselbe Gefühl wie früher.

Was könnte passieren, wenn das Hochwasser weiter steigt?, fragt sie sich nach Charlotteart. Dann wüssten er und seine Freunde sich zu helfen.

Ihr nächstes Ziel ist Szeged, eine Stadt im Süden von Ungarn. Dort wollen sie noch die Mutter eines jemenitischen Kommilitonen von Katrin besuchen. Charlotte war noch nie dort und sie freut sich darauf.

In einem Vorort von Budapest hält ein holländisches Auto. Charlotte kennt die Marke nicht. Es ist weiß und wirkt groß und protzig. Drei Männer steigen aus. Einer von ihnen mustert sie anzüglich, als er seine Sonnenbrille abnimmt und fragt, wo sie hinwollen. Dann meint er, dass sie auch nach Szeged müssten. Er spricht Deutsch ohne Akzent. Charlotte wundert sich über das holländische Kennzeichen und fragt danach. Die drei Männer stellen sich als Brüder vor. Einer lebt in Holland, einer in Westdeutschland und einer in Ungarn, erklären sie ihnen belustigt. Die anderen beiden sind freundlich und erscheinen vertrauenswürdiger als der Deutsche. Charlotte und Katrin wollen heute noch in Szeged ankommen und steigen in das Auto. Im Auto reden sie alle durcheinander und lachen viel. Dann beginnen die Männer, sich auf ungarisch zu unterhalten. Charlotte begreift, dass es um ein Haus im Wald geht. Die Männer können nicht wissen, dass Charlotte ein bisschen ungarisch versteht.

Der Fahrer erschrickt, als Charlotte schreit, dass sie sofort stehen bleiben sollen. Er tritt scharf auf die Bremse. Katrin, die nichts verstanden hat, sitzt an der Tür und springt geistesgegenwärtig aus dem Auto, läuft auf die Straße und stoppt das nächste Fahrzeug. Der Fahrer hält sofort, begreift und wartet, bis die Mädchen ihre Rucksäcke aus dem Kofferraum genommen haben. Schimpfend fahren die drei Männer weiter.

Das war knapp. Es war das erste Mal, dass sie mitgefahren sind, obwohl sie ein komisches Gefühl hatten!

In Szeged empfängt sie eine kleine, ältere Frau mit klugen Augen und freundlichem Lächeln. Die Mutter von Katrins Studienfreund stellt sich als Magda vor und gibt ihnen herzliche Wangenküsse. Ein buntes Tuch liegt locker über ihren Haaren. Zwei ihrer Kinder studieren in Szeged und leben dort mit ihr. Der dritte Sohn studiert in Greifswald.

Magda ist gerade dabei, das Essen für ein Familienfest vorzubereiten, und Katrin und Charlotte dürfen helfen. Charlotte ist fasziniert von den vielen reifen Früchten, dem saftigen Gemüse und den duftenden arabischen Gewürzen.

Sogar der Reis wird gewürzt, mit Cumin, Kurkuma und den kleinen Kardamomschoten. Magda beißt sie auf, bevor sie sie in den Reis wirft.

Am Abend gibt es ein lautes, fröhliches Fest. Auf dem Tisch stehen viele kleine und große Schalen, die mit Suppen und Soßen, mit Reis, Salat und Fleisch gefüllt sind. Magda hat Mühe, auf dem großen Tisch noch einen Platz für den roten Teller zu finden, auf dem sich ein riesiger Berg von Fladen türmt. Sie haben sie vorher in Pfannen gebraten.

Charlotte fühlt sich wohl bei diesen freundlichen, fremden Menschen. Wie so oft, wenn sie mit Menschen aus anderen Ländern und Kulturen zusammen sein kann. Danach tanzen die Jemeniten, sie schnalzen mit den Zungen und singen. Die Männer haben ihre langen bunten Wickelröcke, Foutas, um die Hüften geschlungen und die Frauen tragen bunte Kleider und Tücher. Sie tanzen auch, aber für sich allein. Auch Charlotte und Katrin durften sich aus Magdas prächtigen farbenfrohen Kleidern etwas aussuchen und es macht ihnen Spaß, sich in den weiten Gewändern zu bewegen. Es wird gelacht, geredet und getanzt, alles ohne Alkohol.

Dann beginnt der schwierigste Teil der Tour – der Weg durch Rumänien. Charlotte ist traurig, dass sie ihr geliebtes Ungarn nun verlassen muss. Für den Rückweg haben sie Zugfahrkarten, sie werden also nicht mehr in Ungarn aussteigen. Charlotte tröstet sich. Bald würde sie ein ganzes Jahr dort verbringen. Sie hat einen Antrag auf ein Jahr

Auslandsstudium in Debrecen gestellt. Ihre Leistungen sind gut genug und Charlotte ist sicher, dass sie die Genehmigung bekommt. Dann wird sie auch die Sprache richtig lernen können.

Zu diesem Zeitpunkt weiß Charlotte noch nicht, dass ein DDR-Student sein Auslandssemester in Ungarn genutzt hat, um nach Österreich zu fliehen, und daraufhin alle Studienaufenthalte in Ungarn gestoppt werden würden.

In einem Truck, der nach Arad fährt, kommen sie bis zur rumänischen Grenze. Dort steigen sie aus. Sie haben beschlossen, auf jemanden zu warten, der sie bis nach Bulgarien mitnimmt.

Sie finden Anton. Anton ist in Sofia zu Hause. Er fährt einen großen Truck, der mit schwarzen Rosen beladen ist, die er von Holland in die bulgarische Hauptstadt bringt.

Gleich hinter der rumänisch-ungarischen Grenze verwandelt sich die ansonsten meist vierspurige Europastraße in einen staubigen Sandweg. Als sie durch Timisouara an halb zerfallenen Wohnhäusern entlangfahren, laufen bettelnde Kinder neben ihrem Laster her. Charlotte hat noch nie wirkliche Armut gesehen. Was macht dieser Ceausescu aus seinem Volk! Oder war Rumänien schon immer so arm? Sie hat im Erdkundeunterricht gelernt, dass das Land Bodenschätze hat. Oder nicht? Charlotte ist so wütend, dass sie lange nicht sprechen kann.

Am Abend fahren sie durch die Karpaten, Serpentine um Serpentine durch dunkle Wälder. Auf einem kleinen

Rastplatz in den Bergen hält Anton an, um Abendbrot zu essen. Er packt ein Weißbrot, Schafskäse und eine große Paprikasalami aus. Seine Mutter hat ihm diese leckeren Sachen für heute Abend mitgegeben. Es ist doch sein Geburtstag.

Schnell holen die jungen Frauen aus ihren Rucksäcken, was sie finden: leckere ungarische Paprika, jemenitische Fladen und verschiedene scharfe Soßen von Magda. Und Kerzen. So sehr sie auch am Gepäck sparten, Kerzen haben sie immer genug. Sie pflücken Blumen, zaubern einen Geburtstagstisch und singen ein Geburtstagsständchen für Anton. Truckfahrer Anton weint. Seit sieben Jahren verbringt er seinen Geburtstag allein auf der Landstraße und jetzt gibt es eine richtige Geburtstagsfeier für ihn! Er kramt eine Flasche Wodka hervor und sie trinken auf Anton. Katrin hat noch ein zweites Babkin-Spiel und die Freundinnen zeigen Anton, wie man spielt. Die Flasche Wodka leert sich schnell, obwohl Katrin und Charlotte fast nichts davon trinken.

In der Nacht will Anton weiterfahren. Entschlossen fordert Charlotte den Autoschlüssel von ihm. Betrunken auf dieser Straße, die keine Straße ist, mit dem Riesentruck nachts durch die Berge! Anton sieht sie erstaunt an. „Zapzarap“, sagt er und macht eine Handbewegung, die bedeuten soll, dass er Diebe erwartet. Er sieht sehr ernst aus dabei. Charlotte verkneift sich das Lachen, als sie das ängstliche Kindergesicht dieses großen, starken Mannes sieht. Sie begreift, dass er wirklich Angst davor hat, bestoh-

len zu werden. Also macht sie Anton klar, dass sie Wache halten wird. Wenn er nur schliefe! Zögernd verzieht sich Anton in seine Schlafkabine. Es gibt ein richtiges Doppelstockbett, Katrin war längst auf der oberen Pritsche eingeschlafen. Charlotte bleibt auf dem Beifahrersitz. Was für ein absurder Gedanke, Diebe hier auf dieser einsamen Gebirgsstraße, denkt sie. Sollen die Diebe schwarze Rosen für ihre Frauen stehlen? Eigentlich eine schöne Idee. Mit dieser Vorstellung schläft sie ein.

„Zapzarap!"

Charlotte schreckt hoch von diesem wütenden Ruf. Sie sieht gerade noch, wie Anton aus dem Truck springt und nach draußen läuft. Im Spiegel erkennt sie im Strahl einer Taschenlampe zwei PKWs und Männer, die sich an den hinteren Reifen zu schaffen machen. Anton hat etwas Langes in der Hand und schreit. Die Männer laufen zu den Autos und fahren los. Anton kommt zurück und setzt sich auf den Fahrersitz. Wortlos gibt Charlotte ihm den Autoschlüssel. Sie ist jetzt hellwach und bleibt neben Anton sitzen. Sie traut sich nicht, zu ihm herüberzusehen. Erst in Bulgarien hält er an, um zu frühstücken. Katrin wacht auf. Sie hat von all dem nichts mitbekommen. Fragend sieht sie Charlotte an, als sie das angespannte Schweigen im Auto bemerkt. Erst als Anton Charlotte einen Kaffee anbietet, kann sie ihm wieder in die Augen blicken. Charlotte hat ein schlechtes Gewissen. Anton lächelt sie gutmütig an. „Nitschewo", sagt er, macht nichts.

Er bringt die beiden bis zu der Adresse, die auf dem Zettel steht, den sie von Magda bekommen haben. Magda und ihre Söhne haben ihnen einen Brief und diese Adresse in Sofia gegeben.

Ein Mann mit fast schwarzer Haut öffnet ihnen die Tür. „Ah, Katrin und Charlotte", begrüßt er sie. Er war schon informiert.

Ahmed, so heißt der jemenitische Medizinstudent, nimmt sie gleich mit in ein Café. Dort treffen sich viele arabische Studenten. Sie kommen aus dem Jemen, dem Libanon und Syrien. Katrin kennt einige Freunde von ihnen aus Greifswald und es gibt ein großes Hallo bei jedem bekannten Namen. Auch einige Frauen sind in dem Café. Sie sprechen das Programm für ein Fest ab, das am Abend in der jemenitischen Botschaft stattfinden soll. Der Botschafter ist ein Bruder eines Greifswalder Studenten, auch ein Kommilitone von Katrin. Er würde sich sehr freuen, wenn die beiden mitkämen, meinen die Studenten. Gut, dass Charlotte ihre Sandalen geschont hat! Ein sauberes Kleid hat sie auch noch.

Wie unkompliziert und herzlich alle sind.

Charlotte war schon einmal hier. Ihre Eltern haben ihr zur Jugendweihe eine Reise geschenkt. Sie durfte sich damals aussuchen, ob sie eine große Feier oder eine Reise wolle, und hat sich für die Reise entschieden. Gemeinsam mit ihrer Mutter reiste sie zur Kastanienblüte nach Sofia. Die ganze Stadt war damals voller rot blühender Kastanienalleen.

Charlotte gefiel es, durch die blühenden Straßen zu laufen, die fremde Sprache zu hören und den Rosenduft zu riechen, den es überall in kleinen bunt bemalten Holzfläschchen zu kaufen gab. Die Deckel sahen aus wie die Dächer der über und über mit Gold beladenen Basiliken. Sie erinnert sich, wie sie alles genossen hat: die Stadt, die Wanderungen im Rila-Gebirge, die Menschen, die sie traf, das Essen. Der Schopska-Salat in der Wanderherberge des Rila-Klosters schmeckte so gut! Jetzt noch kann sie sich an den Geschmack der sonnengereiften Tomaten und Gurken erinnern, an den geraspelten Schafkäse und das darüber geträufelte, aromatische Olivenöl, das dem Gemüse noch mehr Geschmack gegeben hatte. Bis zu diesem Zeitpunkt hat Charlotte nur Olivenöl in kleinen Blechdosen aus dem Delikatessengeschäft gekannt, das manche ihrer Strandnachbarn zum Einölen am Strand benutzten. „Das bräunt schön", meinten sie. Sie erinnert sich auch an die sonderbare Stimmung, die sie im Rila-Kloster ergriffen hat. Es war so ruhig und würdevoll, fast feierlich. Die Mönche mit ihren langen Bärten und schwarzen Kutten, die bis zum Boden reichten, hatten tiefe, dunkle Augen und schauten ruhig und freundlich. Damals ließ sie sich als neugierige Vierzehnjährige, die alles erleben wollte, von der Stille erfassen und bemerkte auch in sich selbst etwas Ruhiges, Stilles. Hier machte sie diese demütige Religiosität nicht wütend wie sonst, wenn sie Menschen in der Kirche zu Gott beten sah. Wovor haben die Menschen bloß Angst, hatte sie sich bisher gefragt.

Warum brauchen sie immer jemanden oder etwas, von dem sie sich abhängig machen und woran sie glauben können? Warum können sie nicht selbst für ihr Glück sorgen? Hier erahnte sie zum ersten Mal, dass es vielleicht noch etwas anderes mit diesem Glauben auf sich hat.

Und noch etwas war passiert auf dieser Reise, etwas viel Wichtigeres. Charlottes Fernweh war geweckt, ihre Neugier auf die Welt. Sicher, schon in den letzten Jahren hatte sie oft gesagt, dass sie gern nach Lateinamerika reisen wolle, seitdem sie in ihren Büchern so viel darüber gelesen hatte. Das war weit weg und schien utopisch, aber sie zweifelte nie daran, dass sie irgendwann dorthin käme. Irgendwann. Jetzt aber wollte sie nicht mehr warten, sie wollte reisen, unterwegs sein, die Welt sehen und Menschen kennenlernen.

Das ist jetzt sieben Jahre her und Charlotte reist so weit sie kommt. Sie ist immer noch sicher, dass sie einmal noch viel mehr von der Welt sehen wird.

Den Glanz, den Charlotte von ihrer ersten Reise nach Sofia noch in Erinnerung hat, findet sie nicht mehr. Trotzdem genießt sie die Stadt. Der Duft des Rosenöls in den kleinen Holzfläschchen verzaubert sie immer noch. Und sie entdeckt die Art, in der sie auch zukünftig reisen möchte: Sie will die Orte spüren, zu denen sie reist. Sie möchte dort für eine Weile leben, zusammen mit den Menschen, die dort zu Hause sind.

Nach zwei Wochen in Sofia packen Katrin und Charlotte ihre Sachen, um weiterzufahren, ans Meer. Ahmed will seine Brüder in Varna besuchen und besteht darauf, seinen beiden Gästen Fahrkarten zu kaufen und sie zu begleiten. Am nächsten Tag fährt er schon wieder zurück und Charlotte und Katrin sind sich einig in ihrem Verdacht, dass er sie nur sicher ans Meer bringen wollte. Trampen kam nicht in Frage. Ungläubig und kopfschüttelnd hatten die arabischen Studenten in Sofia ihren Reiseberichten zugehört.

In Varna gibt es ein in den Ferien leer stehendes Zimmer im Studentenwohnheim, in dem sie wohnen können. Nur die Wohnheimwache darf nichts merken.

Charlotte hat sich schon so aufs Meer gefreut! Aber das Wasser im Schwarzen Meer ist sehr warm, wenig erfrischend und die Strände sind unglaublich voll. An den öffentlichen Stränden liegt überall Abfall.

Plötzlich bekommt Charlotte Sehnsucht nach ihrer Ostsee. Am kommenden Wochenende muss Katrin sowieso zu Hause sein und sie beschließen, früher abzureisen.

In Dresden trennen sie sich und Charlotte trampt weiter an die Ostsee, wo sie ihre Eltern im Urlaub überraschen will. Im weichen Ostseesand würden ihre Füße schnell heilen. Sie ist gut sechs Wochen lang meistens barfuß gelaufen, auf Straßen, heißem Asphalt und Schotterwegen.

Im letzten Auto, in dem Charlotte schließlich bei ihren Eltern ankommt, lernt sie die Kanadierin Ellie kennen, mit der sie zum ersten Mal in ihrem Leben ihren ganz persönlichen besonderen Moment teilen wird.

„... auf dem Rückweg haben Ellie und ich an derselben Stelle gehalten wie wir auf der Hinfahrt“, beendet Charlotte ihre Erzählung und muss lächeln, als sie Bettys große Augen im Rückspiegel sieht. Offenbar war sie ihrer Erzählung gebannt gefolgt.

„Wow“, kommt von Ravi.

„So was vergisst man nicht“, meint Betty und es ist nicht klar, was sie meint.

Charlotte ist ein bisschen verlegen. „Abenteuer eines DDR-Mädchens. Ich weiß gar nicht, wann ich das letzte Mal so lange über mich erzählt habe. Du machst ganz andere Reisen. Aufregende Reisen, zu Orten, an denen ich bis heute nie war. Für uns war das damals schon ein Abenteuer“, sagt sie und blickt kurz zu Ravi rüber.

„Ich habe noch nie mit einer Fußballmannschaft Frühsport gemacht“, sagt er. „Eigentlich gibt es nur unterschiedliche Geschichten, keine kleinen oder großen. Die kleinen Geschichten können die größten sein und die, die am meisten berühren. Glaub mir, ich mache Filme und Fotos.“

Charlotte schaut weiter auf die Straße. Ein warmes Gefühl steigt in ihr auf. Ja, Ravi hat recht.

„Thank you very much, Charlotte“, sagt Ravi dann noch, es klingt fast förmlich. „Fürs Teilen. Du teilst dein

Auto und deine Geschichten. An diese Fahrt werde ich mich gerne erinnern."

„Ja, danke. Ihr seid so interessant, eure Reisen und euer Leben, eure Familien." Bettys Stimme klingt leise.

Jetzt ist Charlotte ernst. „Ich glaube, Ravi hat das ehrlich gemeint mit den kleinen und großen Geschichten. Jedes Leben hat interessante Geschichten. Kleine und große. Ich höre wirklich viele Geschichten. Die äußerlich kleinsten Geschichten sind manchmal die größten. – Schade, wir sind bald da. Ich würde gern auch eure Geschichten hören."

„Vielleicht kann ich ja auch lernen, meine eigene Geschichte interessant zu finden." Betty klingt nachdenklich.

„Die eigene Geschichte interessant finden. Das ist auch eine schöne Vorstellung. Hast du eine Idee, wie dir das gelingen könnte? Was bräuchtest du dafür?"

Wieder lächeln sie sich im Rückspiegel an.

„Eigentlich mag ich mein Leben. Die Sache mit den Männern – na ja, eigentlich möchte ich nur in Ruhe mit jemandem zusammen sein. Ich möchte vertrauen, mich sicher fühlen – laufen aus Freude, nicht, weil ich Angst habe, nicht schlank genug, nicht perfekt genug zu sein. Reisen, mit wem ich möchte. Auch allein, ans Meer. Einfach so, um mir etwas Gutes zu tun, nicht, weil ich weglaufe. Im Beruf gut sein. Ich möchte mich wohlfühlen auf der Arbeit, Sinn darin sehen und motiviert und inspiriert im Team arbeiten. Nichts Besonderes. Und ich möchte mehr nähen, aus alten Sachen neue machen." Betty redet ohne Punkt und Komma.

„Great", kommt von Ravi.

Charlotte freut sich auch. „Fällt dir noch was ein?", fragt sie.

„Kinder sind ein Thema. Ich weiß nicht, ob ich Kinder möchte. Die biologische Uhr läuft. Ich denke, dass ich mich jetzt entscheiden muss."

„Du musst?" Charlotte schaut prüfend in den Rückspiegel.

„Na ja. Wenn, dann bald."

„Kommen Kinder denn vor in deinem Zukunftsbild?" Jetzt ist Charlotte doch im Coaching Modus. Sie möchte Betty helfen, herauszufinden, was sie wirklich möchte.

„Ja. Obwohl ... keine eigenen. Eher Kinder von Freunden und Kunden. Was ich vor mir sehe, ist ... Wir suchen in Stoffen nach Blumen, schönen Motiven und Mustern. Wir legen Kleidungsstücke nebeneinander, schneiden sie auseinander und setzen sie neu zusammen. Jemand sitzt an der Nähmaschine und näht, meine Mutter vielleicht. Daneben ist ein Café, an den Seiten stehen Kleiderstangen mit den neuen alten Sachen. Ich glaube, es gehört mir. Ich rede mit den Leuten, zeige Sachen, schneide aus, trinke Cappuccino. Eigene Kinder sind da nicht, glaube ich." Betty schaut überrascht von Charlotte zu Ravi, die beide sichtlich Freude daran haben, Betty zuzuhören.

„Wo kommt das denn auf einmal her?“, fragt sie mehr sich selbst.

„Erzähl weiter“, fordert Ravi sie auf.

„Da ist schöne Musik, meine Musik, also, ich meine, ich suche die Musik aus. Ich trage auch Sachen aus dem Schneidercafé. In meinem kleinen, privaten Büro hinter der Küche hängen Businessklamotten. Eine gebügelte Bluse und ein Blazer. Die mag ich auch. Das ist auch ein Teil von mir. Manchmal ziehe ich die an und gehe in meine Firma. Nicht jeden Tag. Und nicht so lange. Ab und zu arbeite ich von hier aus für die Firma, aus meinem kleinen Büro neben dem Café. In den Pausen gehe ich rüber ins Café und trinke einen weißen Tee oder einen Cappuccino oder Wasser. Joggingsachen liegen auch im Büro, ich benutze sie nicht jeden Tag. Ich glaube, ich habe einen Freund. Nee, ich bin sogar verheiratet. Manchmal kommt mein Mann auf einen Kaffee vorbei. Das Gesicht sehe ich nicht. Er sieht irgendwie lässig aus. Es gibt frische Blumen überall. Die erinnern mich an Charlotte.“

„Wow.“ Charlotte und Ravi sagen das gleichzeitig. Sie lachen und Ravi hebt eine Hand. „High five“, sagt er und klatscht sich mit Charlotte ab.

„Was ist das mit den Upcyclingsachen?“, fragt Charlotte nach. Vielleicht kann Betty ihr Zukunftsbild ja noch ein bisschen ausmalen und mit Details schmücken. Je klarer es wird, desto größer wird auch die Chance, es Wirklichkeit werden zu lassen und umzusetzen.

„Meine Mutter ist Schneiderin. Es gibt so viele coole Klamotten, die mit viel Arbeit designt und genäht worden sind und nicht benutzt werden. Manchmal träume ich von so einer kleinen Upcyclingfirma, in der meine Mutter näht. Aber so konkret wie gerade eben war das noch nie. Ich habe auch noch nie so wie jetzt darüber geredet. – Wow. Das nennt man wohl eine Vision?"

„Ja, eine schöne Vision", sagt Charlotte. Dann ist es eine Weile ruhig im Auto, bevor Charlotte fortfährt. „Ich nähe auch gern und wenn ich schöne Sachen aussortiere, tut es mir jedes Mal leid. Ich habe Ideen, was man damit machen könnte. Und weil ich weiß, dass ich sowieso keine Zeit dafür habe bzw. sie mir nicht nehme, bringe ich sie ins Sozialkaufhaus. Als Jugendliche habe ich viel genäht. Auf der Tramptour, von der ich gerade erzählt habe, hatte ich nur selbstgenähte Kleider an. Meine Mutter hatte so schöne Kleider aus den Fünfzigerjahren, sie hat auch genäht. Die habe ich mir umgearbeitet, ein größerer Ausschnitt, eine andere Borte. Alte Leinenbettwäsche und Nachthemden von meiner Oma mit schöner Spitze oder Häkelborte habe ich gefärbt und gebatikt und Kleider daraus genäht. In der DDR gab es nicht so tolle Sachen und so sah ich anders aus als die anderen. Im Studentenwohnheim in Leipzig habe ich meine aus Laken hergestellten und gebatikten Röcke sogar verkauft. – Ich komme auf jeden Fall in dein Café, Betty."

„... und triffst dich dort mit mir", ergänzt Ravi den Satz.

„Cool! Ich freu mich jetzt schon. Wann können wir uns in deinem Café verabreden?“ Charlotte schaut Betty kurz im Rückspiegel an.

Ihre Antwort kommt prompt. „Spätestens in fünf Jahren.“

Charlotte hebt den Daumen. Sie sieht, wie Bettys Wangen mittlerweile rosig-rot geworden sind.

„Too late“, sagt Ravi. „Ich möchte nicht so lange warten, bis ich euch wiedersehe.“

„Schauen wir mal.“ Betty klingt zuversichtlich. „Hast du eigentlich noch Kontakt zu Katrin oder zu jemandem, den du auf der Tour damals getroffen hast?“

Charlotte versteht. Themenwechsel. „Nein. Katrin sehe ich auf den Klassentreffen, die alle paar Jahre stattfinden, alle anderen habe ich nie wieder gesehen.“

„Und im Jemen ist Krieg“, sagt Betty.

Charlotte nickt ernst. Immer, wenn sie daran denkt oder Bilder von Jemen sieht, ist sie fassungslos und fühlt sich hilflos. „Ja. So schrecklich. Ich kannte damals so viele südjemenitische Studentinnen, moderne, selbstbewusste Frauen in bunten Kleidern. Ich frage mich so oft, was wohl aus ihnen geworden ist. Und aus den Männern? Aus ihren Familien? Und die Syrer. Sie alle sind so schlimmem, unsagbarem Leid ausgesetzt. Die jungen Menschen von damals sind heute so alt wie ich oder älter, ihre Kinder sind erwachsen, wenn sie noch leben. Nicht vorstellbar, dass sie Hunger leiden. Sie haben uns so gern zum Essen eingeladen, waren so unglaublich gastfreundlich und großzügig. Unvorstellbar. Und wir können so wenig tun."

„Alles ist gleichzeitig", sagt Ravi.

Er klingt weise, wie er das sagt. Der junge Weitgereiste, denkt Charlotte.

„Wir können mitfühlen und wir können auch etwas tun", fährt er fort.

„Ja, aber was?", fragt Betty. „Geld spenden? Oder ein paar Sachen?"

„Stimmt, das ist so wenig", sagt Charlotte traurig. „Ich könnte manchmal auch darüber verzweifeln. Trotzdem, wir können tun, was wir können. Jeder, was er kann."

„Ja", fällt Betty Charlotte ins Wort. „Ravi macht Fotos, du hilfst Menschen, und ich?" Da ist sie wieder, die unsichere Betty.

„Du machst einen hoch spezialisierten, nützlichen Job in der Wirtschaft, von dem ich wenig verstehe, und hast dein Herz am rechten Fleck. Wirtschaft mit Herz, das ist wirklich wichtig. Und wer weiß, vielleicht machst du irgendwann Menschen Freude in deinem Upcycling-Café?"

„Und das alles können wir nur, wenn es uns gut geht. Stimmt's, Frau Psychologin?", wendet Ravi sich an Charlotte.

„Ja. Wir können dafür sorgen, dass es uns gut geht, dann können wir auch für andere da sein. Wie auch immer das aussieht und wo das ist. Zu Hause, auf Reisen und im Job. – So, das war das Wort zum Montag", versucht Charlotte das Pathetische ihrer Worte runterzuspielen. „Das ist übrigens etwas, was ich gerade lerne: Zu akzeptieren, dass ich manchmal so pathetisch werde."

Ravi tippt etwas in sein Handy ein, dann hören sie die ersten Klänge von Shotgun. Sie singen mit und tanzen so gut es geht auf ihren Autositzen.

Abblendlicht defekt, zeigt der Citroën an.

Die Autobahnschilder kündigen schon das Kamener Kreuz an. Am Flughafen Dortmund wollen Betty und Ravi aussteigen. Betty hat ihren Freund gebeten, sie dort abzuholen.

Zehn Minuten später hält Charlotte am Kiss&Fly-Haltepunkt am Flughafen.

Bevor Betty aussteigt, rutscht sie noch in die Mitte der Rückbank und hebt den Zeigefinger, so, dass Charlotte und Ravi ihn fast vor der Nase haben. „Eine Frage noch: Was bleibt von dieser Fahrt?"

Charlotte lacht: „Beim Coaching sind das die liebsten Klienten, die sich sogar schon selbst die Fragen stellen, die sie weiterbringen."

„Viel", beginnt Ravi. „Die Bekanntschaft mit zwei tollen Frauen, inspirierende Gespräche. Und Gelöst! I will google it."

„Charmeur", lacht Betty und stupst ihn an der Schulter. „Für mich bleibt die Charlottestrategie. Wenn ich mich das nächste Mal irgendwas nicht traue, werde ich mich fragen, was schlimmstenfalls passieren könnte. Und eine Vision nehme ich auch mit. – Ich melde mich bei dir, Charlotte. Ich möchte mutig und frei meinen Weg gehen und mir selbst vertrauen."

Dann schauen Betty und Ravi Charlotte an: „Bleibt für dich auch etwas?", fragen sie fast gleichzeitig.

„Ihr bleibt. So inspiring." Sie lacht Ravi an, als sie seine Worte von vor ein paar Stunden wiederholt. „Ein neuer Name für mein kleines, altes Auto bleibt auch: Charlottes Coaching Car. Wer weiß, was daraus entsteht. – Und dass Zuhause vielleicht ein Gefühl ist. Darüber möchte ich nachdenken. Zuhause ist das Gefühl, verbunden zu sein. Mit Menschen, mit sich selbst, mit einem Ort. Das ist eine ziemlich große Erkenntnis. – Danke." Sie schaut zuerst zum Beifahrersitz zu Ravi, dann durch den Rückspiegel zu Betty. Nach einer kurzen Pause fügt sie etwas leiser hinzu: „Ich glaube, ich fange wieder an zu nähen."

Du hast den ganzen Rücksitz für dich.
Mach's dir bequem und hör Michael und Charlotte zu:
Von einem Mann, der nicht aufgibt, und
wie Charlotte zu Gelöst! gekommen ist.
Warum ein Schnelle-Hilfe-Koffer Wolfgang heißt
und was Akzeptanz mit Veränderung zu tun hat.

ISSO

Michael, Adventszeit 2022

Sie haben sich in Unna am Bahnhof verabredet.

Einige Male hat Charlotte jetzt schon Mitfahrer mitgenommen. Sie hat sich angewöhnt, vorher zu telefonieren, und sich auch getraut abzulehnen, wenn sie kein gutes Gefühl hatte. Seitdem sie Ravi und Betty alte Trampergeschichten erzählt hat, hat sie ihr altes Prinzip „wir steigen nur ein, wenn wir ein gutes Gefühl haben“ wieder aktiviert und auf ihre neue Rolle als Anbieterin von Mitfahrgelegenheiten übertragen. Charlotte mag die Fahrten an die Ostsee und sie fährt gern allein. Auch wenn sie ihr Auto teilt, möchte sie eine angenehme Fahrt haben.

Den Mitfahrer, der heute einsteigt, kennt sie. Michael. Vor ein paar Jahren war er ihr Klient. Jetzt will er seine Tochter in der Rehaklinik in Prerow besuchen.

„Es ist doch Adventszeit“, hat er am Telefon gesagt.

Charlotte hat nicht überlegen müssen, ob sie Michael mitnehmen will.

Wie immer ist sie spät dran. Erst auf den letzten Drücker hat sie ihre Sachen gepackt, ihr Lieblingskleid war noch nicht ganz trocken. An das Buch für ihren Vater hat sie am Morgen zum Glück noch gedacht, fast hätte sie es vergessen. Zwar wollen sie sich wie immer nichts schenken, trotzdem hat Charlotte Weihnachtsgeschenke für ihre Eltern besorgt. Sie schenkt eben gern, besonders wenn sie eine gute Idee hat.

In diesem Jahr würde Weihnachten anders sein. Ihre Eltern haben eine Weihnachtsbusreise nach Thüringen gebucht. Sie wollen Weihnachten gern im Schnee verbringen. Und Charlotte und Maik fahren das erste Mal nicht nach Mecklenburg. Dafür will Max sie eine ganze Woche besuchen, darauf freut sie sich. Maiks Töchter und seine Eltern werden auch kommen. Die kleine Lia, Maiks Enkeltochter, ist jetzt schon ein Jahr alt und läge nicht mehr so still wie ein Geschenk unterm Weihnachtsbaum wie noch vor einem Jahr. Charlotte freut sich auf die Gastgeberrolle. Sie und Max kochen gern zusammen und Maik und Max sind ein gutes Einkaufsteam. Trotzdem, Weihnachten an der Ostsee wird ihr fehlen und auch der Heiligabend bei der Familie ihres Bruders mit dem großen, selbstgeschlagenen Weihnachtsbaum. Jetzt möchte sie wenigstens in der Adventszeit ihre Eltern besuchen. Sie ist gern im weihnachtlich geschmückten Zingst. In den Bäumen hängen statt Lichterketten gelb leuchtende Kranichfiguren.

Heute Morgen ist es kalt und wie so oft hat Charlotte ein schlechtes Gewissen. Immerhin hat sie es geschafft, nur ein paar Minuten zu spät zu sein. Michael hat ihr ein Foto geschickt, auf dem er mit seinem großen braunen Lederhut zu sehen ist. *Falls du mich nicht mehr erkennst ;)*, stand unter dem Foto. Charlotte hat ihr rotes rundes Auto beschrieben.

„Ein alter C3", hatte Michael ihre etwas umständliche Beschreibung zusammengefasst.

Jetzt winkt er schon. Charlotte bemerkt, dass sie sich wirklich auf die gemeinsame Fahrt freut. Sie vertraut Michael und weiß, dass er respektvoll ist und Rücksicht nimmt. Mit Michael lässt es sich bestimmt auch gut schweigen, denkt sie. Gleichzeitig ist da auch ein beklemmendes Gefühl. Sie wünscht sich so sehr, dass es Michael gut geht. Was, wenn nicht? Was, wenn er die Umschulung doch nicht geschafft hat? Sie weiß, dass er es kann und auch dass er durchhalten kann. Und sie weiß auch, dass es nichts gibt, was im Leben nicht passieren kann.

Michael hatte unbekümmert geklungen am Telefon. Freundlich und geradeheraus wie immer. Sie glaubte, gehört zu haben, dass es für ihn auch wichtig war, kostengünstig zu reisen. Aber das ist ja noch kein Zeichen für irgendwas. Charlotte hilft sich mit der Charlottestrategie: Was ist, wenn es ihm nicht gut geht? Dann ist es umso besser, dass wir uns treffen, beantwortet sie sich ihre Frage selbst. Heute Morgen hat sie ausgerechnet, dass sie sich jetzt schon fünf Jahre kennen.

Michael, Frühjahr 2018

Durch die Tür ihres kleinen Zimmers unterm Dach, das Charlotte zweimal im Monat bezieht, um psychologische Sprechstunden für die Teilnehmerinnen und Teilnehmer des Förderzentrums anzubieten, tritt ein vielleicht 50-jähriger blonder Mann in Jeans und Sweatshirt ein. Er lächelt sympathisch, ein bisschen scheu, und ist sichtlich aufgeregt. Seine Jacke behält er an, während er sich vorn auf die Stuhlkante setzt. Nein, er möchte nichts trinken.

„Was soll ich Ihnen erzählen?“, beginnt er. „Ich heiße Michael, bin 52 Jahre alt und habe nichts geschafft, als hier im Förderzentrum zu landen, wo die aufgefangen werden, die nichts auf die Reihe gekriegt haben.“

Charlotte sieht ihn einen Moment an. Dann kündigt sie an, dass sie gleich mal was Komisches machen möchte. Sie nimmt einen Stift, malt damit einen schwarzen Punkt auf ein Blatt und fragt ihn, was er sehe.

„Einen schwarzen Punkt“, antwortet er erwartungsgemäß.

„Das würden die meisten Menschen sagen“, entgegnet Charlotte. „So ist es auch im Leben. Wir sehen die Probleme,

analysieren sie und kreisen mit unseren Gedanken so lange darum, bis wir nichts anderes mehr sehen als das Problem. Nur ganz wenige Menschen können auch das große weiße Blatt sehen, auf das der Punkt gemalt ist. Ein großes weißes Blatt mit viel Platz für schöne Dinge, Erfolge, Geschichten, für Wege und Lösungen."

Er starrt Charlotte an. „Da haben Sie recht."

Und nach einer kurzen Pause: „Aber ich müsste eigentlich viele schwarze Punkte auf das Blatt malen."

Charlotte nickt. „Und dazwischen sind Zwischenräume."

Michael zieht die Augenbrauen hoch, jetzt ist er noch überraschter. „Stimmt. Dazwischen sind Zwischenräume", wiederholt er.

Dann fragt Charlotte, wobei sie ihm helfen könne.

„Wenn ich das mal wüsste. Ich habe Angst und ich schäme mich für das Leben, das ich führe. Ich kann Menschen manchmal nicht in die Augen sehen und glaube nicht, dass ich noch irgendwas erreichen kann."

Charlotte zeigt auf das weiße Blatt mit dem schwarzen Punkt. „Seit wann sind Sie eigentlich im Förderzentrum?"

„Seit sechs Monaten."

„Kommen Sie jeden Tag?" Charlotte weiß, dass viele der Teilnehmer es nicht schaffen, pünktlich zu kommen oder überhaupt jeden Tag in die Werkstätten zu gehen.

„Ja, ein Praktikum hatte ich noch nicht. Ich weiß auch nicht, ob ich das packen würde."

„Kommen Sie pünktlich?"

Wieder blickt Michael erstaunt. „Ja. Schon."

„Und heute sind Sie hier." Charlotte lächelt.

Sie erklärt, dass sie diese Fragen ernst meine. Das sei wirklich nicht selbstverständlich. Michael erwidert, dass es für ihn auch eine Zeit gab, in der er in einem tiefen Loch war und sich noch mehr zurückgezogen hat. Charlotte möchte wissen, wie er es geschafft hat, da herauszukommen und ins Förderzentrum zu gehen.

„Auch nur mit Hilfe", sagt er und schaut verlegen zu Boden.

Charlotte guckt ihn an. Sie sitzt einem Mann gegenüber, der einen langen Weg gegangen ist, über den sie nichts weiß. Der nicht aufgibt, der ins Förderzentrum für Menschen geht, die aus verschiedenen Gründen, meist aus gesundheitlichen, als schwer vermittelbar gelten, der um einen Gesprächstermin mit ihr gebeten hat und der es schafft, Unterstützung anzunehmen.

Und der aussieht, als ob er sich dafür schämt. Sie hat das Gefühl, dass es nicht der richtige Zeitpunkt ist, um mit ihm darüber zu reden, dass sie es für eine Fähigkeit hält, Hilfe annehmen zu können.

Jetzt erzählt Michael von seinen jungen Kollegen in der Metallwerkstatt. Neulich hätte jemand zu ihm gesagt, dass er nur kommt, weil er da ist.

„So blöd das klingt, aber bei denen hat mein Wort Gewicht. Die orientieren sich an mir. Schon deswegen muss ich pünktlich sein. Und mir tut es auch gut."

Charlotte fragt, was er erreichen möchte, ob er ein Ziel hätte.

Plötzlich bricht es aus ihm heraus: „Hab ich das Recht, etwas zu wollen? Hab ich das Recht zu sagen, dass ich Menschen helfen will?" Tränen stehen ihm in den Augen.

Charlotte schenkt ihm ein Glas Wasser ein. Sie atmet lange aus und lehnt sich zurück.

„Ich glaube, das Recht zu helfen hat jeder", sagt sie mehr zu sich als zu ihm. Sie sieht ihn an. „Angenommen, Sie hätten das Recht und von jetzt ab läuft es gut für Sie – wo wären Sie dann in einem Jahr? Oder in drei?"

Michael überlegt. „Ich weiß nicht. Ich hab schon lange aufgehört zu träumen. Dann kann ich wenigstens nicht enttäuscht sein."

Er blickt angestrengt an die Decke. Charlotte sieht, wie er mit seinen Gedanken beschäftigt ist.

„Ich könnte mir selbst wieder in die Augen schauen, egal was ich mache."

Charlotte nickt. „Sich selbst wieder in die Augen schauen."

Sie lächelt ihn an und nickt noch einmal. „Woran würden Sie merken, dass Sie auf einem guten Weg dahin sind? Dass Sie ein kleines Stück weiter sind als heute?"

Die Antwort kommt sofort: „Ich würde zum Friseur gehen und meinen Hut wieder tragen." Jetzt lächelt Michael.

„Ihren Hut?"

„Ja, meinen Hut. Der ist cool. Ein John-Wayne-Hut." Michael nickt bekräftigend.

Sie unterhalten sich ein bisschen über den Hut und über

John Wayne und über die Zeit, in der Michael seinen Hut getragen hat.

„Als ich jung war, dachte ich, dass ich alles kann. Ich hab mir gesagt, ich will das, und ich hab's einfach gemacht. In der Zeit, in der ich auf der Straße gelebt habe, kannten mich alle nur mit Hut. Und als ich verheiratet war, habe ich ihn auch noch manchmal getragen. Ich war meiner Tochter so peinlich." Michael lacht.

Charlotte möchte wissen, womit Michael sich gern beschäftigen würde.

Er berichtet begeistert von Dokumentationen über das Weltall und über das Leben im Allgemeinen. Es ist interessant, ihm zuzuhören.

„Wie cool ist das, dass ich Teil davon sein darf. Wenn ich sterbe, ließe ich am liebsten meine Asche im Weltall verteilen. Wir sind ja sowieso alle Sternenstaub", sagt er. Und nach einer Pause: „Ich schäme mich so, dass ich meine Zeit nicht besser nutze."

Charlotte fragt, ob er sich vorstellen könne, mit anderen zusammen in einer kleinen Gruppe an seinem Thema zu arbeiten. Sie erzählt von ihrem Gelöst! Kompaktcoaching, das sie von Zeit zu Zeit anbietet. Sie ist überzeugt davon und hat selbst erlebt, wie selbstwertstärkend es wirkt. Gerne würde sie das auch den Teilnehmerinnen und Teilnehmern im Förderzentrum zugänglich machen, Menschen, die nicht tausend Euro dafür ausgeben können.

„Das ist eine Idee, ich bin nicht sicher, ob das geht. Wenn nicht, finden wir eine andere passende Form“, sagt sie.

Charlotte ist froh und immer noch erstaunt über dieses Projekt mit dem Förderzentrum. Jobcenter, die Werkstatt, der Träger des Förderzentrums und die Krankenkassen arbeiten hier zusammen, um den Menschen, die ins Förderzentrum kommen, unkompliziert psychologische Begleitung zu ermöglichen. Charlotte hat ihre Arbeitsweise, in der es um Lösungen geht statt um Probleme, vorgestellt und ihr Gelöst! Konzept präsentiert. Die Menschen, die zu ihr in die Praxis kommen, bezahlen für das Coaching. Auch Menschen, die sich therapeutisch von ihr begleiten lassen, tragen die Kosten normalerweise selbst. In Deutschland ist diese Art der Therapie nicht wie in einigen anderen Ländern anerkannt. Darum staunt sie darüber, dass es doch Möglichkeiten gibt. Wenn Menschen, die eine Idee haben, sich zusammentun und es wirklich wollen, finden sie einen Weg. Auch im bürokratischen Deutschland. Davon hat sie sich überzeugen können, als noch in Leipzig gewohnt hat und als Geschäftsführerin auch für die Finanzierung der Projekte für Jugendliche verantwortlich war. Jetzt macht sie die gleiche Erfahrung wieder. Es geht immer noch, denkt sie. Sie mag Herrn Grass, der die Krankenkassen vertritt. Statt zuerst auf Verordnungen und Vorschriften zu schauen, fragt er sich und andere zuerst, was Sinn macht. Dann schaut er nach Möglichkeiten, es umzusetzen. Er und die Mitarbeiterin des Jobcenters konnten ihr Kon-

zept nachvollziehen, als sie von Lösungen sprach und einen schwarzen Punkt auf ein weißes Blatt malte. Charlotte ist zuversichtlich, dass sie mit ihm zusammen der engagierten Leiterin des Förderzentrums ihr Anliegen, ein Selbstwerttraining für die Teilnehmerinnen und Teilnehmer des Förderzentrums anzubieten, erklären kann und dass er sie unterstützen wird. Es ergibt Sinn und auch aus Kostensicht ist es effektiv.

Als Michael sich verabschiedet, sagt er: „Ich hab das Gefühl, dass mein Kreuz gerade ein bisschen breiter geworden ist."

In der Tür dreht er sich noch mal um: „Bei so einem Selbstwerttraining würde ich gerne mitmachen. Hoffentlich klappt das."

Ja, hoffentlich klappt das, denkt auch Charlotte.

Einige Wochen nach diesem Gespräch weiß Charlotte, dass sie das Selbstwerttraining durchführen kann.

Es war leicht, Herrn Grass zu überzeugen. Er hat nur ein paar interessierte inhaltliche Fragen gestellt. Er nahm ihre Ideen ernst und das tat ihr gut. Sie würde nicht nur das Gelöst! Selbstwerttraining durchführen können, sondern sogar einige Kolleginnen aus dem Förderzentrum zu Gelöst! Coaches ausbilden, sodass diese auch bald selbst das Selbstwerttraining anbieten können. Das ist es, was Charlotte will! Sie möchte Menschen helfen, an sich zu glauben und Lösungen zu entdecken, statt in Problemen stecken zu bleiben. Sie möchte, dass Menschen merken, dass sie sich selbst helfen können. Und sie will, dass sie lernen, sich zu vertrauen und ihren Weg zu gehen. Ihren eigenen. Hier wird das unterstützt! Von deutschen Behörden. Es gibt immer einen Weg, denkt sie. Und es ist ganz leicht gewesen. Sie glaubt an sich und ihre Arbeit, an Lösungen, an die Methoden und vor allem an die Menschen, mit denen sie zusammenarbeitet. Das haben auch die Kooperationspartner gemerkt. Es gibt wirklich immer einen Weg, denkt sie.

Michael nimmt zusammen mit acht anderen Teilnehmerinnen und Teilnehmern des Förderzentrums am ersten Gelöst! Selbstwerttraining teil.

Der Raum in Charlottes Praxis ist sorgsam für das Training vorbereitet – Blumen, Getränke, ein kleines Büfett. Die Teilnehmerinnen und Kolleginnen im Hauswirtschaftsprojekt des Förderzentrums kochen sogar Mittagessen für die Gruppe. Auf den Stühlen liegen ihre Arbeitsbücher. Magentafarbene Ringordner mit dem Gelöst! Logo und ihrem Namen auf der Titelseite.

„Das ist alles extra für uns?“, fragt Nadine. Sie nimmt zusammen mit Paul, Timo, Dalida, Nadine, Ali, Klaus, Katrin, Andrea und Michael an dieser Coachingwoche teil.

Michael hatte Timo und Dalida von dem Seminar erzählt und sie hatten darum gebeten, teilnehmen zu dürfen.

Dalida kommt aus Syrien. Sechs Jahre war sie als Kind allein auf der Flucht. Wenn es zu schlimm war, hat sie die Wolken angeguckt und Figuren darin gesucht. Elefanten, Drachen oder Gesichter. Dalida träumt davon, ein kleines internationales Restaurant zu eröffnen. Sie ist seit zwei Jahren in Deutschland und spricht schon sehr gut Deutsch. Sie lernt mit dem Handy, durch Lieder, spricht mit Leuten.

Timo hat Angst vor der Fahrschulprüfung. Er möchte in einer Kfz-Werkstatt arbeiten.

Klaus ist Mitte vierzig, lebt bei seiner Mutter und kämpft seit vielen Jahren um Geld, das er einer Ex-Freundin geliehen und nicht wiederbekommen hat.

Andrea lebt mit ihrem Mann und ihren Schwiegereltern in einem Haus. Sie ist still und lächelt schüchtern.

Katrin ist Betreuungshelferin. Es hat ihr Spaß gemacht, ein Praktikum im Altersheim zu machen, und sie erzählt gern von ihren Begegnungen mit den Menschen dort. Katrin schafft es nicht immer, zuverlässig zu sein. Sie trägt schrillen Lippenstift, der manchmal ein bisschen verschmiert ist, sie ist laut und übergewichtig und hat das Herz am rechten Fleck. Auf ihre Bewerbungen hat sie nur Absagen bekommen. Manchmal verlässt sie der Mut, erzählt sie. „Ich weiß, wie ich bin und wie ich aussehe. Die alten Menschen hatten nie ein Problem damit. Die mögen mich und ich mag sie."

Ali aus dem Irak will schnell eine Arbeit finden und seine Familie unterstützen, er möchte aber auch die Schule abschließen und eine Ausbildung machen. Er weiß nicht, wie er sich entscheiden soll. Einmal fragte Nadine ihn, was er wirklich will.

„Du willst es wirklich wissen", sagt er, als er Nadines festen Blick sieht.

„Ja", antwortet sie.

Charlotte beobachtet diese Situation und sieht, dass Ali Tränen in den Augen hat. Nadine sieht ihn weiter fest an.

„Ich will meine eigene Schreinerwerkstatt haben. Wie mein Onkel", sagt er und weint. Er fühlt sich gefangen zwischen seinem Verantwortungsgefühl und seinem Wunsch.

Ute, Charlottes Kollegin aus der Werkstatt, die die Ausbildung zum Gelöst! Coach abgeschlossen hat und mit Charlotte zusammen das Seminar leitet, spricht von „Herzenszielen". Das, was wir von Herzen wollen, das berührt uns, motiviert und gibt Energie. Ali hat wohl gerade sein Herzensziel preisgegeben.

Nadine umarmt ihn. „Du schaffst das."

Nadine hat auch viel geschafft. Nadine mit den pinken Haaren, die mit dreißig Jahren eine Lehre als Friseurin in Aussicht hat, die Obdachlosigkeit und alle Arten von Drogen kennt und jetzt mit ihrem Freund in einem Haus ohne Strom und Heizung lebt.

Der jüngste von den Männern ist Paul. IQ 136, hat er Charlotte beim Vorgespräch informiert. Er kann philoso-

phieren und sich großartig ausdrücken und hört nicht auf, neue Pläne zu machen, nachdem sich wieder ein Ziel in Luft aufgelöst hat. Jeden Morgen ist er von Neuem stolz, wenn er pünktlich kommt und wieder einen Tag nicht gekifft hat.

Und Michael. Er ist mit kurzen Haaren und einem John-Wayne-Hut aus abgewetztem Leder gekommen.

Vier Tage lang erzählen sie ihre Geschichten, reden über ihre Träume, Ziele und Zweifel, sie packen ihre „Schnelle-Hilfe-Koffer“ mit Dingen, die sie in schwierigen Situationen tun, denken oder fühlen könnten. Damit sie mit ihren Gefühlen umgehen können und handlungsfähig bleiben, wenn die Angst kommt. Oder die Zweifel oder das Verlangen oder die Wut. Auf dem großen Blatt, auf dem sie alles sammeln, was im Schnelle-Hilfe-Koffer nützlich sein kann, steht:

atmen, rausgehen, du kannst mich mal, die Wolken angucken, einfach machen, Isso. „Isso“ steht für: „Es ist so.“ Katrin hat „Isso“ auf das Blatt geschrieben, genau so wie sie es oft von Klaus gehört hat. Isso. In Klaus’ Schnelle-Hilfe-Koffer steht das weit oben, gleich hinter „Ausatmen“. Er will es sich immer dann sagen, wenn seine Gedanken mal wieder um das verlorene Geld und seine Ex-Freundin kreisen. Isso. Zu akzeptieren was ist, ist die Voraussetzung für Veränderung. Das lernen sie in dieser Woche.

Manche schreiben auch Liedtitel auf ihre Liste. Dalida bastelt einen richtigen Koffer und Nadine schreibt es sich *ins Handy. ABS nennt sie ihre Liste. Anti-Blockier-System. Michael nennt seinen Schnelle-Hilfe-Koffer Wolfgang. So hieß der Hund seines Onkels. „Wolfgang war ein Bernhardiner", erzählt er. „Wenn alle schrien und stritten, hob Wolfgang nur den Kopf, öffnete halb die Augen und sagte ‚Wuff'. Dann legte er den Kopf wieder auf seine Pfoten und schlief weiter."*

Nadine schreibt „Wuff" auf das Blatt mit den Ideen für ihren Schnelle-Hilfe-Koffer. Sie hören einander zu und fragen, machen sich selbst und sich gegenseitig ehrliche Komplimente. Sie lernen sich auf neue Weise kennen, hören sich selbst zu, entdecken innere Persönlichkeitsanteile und lernen, sie zu schätzen.

Sie reden über das, was ihnen wichtig ist, schauen sich ihre Bilder des Tages an, spielen sich Musik vor, die ihnen etwas bedeutet, und beschäftigen sich mit den Übungen in den magentafarbenen Arbeitsbüchern. Manchmal hören sie auch nur ihrem Atem zu.

Einmal kommt Michael später von einem Termin mit seiner Beraterin beim Arbeitsamt. Er erzählt, dass sie ihm eine Umschulung als Lagerist angeboten hat. „Ich habe ihr gesagt: Ich werde Helfer."

Charlotte hebt den Daumen.

„Und was hat sie gesagt?", will Klaus wissen.

„Okay."

„Waaas?", fragt Klaus ungläubig.

„Sie hat ‚okay' gesagt", wiederholt Michael.

„Einfach so?“, fragt jetzt auch Charlotte.

„Ja“, sagt Michael. „Einfach so. Sie hat es ernst genommen.“ Er schüttelt mit dem Kopf, als ob er es selbst nicht glauben kann. „Ich war mir auch ganz sicher. Ihr blieb wohl nichts anderes übrig.“ Michael lacht.

„Und wie geht's jetzt weiter?“, fragt Paul.

„Mal sehen. Sie will gucken, was geht. Wir haben über Integrationshelfer gesprochen.“

Am letzten Tag kocht Dalida für alle.

Zum Nachtreffen drei Monate später kommen fast alle.

Nadine erzählt, dass sie extra ihren Spätdienst im Friseurladen getauscht hat, um hierherkommen zu können. Stolz klingt in ihrer Stimme.

Ali fehlt, er schreibt eine Arbeit in der Schule.

„Schade“, meint Dalida.

„Isso“, antwortet Klaus.

Alle lachen und erinnern sich. Das Vertraute ist wieder da. Sie erzählen sich Geschichten von der gemeinsamen Woche und wollen wissen, wie es ihnen ergangen ist. Sie sind neugierig aufeinander. Timo gratulieren sie zur Fahrerlaubnis und zum neuen Job. Er hat einen Tag Urlaub genommen, um herkommen zu können. Charlotte freut sich für Timo und auch darüber, dass er gekommen ist und dass er die Anerkennung der anderen bekommt – und annimmt.

Auch über die Bewunderung, die bei den anderen dafür zu spüren ist, freut sie sich.

Michael ist noch im Förderzentrum. „Aber jetzt erzähle ich es jedem, der es wissen will. Ich akzeptiere mich. Ich bin immer derselbe Michael, egal, was ich mache oder wo ich bin. Mit oder ohne Hut."

„Du wolltest doch Helfer werden?", fragt Dalida.

Michael berichtet, dass er ein Bewerbungsgespräch für eine Stelle als Integrationshelfer in Bielefeld hatte. „Alter, war ich aufgeregt!" Der Psychologe dort hatte Bedenken, dass er zu viel Mitleid haben werde und emotional nicht stabil genug für die Arbeit sei.

„Der hatte recht", sagt Michael jetzt. „Ich hatte Gespräche mit Charlotte darüber und jetzt soll ich noch einen psychologischen Test bei der Arbeitsagentur machen."

Dalida erinnert ihn: „Du hast doch Wolfgang."

„Wuff", macht Klaus.

Alle lachen, Michael auch.

Paul kommt zu spät. Sein Bericht lässt die anderen still werden. Er war in der Zwischenzeit im Krankenhaus. Seine Lunge ist zusammengefallen und er hat Glück, dass er überlebt hat. Nie wieder werde er Marihuana inhalieren, hat er sich vorgenommen.

„Inhalieren?", fragt Charlotte.

„Ich würde ... höchstens vielleicht mal ... Kekse backen", druckst er.

Nadine schüttelt den Kopf. „Du musst zur Therapie gehen. Du wärst fast gestorben!"

„Ich weiß", sagt Paul leise.

Vor fast zwei Jahren hat Charlotte Michael zum letzten Mal gesehen. Sie hatten sich zu einem Nachgespräch verabredet.

„Zum Erzählen", hat Michael sich gewünscht. Es war einer der ersten schönen Tage des Jahres und Charlotte ist mit dem Fahrrad zur Arbeit gefahren. Sie kann sich gut erinnern:

Charlotte ist noch beim Teekochen, als Michael schon in der Tür steht. Er kennt sich aus. Charlotte weiß, dass er gern hierherkommt. Er mag den Raum und die Erfahrungen, die er mit diesem Ort verbindet.

Michael hat Mund und Nase vorschriftsmäßig durch eine Maske bedeckt. Trotzdem sieht Charlotte, dass er lächelt. Am Stehtisch mit der Desinfektionsflasche bleibt er stehen und reibt sich gründlich die Hände ein.

„Oh, du warst beim Friseur."

„Ja. Du auch?", fragt Charlotte zurück.

„Nein, noch nicht. Jetzt kann man ja noch mit Mütze rumlaufen."

„Sieht cool aus."

Es stimmt, er sieht cool aus mit ordentlicher Jeans, knall-

buntem Hoodie und seiner Mütze, aus der ein paar Haare herausschauen. Mit seiner FFP2-Maske wirkt er schüchtern und die Haut blass. In diesem sechzig Quadratmeter großen Raum mit hohen Decken kann er die Maske abnehmen. Zwischen den Stühlen sind gut drei Meter Abstand, dazwischen steht der niedrige, quadratische Holztisch, den Charlotte weiß gestrichen hat. Neben den beiden Stühlen stehen Rollcontainer, die Maik aus alten Weinkisten zusammengebaut hat. Dort kann Charlotte ihre Teekanne, Gläser und Tassen abstellen. Die Sonne wärmt schon, wenn man auf dem Stuhl unter dem geöffneten Fenster sitzt. In dem Moment, in dem Michael hereinkommt, erinnert sich Charlotte, dass er gerne Kaffee trinkt.

„Kaffee?"

„Wenn du einen hast." Höflich, aber ohne herumzudrucksen kommt die Antwort.

„Kann ich helfen?"

Charlotte schüttelt den Kopf. „Setz dich doch."

Dann könne er ja noch eine rauchen gehen, meint Michael. Es ist sowieso noch ein bisschen zu früh.

Als er wieder hereinkommt, läuft gerade der letzte Tropfen Kaffee durch die Maschine.

„Wir kennen uns schon ganz schön lange."

„Stimmt", antwortet Michael. „Über zwei Jahre, oder?"

Charlotte nickt. „Ich musste gerade an das Selbstwerttraining denken. Das war auch in diesem Raum."

Sie bietet ihm einen Platz an. Michael bringt noch seine

Jacke zur Garderobe und streckt sich ungezwungen, als er sich hinsetzt. So anders als damals, denkt Charlotte.

„Wie geht's dir?", fragt Michael.

Charlotte lacht. „Das ist selten, dass ich zuerst danach gefragt werde. Wenn ich mit dem Fahrrad zur Arbeit fahren kann, geht es mir immer gut. Wie geht's dir?"

„Gut." Michael nickt bestätigend. „Heute Morgen hat es bei uns geregnet. Ich bin zum Bus gegangen und hatte meinen Schirm vergessen. Dann habe ich Kinder auf dem Spielplatz gesehen. Denen war der Regen egal. Sie haben sich ganz wichtig irgendetwas erzählt. Dann hab ich gemerkt: ‚Oh, Alter, du hast deine Kopfschmerzen vergessen.' Es ist so einfach, sich einen schönen Moment zu machen. Im Bus hab ich bei einem Gespräch zwischen einem Mädchen und der Busfahrerin zugehört. Das Mädchen hat von ihrer Liebschaft erzählt. Wie alt mag sie gewesen sein? Vielleicht fünfzehn. Sie erzählte, wie er geguckt hat, ob er geschrieben hat und wann und wie viel, alles war so wichtig. Was für 'ne Erfahrung!

Ich musste auch an meine erste Freundin denken. Sie hatte blaue Augen und blonde Haare. Durch Maria habe ich alles später erfahren. Alkohol, Drogen und so. Dafür bin ich dankbar. Wahrscheinlich hätte ich sonst noch früher angefangen. Na ja, mit siebzehn bin ich ja dann weggegangen von zu Hause. Da ging's richtig los. Sechs Jahre war ich auf der Straße. Es war ein harter Schritt damals, zur Caritas zu gehen. Ich brauchte 'ne Meldeadresse. Damals hab ich gelernt, Hilfe anzunehmen, ohne etwas zurückgeben zu können. Das war meine einzige Chance. Trotzdem, ich bin dankbar. Maria, den Sozialarbeitern von der Caritas, meiner Ex-Frau. Schön, dass ich das alles erlebt habe und dass ich was hab, woran ich mich erinnern kann. Dafür bin ich wirklich dankbar."

Er ist ins Erzählen gekommen und Charlotte unterbricht ihn nicht. Sie ist auch dankbar, ihm zuhören zu können. Einem Menschen, der Frieden mit sich und mit seiner Geschichte gemacht hat.

„Auf dem Weg hierher bin ich an Läden vorbeigegangen, in denen ich manchmal mit meiner Ex-Frau war. Das war auch schön. Klar, da war Wehmut, aber ich kann mich daran erinnern. Alter, war das ein Schmerz damals, als meine Tochter mir gesagt hat, ‚Mama will sich trennen'. Kurz danach saß ich bei unserer Nachbarin im Auto. Ich hab nur noch geheult. Und sie saß einfach daneben. Wir hatten sonst gar nichts miteinander zu tun. Aber in diesem Moment war sie da. Ich war nur mit mir beschäftigt und mit meinem Schmerz. Das war, als hätte man mir beide Arme abgehackt. Aber ich fühlte mich so lebendig. Zum ersten Mal nach langer Zeit. Gut, dass sie mit einem anderen Kerl abgehauen war, da konnte ich mir keine Hoffnung machen, dass sie zurückkommt. Ich musste es akzeptieren, und das hat geholfen. Ich hab stundenlang Musik gehört damals."

„Warst du wütend?", fragt Charlotte.

„Nein, nicht mal am Anfang. Ich hatte sie geheiratet,

weil ich sie glücklich machen wollte. Das hab ich nicht geschafft. Ich hab ihr Glück gewünscht.

Acht Jahre habe ich an einer Maschine gestanden. Ich dachte, ich kann nichts anderes mehr. Als junger Kerl habe ich gedacht, zeig mir, was ich machen soll – ich kann das. Das war alles weg. Ich dachte, ich kann nichts außer die drei Handgriffe, die ich an der Maschine machen musste. Dann kamen die Panikattacken. Ich dachte wirklich, ich krieg 'nen Herzinfarkt. Ich hatte alle Symptome. Als ich gelernt hab, auch Panik zu akzeptieren, wurde es besser. Auch 'ne Panikattacke zeigt, dass Leben in mir steckt."

Charlotte schreibt sich den Satz auf. Beim letzten Gespräch hatte sie ihn gefragt, ob sie über ihn in ihrem Buch berichten dürfe. Michael hatte gesagt, dass er sich dadurch geehrt fühlen würde.

„Dann werde ich ja doch unsterblich. Vielleicht findet jemand das Buch noch in dreihundert Jahren und liest über mich. Und vielleicht hilft das jemandem. Wenn ich schon wieder Sternenstaub bin. Ist das nicht 'ne schöne Vorstellung? Beides, das mit dem Buch und das mit dem Sternenstaub. Ich bin wirklich Teil dieses unfassbaren Universums."

Ich sollte das Buch wirklich schreiben, denkt Charlotte.

„Vor zehn Jahren war ich überzeugt, dass meine Meinung richtig ist. Auch meine Meinung über mich. In der Klinik habe ich mal ein Transgendermädchen kennengelernt. Der war egal, als was man sie sah. ‚Ich bin ein Mensch', hat sie

gesagt. Ihr war es egal, ob man sie als Mädchen oder als Junge anredete. Wir sind Menschen. Und ich kannte einen Jungen, bei dem musste alles immer geordnet sein, der brauchte Struktur. Im Kunstunterricht hat er zu mir gesagt, dass er mal einen Tag so verpeilt sein möchte wie ich. Der meinte das wirklich ernst. Ich dachte immer, ‚Mann, du bist zu blöd', wenn ich irgendwas nicht hingekriegt hab, wenn ich z. B. den Busfahrplan nicht lesen konnte. ‚Benimm dich wie ein Kerl', hab ich mir immer gesagt und: ‚Du musst erwachsen werden.' Aber die Leute haben mich immer so gemocht, wie ich bin. Der Einzige, der mich nicht mochte, war ich selbst."

Charlotte weiß nicht mehr, wann Michael über welche Zeit in seinem Leben spricht. Aber das muss sie auch nicht wissen. Michael weiß, was er sagt, und er wird den Kreis seiner Erzählung schließen.

„Es macht Spaß, sich Sachen bewusst zu machen", fährt Michael fort. „Wir kommen nicht zur Welt, um alles richtig zu machen. Na ja, obwohl ich ja fast perfekt bin." Michael lacht.

„Dass ich mal wieder über mich selbst lachen kann, hätte ich vor ein paar Jahren auch nicht gedacht. Es macht Spaß, sich jeden Tag neu kennenzulernen. Mich interessiert das. Wie ich fühle, wie es mir geht.

Zum Beispiel das Praktikum in der Behindertenwerkstatt. Das hätte ich mir früher niemals zugetraut. Ich hatte Angst vor meinem eigenen Mitleid. Dann war das so eine tolle Zeit. Ich habe so viel gelernt von den Leuten dort. Die brauchen auch Integrationshelfer. Sie haben gesagt, dass sie auf mich warten. Ich hätte wirklich nicht gedacht, dass ich das kann und dass ich da gerne arbeiten will. Du überraschst dich immer wieder selbst."

Michael trinkt einen Schluck Kaffee. „Tut gut, mal einfach zu erzählen, was mir in den Sinn kommt. Glaubst du wirklich, dass das jemanden interessiert?"

„Mich schon", sagt Charlotte.

„Im Juni fängt meine Umschulung an."

„Wow!"

„Ja, jetzt freue ich mich auch."

Sie lächeln sich an. Sie wissen, dass Michael einen langen Weg bis hierher zurückgelegt hat.

Nach der Ablehnung in Bielefeld hatte er überlegt, doch als Lagerist zu arbeiten. „Helfen kann man überall und in jeder Position", sagte er damals. Dann hat er den Praktikumsplatz in der Behindertenwerkstatt bekommen. Als der erste Lockdown begann, musste er sein Praktikum abbrechen. Angst und Einsamkeit kamen wieder. Wolfgang und die Betreuerinnen der Bethel Stiftung haben geholfen. Jetzt liegt auch das Gespräch mit dem Psychologen der Arbeitsagentur hinter ihm. Michael kann die Umschulung zum Integrationshelfer beginnen!

„Live oder online?"

„Online. Ich freu mich drauf." Michael sagt das ruhig und selbstverständlich.

„Oh?“

„Ja. Ich brauchte nur wieder Zeit, um mich darauf einzustellen. Wie immer“, meint er und lächelt Charlotte an.

Ja, es war oft so, wenn Michael etwas Neues anfangen wollte. Zuerst dachte er, er könnte das nicht. Mit Abstand, Zeit und Wolfgang war es ihm gelungen, Schritt für Schritt zu gehen. Vor vier Wochen, als sie sich das letzte Mal getroffen haben, erschien es ihm unmöglich, an einer Umschulung teilzunehmen, die online stattfinden sollte. Die Beraterin der Arbeitsagentur verstand das. Sie ließ ihm Zeit.

„Jetzt freue ich mich darauf“, sagt Michael noch einmal, während er die Kaffeetasse abstellt.

„Cool.“ Charlotte ist wirklich beeindruckt. „Das war ein langer Weg bis hier.“

„Stimmt. Und jetzt fängt es erst an.“

Michael ist 55 Jahre alt. Jetzt fängt es erst an. Stimmt, denkt Charlotte, man kann immer wieder anfangen. Das Alter hat nichts damit zu tun. Man braucht nur Mut.

„Weißt du noch, was du gesagt hast, als ich dich beim ersten Gespräch gefragt habe, wobei ich dir helfen kann?“

„Ich will mich wieder im Spiegel anschauen können.“ Michael weiß es sofort. „Haken dran. Gelöst.“

Er lacht. „Es wird weiter schwarze Flecken in meinem Leben geben. Und viel Platz dazwischen.“

„Was soll eigentlich bleiben von unserer Zusammenarbeit?“, will Charlotte noch wissen. „Gibt es etwas, was du nicht vergessen möchtest?“

„Der schwarze Punkt, keine Frage. Das hab ich schon so vielen Leuten erzählt. Es haben schon so viele Menschen auf mich eingeredet. Und dann kommst du und malst mir einen schwarzen Punkt auf. Das hat mir die Augen geöffnet. Damit war es auf den Punkt gebracht."

„Und was war noch hilfreich?"

„Ja klar, die Gruppe und das alles." Michael denkt nach. „Ihr habt mir zugehört. – Und ihr habt mir das zugetraut."

Dann sind sie still. Michael trinkt Kaffee, Charlotte Tee. Da ist keine Spannung in der Stille. Zwei Menschen, die einander gerne zuhören.

„Mein Kreuz ist schon wieder breiter geworden. Jedes Mal, wenn ich diesen Raum verlasse, ist das so", sagt er noch, als er sich verabschiedet.

Dieses letzte Gespräch hat Charlotte heute Morgen sehr lebendig vor Augen. Jetzt ist sie froh, als sie Michael unbekümmert winken sieht.

Selbstverständlich umarmen sie sich, nachdem Charlotte neben ihm gehalten hat und ausgestiegen ist.

„Nicht die rechte ..." Sie winkt ab, es ist sowieso zu spät. Michael hat schon die rechte Hintertür geöffnet und seine kleine Reisetasche auf den Rücksitz gestellt. Klickklack. Wie jedes Mal ist Charlotte genervt, wenn sie das Geräusch der kaputten Tür hört, als ob es das erste Mal wäre.

„Oh – schließt die Tür nicht?“

Charlotte winkt wieder ab.

Michael versucht es noch einmal. Charlotte hört am Klang, dass die Tür jetzt schließt. Michael hat den richtigen Druck und den richtigen Nachdruck, ohne Gewalt. Sie betätigt die Fernbedienung am Autoschlüssel. Klick.

„Cool!“

Michael lüpft kurz den Hut und deutet eine Verbeugung an. „Manches klappt.“

Lachend steigen sie ins Auto.

„Blumen im Auto. Schön. Stimmt, du hast überall Blumen. – Ist das überhaupt in Ordnung, wenn ich vorne sitze?“

Charlotte lacht, anstatt zu antworten, und startet den Motor.

Michael lehnt sich zurück und streckt sich kurz. „Wie geht’s dir?“ Wie immer kommt er Charlotte zuvor mit dieser Frage.

„Mir geht’s gut.“ Charlotte nickt bekräftigend.

„Alter, ich kann’s nicht glauben. Ich sitz neben dir im Auto, habe Urlaub und fahre an die Ostsee, um meine Tochter zu besuchen.“

Charlotte ist fast überrascht, als sie bemerkt, dass sie sich genauso freut. „Du hast Urlaub?“

„Ja. Morgen beginnen die Ferien und ich konnte schon

einen Tag früher freinehmen." Dann erzählt er von seinem Job.

Charlotte könnte ihm stundenlang zuhören, wie er von seiner Arbeit erzählt, so freut sie sich.

Knapp ein halbes Jahr arbeitet Michael jetzt als Integrationshelfer bei einem freien Träger in seiner Stadt. Zuerst hat er einen Jungen begleitet, der als Systemsprenger bekannt war. Fast vier Monate lang.

Charlotte will wissen, ob er Supervision hat.

„Was ist das?", fragt Michael.

Charlotte erklärt diese Form des kollegialen Austauschs zusammen mit einer außenstehenden Supervisorin oder eines Supervisors. Das soll helfen, die Qualität der Arbeit zu gewährleisten und Ideen zu entwickeln. Vor allem ist Supervision dafür da, dass man sich austauschen kann und bei dieser schweren Arbeit gesund bleibt. Doch Supervision gibt es bei dem Träger, für den Michael arbeitet, nicht. Auch sonst hat Michael wenig Austausch. Die anderen Kolleginnen und Kollegen sieht er nur selten, sie sind auf verschiedene Schulen verteilt. Michael erzählt es sachlich, da ist keine Beschwerde und kein Hadern in seiner Stimme. Mit der Klassenlehrerin hätte er sich gut verstanden, die war immer für ihn da. Doch nach vier Monaten mit dem Jungen konnte er nicht mehr. Seine Chefin hat es verstanden.

„Wenn ich wenigstens mit seiner Mutter hätte reden können. Sie ist doch die Einzige, die helfen könnte. Kein einziges Gespräch hatten wir. Ich glaube immer noch, dass wir zusammen etwas hätten bewirken können. Der Junge hat mich jeden Tag beschimpft. Koksender Drogendealer war noch das Harmloseste. Die Lehrerin dachte, sie muss sich um mich kümmern. Aber das hat mir nichts ausgemacht. So ' n Junge kann mich doch nicht beleidigen. Der brauchte Hilfe, aber ich konnte es nicht schaffen."

Es fällt Charlotte schwer, ruhig zuzuhören. Ihre Gefühle wirbeln durcheinander. Mit Ohnmacht kommt sie nicht gut zurecht. Sie kennt dieses Gefühl. Trotzdem ist es immer noch schwer für sie, damit umzugehen. Das war verantwortungslos! Bei allem Talent und allem gesunden Menschenverstand und Verständnis, das Michael für diese schwere und verantwortungsvolle Arbeit offensichtlich hat – dabei hätte er nicht allein gelassen werden dürfen. Er braucht Austausch, auch wenn er kein Berufsanfänger wäre. Für sich und für die Kinder, die von ihm und seinen Kollegen begleitet werden. Wie alle anderen, die in diesem und anderen sozialen und pädagogischen Bereichen arbeiten.

Gleichzeitig freut sie sich für Michael. Kann man stolz sein für jemand anderen?, überlegt sie. Er ist Integrationshelfer, ein guter dazu. Er begegnet den Kindern auf Augenhöhe, gleichwertig, er glaubt an sie, gibt ihnen Orientierung und stärkt sie.

Aus den Lautsprechern ertönt Good day sunshine. Der CD-Player hat sich von selbst eingeschaltet und die

CD, die seit Jahren feststeckt, spielt Track 7 von 27, lesen sie auf dem Display. Erstaunt schaut Michael zu Charlotte. Die zuckt mit den Schultern und als die Beatles anfangen zu stottern, weil die CD zerschrammt ist, schaltet sie das Gerät wieder ab.

„Dein Auto ist ein bisschen altersschwach, woll?"

Charlotte ist vorher nie aufgefallen, dass Michael dieses typisch sauerländische Satzende benutzt.

„Ja. Aber es fährt und fährt."

Michael nickt und redet weiter. Er berichtet von den Kindern, die er jetzt als Springer betreut. Vor einem Mädchen sei er gewarnt worden, weil sie sehr schüchtern sei, nieetwas sagt und kaum in Kontakt mit anderen gehe. Er sagte zu ihr, dass sie beide das hinkriegen würden.

„Ich wusste, dass sie das schafft", sagt er ruhig.

Einen Vormittag lang hätte er neben ihr gesessen, dann sagte sie zu ihm: „Du kannst jetzt gehen, ich krieg's allein hin."

„Da bin ich zur Lehrerin gegangen und hab ihr gesagt, dass ich mich jetzt weiter wegsetzen möchte. ‚Die schafft es allein', hab ich ihr gesagt und sie hat es geglaubt."

Einem Gymnasiasten konnte er in Mathe nicht helfen. „Das ist nicht meine Aufgabe, trotzdem hab ich mich nicht wohlgefühlt. Ich hab meiner Chefin gesagt, dass ich lieber wieder in die Gesamtschule will, da wollen die anderen alle nicht hin. Ich bin einer von ihnen. Das merken die Kinder. Die haben gejubelt, als ich wiedergekommen bin. Ich will nicht überheblich sein, aber ich versteh die."

„Ich könnte dir stundenlang zuhören, Herr Kollege", sagt Charlotte jetzt doch.

„Ohne euch hätte ich das nicht geschafft, ohne Uta und dich und die anderen. – Übrigens sieht man mich nur noch mit Hut. In der Schule und in meiner Kleinstadt kennt jeder den Typen mit dem Hut."

Der Hut liegt neben seiner Tasche auf dem Rücksitz. Michaels Haare sind gewachsen. Schon am Telefon hat er erzählt, dass seine Haare jetzt lang wären, endlich hätte er den Übergang geschafft. Jetzt bindet er sich seinen Pferdeschwanz neu. „Komischerweise stören mich meine Geheimratsecken nicht, wenn ich meine Haare zusammenbinde."

Michael redet ungezwungen. Bisher war es nicht still im Auto. Aber es stört Charlotte überhaupt nicht, im Gegenteil.

Die Straßen sind leer und sie kommen gut voran. Die Strecke zwischen Osnabrück und Bremen bis nach Hamburg ist sonst langweilig – es gibt wenig Abwechslung auf diesem Streckenabschnitt. Heute vergeht die Zeit schnell.

Jetzt erzählt Michael von seiner Tochter. Es gehe ihr gut. Nur mit dem Knie habe sie Probleme. Nach einem Unfall musste sie sich operieren lassen. Die Reha würde ihr aber helfen.

„Ich musste mir Geld von ihr borgen für diese Fahrt. –

Hilfe nehme ich immer noch an, wenn ich sie brauche. Meine Tochter weiß, dass sie es zurückbekommt, und ich weiß, dass sie es weiß. Ehrlich gesagt, überlege ich manchmal, ob ich nicht doch lieber Bürgergeld nehmen soll. Bevor ich bei meinem Verein angefangen habe, habe ich das für den Übergang ein paar Wochen bekommen und einen Nebenjob gehabt. Da hatte ich 400 Euro mehr für mich. Jetzt bleiben mir 500 Euro im Monat. Weniger hatte ich im Förderzentrum auch nicht."

Charlotte erfährt, dass er 37 Stunden in der Woche arbeitet. Schon wieder hat sie dieses Ohnmachtsgefühl, das sie so gut kennt, wenn sie nichts tun kann gegen Ungerechtigkeit. Soll sie sich doch wieder politisch engagieren? Irgendetwas muss man doch ändern können.

Michael redet schon weiter. Von der Bethel Stiftung lässt er sich immer noch betreuen. Offen redet er darüber, dass er wenig soziale Kontakte hat. Seine Betreuerin von Bethel ist eine wichtige Bezugsperson. Für den nächsten Sommerurlaub mit der Gruppe an der Nordsee hat er sich schon angemeldet.

„Hilfe annehmen zu können ist eine Fähigkeit. Das braucht auch Mut. – Das habe ich auch von euch gelernt. Und jetzt bringe ich es den Kindern bei. – Alter, ich quatsche und quatsche. – Aber ehrlich, ich hab schon so viel Leuten von Gelöst! und von dem schwarzen Punkt erzählt. Das werde ich nie vergessen. Ohne Scheiß, das hat mein Leben verändert."

Inzwischen sind sie in Hamburg angekommen. Nur am Hafen, als sie unter dem großen Kran hindurchfahren, staut es sich kurz. Ungewöhnlich kurz für Hamburg. Charlotte ist jedes Mal froh, wenn sie in Hamburg ist. Hier beginnt für sie der Norden. Und sie mag die Stadt. Sie ist froh darüber, dass ihre Gefühle für die Stadt nie gelitten haben. Hier hat sie sich immer wohlgefühlt, auch nach der Trennung von Ben, dem Hamburger. Und inzwischen hat sie die Stadt neu erobert, gemeinsam mit Maik und allein. Immer, wenn sie hier über die Elbe fährt, denkt sie an ihre Treffen am Hafen, als sie noch in Rostock gewohnt hat und Maik in Dortmund. Hamburg war die Mitte.

Charlotte wird gerade zum ersten Mal bewusst, dass sie immer an dieser Stelle dieses erfüllte, freudige Gefühl hat. Selbst, wenn sie nur auf der Autobahn an Hamburg vorbeifährt. Dieses Gefühl bleibt auch auf der weiteren Fahrt durch den Norden; in Rostock und auf dem Darß wird es stärker. Irgendetwas in mir scheint zu wissen, wo zu Hause ist, denkt sie. Sie mag es, die Gedanken beim Autofahren unbestimmt schweifen zu lassen. Michael sitzt schon eine Weile still neben ihr. Seine Gedanken scheinen auch irgendwo herum zu schweifen, er sieht zufrieden aus, seine Gesichtszüge sind entspannt, ein winziges Lächeln liegt auf seinen Lippen.

Im Alltag hat Charlotte wenig Routinen, gleichmäßige und wiederkehrende Abläufe werden ihr schnell langweilig. Auf der Fahrt zwischen Dortmund und dem Darß ist es anders. Seitdem sie mit Maik das Back-Drive in Braak entdeckt hat, hält sie hier gerne. Der Bäcker hat viele tolle Brotsorten und die besten Franzbrötchen! Der Mühlenbäcker ist geschäftstüchtig und hat eine Tesla-Ladestation an seine Autobahnbäckerei gebaut. Seltsamerweise mag Charlotte auch das. Lange führen Maiks alter Van und ihr kleiner C3 nicht mehr. Auch wenn Autos ihr egal und nicht mehr als ein nützliches Hilfsmittel sind, auf das sie gerne verzichten würde, gefiele es ihr doch, ein elektrisches Auto zu fahren, wenn es schon sein muss. Vielleicht tränke sie ja irgendwann hier nicht nur Kaffee, sondern würde auch ihr Auto aufladen. Es macht sie jetzt schon traurig, wenn sie daran denkt, dass sie sich eines Tages von ihrem roten Citroën verabschieden muss.

„Wollen wir kurz Pause machen und einen Kaffee trinken?"

„Ja, kurz die Beine vertreten wäre nicht schlecht." Michael streckt sich wieder, so gut es im Auto geht.

Während Michael auf der Toilette ist, kauft Charlotte einen Kaffee für ihn, schwarz, einen Cappuccino für sich und zwei Franzbrötchen.

Auf der Weiterfahrt ist es für eine Weile still. Diese Fahrten mit Mitreisenden sind ein gutes Training dafür, vertraut und freundlich miteinander zu schweigen.

Charlotte fällt ihre Formulierung auf: Freundlich miteinander schweigen. Das ist näher als manche Gespräche, denkt sie auch.

Vor ihnen leuchten Warnblinker. Stau auf der A 20, das ist ungewöhnlich auf dieser wenig befahrenen Autobahn zwischen Lübeck und Rostock. Charlotte schaltet den Motor ab.

„Muss gerade passiert sein. Es wird noch nichts angezeigt“, sagt Michael mit Blick auf sein Handy.

„Wäre auch zu schön gewesen.“ Charlotte zuckt mit den Schultern.

„Isso.“ Sie schauen sich an und lächeln.

Dann fragt Michael, ob er etwas fragen dürfe.

„Klar“, sagt Charlotte.

„Wie bist du auf Gelöst! gekommen? – Damit machst du dich ja auch unsterblich.“

Charlotte erinnert sich an ihre gemeinsamen Gespräche, darüber, was von Menschen nach deren Tod bleibt.

„Unsterblich? Das weiß ich nicht. – Aber eigentlich hast du recht. Ich kann Menschen damit helfen und sie haben ein Wort dafür: Gelöst! Und irgendetwas geben sie vielleicht in irgendeiner Form weiter. – Das wäre schön.“

„Aber wie kommt man auf so was?“, wiederholt Michael seine Frage. „Überhaupt, dass es immer einen Weg gibt, lernt man doch in keiner Ausbildung. Das ist doch was, woran man glaubt, woll? Und die Sache mit dem Punkt. Wie bist du auf das alles gekommen?

Charlotte schaut ihn lange an, überlegt.

Dann fragt er höflich, nicht unsicher: „Oder bin ich zu neugierig?“

Charlotte lächelt. „Nein, überhaupt nicht. Danke für's Fragen. Darüber muss ich selbst erst mal nachdenken. – Wo kommt das eigentlich her? Gute Frage."

Wie Charlotte zu Gelöst! kam

Zuerst lernt Charlotte, dass es Lösungen gibt. Immer.

Sie lernt es, als sie mit ihrer Oma Kreuzworträtsel löst. Wenn ihre Oma an einer Stelle feststeckt, macht sie einfach an einer anderen Stelle weiter, an der sie leicht vorankommt. Später kommt sie zurück zu der schwierigen Stelle. Inzwischen hat sie dort meist schon ein paar Buchstaben gefunden und das Wort ergibt sich oft wie von allein.

„Man muss loslassen, was nicht funktioniert", erklärt sie Charlotte. Ihre Oma ist gut im Kreuzworträtsel lösen und manchmal sind am Ende alle Felder ausgefüllt. Dann klatscht sie sich mit ihrer Enkelin ab und sie rufen: „Gelöst!"

Charlottes Opa ist Bauer. In seinem riesigen Garten, der mehr einem großen Feld gleicht, baut er Kartoffeln und alle Arten von Gemüse und Obst an. Es gibt Johannisbeersträucher und Stachelbeeren und viele alte Bäume mit Äpfeln und Birnen.

Im Garten stehen drei Holzschuppen mit Strohdächern. Der Schuppen hinter dem großen Birnbaum hat einen Heuboden, auf den eine selbstgebaute Leiter führt. Die anderen sind voll mit interessanten Sachen. Ihr Opa ist schon alt und das Bücken fällt ihm schwer. Die Bäume sind hoch und man kann die alten Holzleitern nicht sicher anstellen. Ihr Opa erfindet alle möglichen Werkzeuge, um sich die Arbeit leichter zu machen. Er baut Obstpflücker mit langen Holzstielen aus Ästen, er bindet Messer an langen Stielen fest oder biegt die Zinken der Kartoffelforke um. Charlotte ist gern in den drei Schuppen und sieht sich die vielen Werkzeuge und Hilfsmittel an, die ihr Opa alle ordentlich angehängt und hingestellt hat. „Es gibt immer eine Lösung", sagt er. „Die einfachen sind die besten."

Improvisieren kann Charlottes Vater auch. Wo immer sie sind – im Wald, am Strand, im Garten oder beim Wandern – erfindet er lustige Spiele. Er benutzt dafür, was gerade da ist. Stöcke, Blätter, Papier und Stift, Sand, Treibgut, leere Papiertüten, Gürtel, Hüte – alles verwandelt er in Bau- oder Spielmaterial. Es ist immer alles da. Nie haben Charlotte und ihr Bruder das Gefühl, dass es irgendetwas nicht gibt oder dass sie zu wenig haben oder verzichten müssen. Sie haben alles, was sie brauchen, um gute Lösungen zu finden, und sie haben Spaß.

Als Charlotte vierzehn ist, darf sie die Nähmaschine ihrer Mutter benutzen. Zuerst näht sie aus Stoffresten einen Hut. Das ist nicht einfach und der Hut wird unordentlich und schief. Aber es ist ein Hut. Und sie lernt dabei zu nähen. Wenn sie nicht weiterkommt, fragt sie ihre Mutter, nachdem sie am Abend von der Arbeit nach Hause gekom-

men ist. Charlotte hat viele Ideen und will immer schnell fertig sein. Sie mag es, die Kleider ihrer Mutter aus den 50er- und 60er-Jahren zu verändern, Borten anzunähen oder abzuschneiden, Stoffe zu färben und daraus Kleider zu nähen. Wenn sie zu schnell ist, wird es unordentlich oder passt nicht und sie muss alles auftrennen und von vorne anfangen. Manchmal kann sie den Stoff dann gar nicht mehr benutzen. Beim Nähen lernt sie, dass es schneller und besser geht, wenn sie langsam macht und Schritt für Schritt vorgeht. Und sie lernt, aufzuhören, ohne fertig zu sein. Nur ganz wenige Sachen kann sie an einem Tag nähen. Und wenn sie noch schnell etwas zu Ende bringen will, weil nur noch zwei Nähte fehlen, reißt der Faden oder verfängt sich in der Spule, die Fadenspannung stimmt auf einmal nicht mehr oder sie hat den Stoff nicht glatt gelegt und näht mehrere Stoffschichten zusammen. Langsam ist schneller.

Als Charlotte selbst Mutter wird, lernt sie all das noch einmal. Wann immer sie etwas beschleunigen oder erzwingen will, ist es anstrengend für sie und ihren kleinen Max und es gibt Kampf und Streit. So ist es, als sie will, dass Max lernt zu essen, durchzuschlafen oder Fahrrad zu fahren, den Schulweg allein zu gehen oder abends auch mal allein zu bleiben. Sie lernt noch einmal loszulassen, wenn etwas nicht funktioniert. Und wenn sie aufmerksam ist und Max vertraut und sich seinem Tempo anpasst, geht es nur wenig später wie von allein. Das hat noch einen anderen Vorteil: Max ist stolz auf das, was er erreicht hat. Er hat etwas geschafft, weil er es schaffen will, und nicht, weil Charlotte meint, dass er es nun lernen müsse. Aber daran muss sie sich wieder und wieder von Neuem erinnern.

Charlotte ist gern mit Max unterwegs. Leider ist sie nicht perfekt und vergisst, Dinge einzupacken, verfährt sich oder das Ausflugsziel ist schon geschlossen, wenn sie endlich ankommen. Sie lernt von Neuem zu nehmen, was ist, die Situation zu akzeptieren und das Beste daraus zu machen. Wie sie es von ihrem Vater und von ihrem Opa gelernt hat: Immer improvisieren. Das versucht sie auch Max beizubringen.

So lernt Charlotte, dass es immer Lösungen gibt. Loszulassen, wenn es nicht weitergeht, zu akzeptieren, was ist, und zu improvisieren, langsam zu sein und Schritt für Schritt voranzugehen sind die Zutaten, die zu guten Lösungen führen. Und vertrauen – sich selbst und anderen. Das alles fließt später in ihr Gelöst! Konzept ein.

Nach dem Studium arbeitet Charlotte mit Jugendlichen, die gewalttätig und straffällig geworden sind und an einem Anti-Gewalt-Kurs teilnehmen sollen. Sie wollen meistens keine Hilfe, sie wollen nur nicht ins Gefängnis. Darum entscheiden sie sich für den Anti-Gewalt-Kurs. Charlotte und ihr Kollege Stefan überlegen, wie sie die Jugendlichen erreichen können.

„Es geht nur über Ziele“, sagt Stefan. „Wir können ihnen helfen, herauszufinden, was sie wirklich wollen und brauchen, und vielleicht auch dabei, ein paar Schritte in diese Richtung zu gehen.“

Stefan findet ein Institut in Bremen. Dort kann man genau das lernen. Es geht nur um Ziele und Lösungen. „Reden über Probleme schafft Probleme, reden über Lösungen schafft Lösungen“, hat der Begründer dieser Methode, Steve de Shazer, gesagt. Zusammen mit seiner Frau Insoo Kim Berg hat er diese Art zu arbeiten entwickelt. Charlotte und Stefan melden sich dort an, und für Charlotte öffnet sich eine bekannte und gleichzeitig neue Welt!

Sie ist davon überzeugt, dass es immer einen Weg gibt und jeder Mensch seinen eigenen finden kann. Jetzt lernt sie auch eine Methode, wie sie anderen Menschen dabei helfen kann, ihre eigenen Lösungen zu entwickeln und wieder an sich zu glauben. Ihr gefällt, wie Steve de Shazer und seine Kollegen arbeiten. Sie interessieren sich wirklich nur für das, was funktioniert und helfen kann. Jeder noch so kleine Schritt dahin ist wertvoll. Es ist so leicht! Jedenfalls sieht es so aus.

„It's simple, but not easy”, sagt Steve de Shazer. Und so ist es.

Und er ist langsam! Als sie ihm das erste Mal bei der Arbeit mit Klienten zusieht, ist Charlotte enttäuscht. Das soll alles sein? Er stellt wenige Fragen, die sich immer darum drehen, was sich schon verbessert hat oder darum, was anders sein würde, wenn das Problem gelöst wäre, und was genau man dann anderes täte. Ansonsten hört er zu, manchmal nickt er, sagte: „Hmm“, oder „Ja“, oder „Ja, das verstehe ich“, oder er fragte: „Was noch?“. Aber eigentlich tut er wenig. Er spricht langsam, denkt nach und hat es nicht eilig. Trotzdem scheint es zu funktionieren und sehr wenige Gespräche sind oft genug. Mit der Zeit beginnt Charlotte zu verstehen. Es kommt nicht darauf an, viel zu tun, komplizierte Methoden anzuwenden oder ausgetüftelte, spitzfindige Fragen zu stellen. Wichtig ist, wofür man sich interessiert und worauf man neugierig ist. Interessiert sie sich für das Problem, seit wann es auftritt und wie es zustande gekommen ist oder wann es besonders schlimm ist? Oder ist sie neugierig darauf, was schon funktioniert, wann es besser ist und was genau anders ist, wenn es besser läuft? Und darauf, wie es wäre, was man täte, wenn sich alles zum Guten entwickele?Charlotte beginnt zu verstehen, dass ihre Lehrer wirklich daran glauben, dass jeder Mensch in der Lage sei, seine eigenen Lösungen zu finden, und sie erkennen auch die kleinsten Schritte dorthin. Und das hilft. Charlotte ahnt auch, dass sie noch einen weiten Weg vor sich hat, bevor sie auch so einfach und wirkungsvoll arbeiten kann. Oft fragt sie sich, woher ihre Lehrer wissen, wann sie eine Pause machen, eine Frage stellen oder nicken sollen. It's simple but not easy. Es ist einfach, aber nicht leicht. Und auch die Lösungen sind oft einfach. Es geht um so schwierige Probleme und berührende

Geschichten und trotzdem ist ein kleiner Schritt in eine gute Richtung oft entscheidend.

Sie erinnert sich an ihren Opa: Die einfachen Lösungen sind die besten.

Nachdem Charlotte schon über zehn Jahre auf diese Weise mit Jugendlichen, Kindern und deren Eltern gearbeitet, zusätzliche Methoden kennengelernt und einige Erfahrung gesammelt hat, kündigt sie ihre Arbeit und macht sich selbstständig. Den Menschen, die zu ihr kommen, hilft sie, sich weiterzuentwickeln, sich selbst auf neue, ungewohnte Weise zu sehen und Lösungen zu erkennen. Charlotte ist inzwischen mit ihrer Familie wieder in die Nähe der Ostsee gezogen, Max geht in eine neue Schule und Charlotte hat eine eigene Praxis eröffnet.

Kurz darauf trennt sich ihr Ehemann von ihr. Zum ersten Mal verliert Charlotte die Zuversicht.

Um die Tage bewältigen zu können, packt sie ihren eigenen Schnelle-Hilfe-Koffer, so wie sie es mit ihren Klienten oft tut. Darin sind Dinge, die sie tun oder denken kann, damit es ihr sofort besser geht. Spaghetti kochen, an den Strand gehen, I'm still a rockstar von Pink hören, Tee trinken, Tine, Sabine, Birgit oder Ilona anrufen, laufen, laufen, laufen, Blumen kaufen, Blumen pflücken, am Meer spazieren, ausatmen, weinen.

Das alles hilft dabei, ihre Tage zu bewältigen und zu funktionieren. Aber der Schmerz bleibt. Lange.

Bei einem Kollegen im Büro hängen kleine Zettel. Auf denen steht in kunstvoller Schrift:

Breathe.

Smile.

See the cloud in your tea.

I've arrived, I am home.

Das klingt friedlich und Charlotte fühlt sich davon angezogen. Sie fragt danach und hört zum ersten Mal von dem buddhistischen Achtsamkeitslehrer Thich Nhat Hanh. Von ihm stammen all diese schönen Sätze. Ihr Kollege erzählt ihr auch von Tom Holmes, einem Freund von ihm. Tom ist Professor der Psychologie, hat den Universitätsdienst früh aufgegeben und gibt jetzt an vielen Orten der Welt Seminare darüber, wie man es schafft, inneren Frieden zu finden und zum Frieden in der Welt beizutragen. Er hat auch mit Thich Nhat Hanh zusammengearbeitet, als er sein Modell von den Persönlichkeitsanteilen entwickelt hat.

In Südfrankreich gibt es ein Dorf, in dem Thich Nhat Hanh mit seiner Sangha, einer Gemeinschaft von buddhistischen Nonnen und Mönchen aus der ganzen Welt, lebt. Es ist Winter und auf der Website hat Charlotte gelesen, dass es eine Zeit des Rückzugs für die Gemeinschaft ist und in dieser Zeit erfahrene und mit der Lebensweise und der Lehre vertraute Gäste willkommen sind. Charlotte ist weder das

Eine noch das Andere. Sie schreibt und fragt, wann sie dorthin kommen dürfe. Sie erhält eine kurze, freundliche Antwort, in der sie willkommen geheißen wird.

In Plum Village, so wird das Dorf genannt, steht Charlotte früh auf, sie lernt, beim Sitzen, beim Arbeiten und beim Gehen zu meditieren, sie lernt von den Nonnen, wie man Tofu herstellt, und sie hört lange Vorträge von Thay, so nennen sie Thich Nhat Hanh hier. Thay, der Lehrer. Er ist fast achtzig Jahre alt und wenn er redet, wird er mit jedem Wort und mit jedem Atemzug jünger. Mühelos wechselt er zwischen mehreren Sprachen, er macht Pausen und trinkt Tee und lädt zum Atmen und zum Gehen ein.

Die Menschen sind auf eine Weise freundlich, wie Charlotte es bis dahin noch nicht kennt. Wenn sie essen, essen sie. Wenn sie arbeiten, arbeiten sie. Wenn sie zuhören, hören sie zu. Mit ganzer Aufmerksamkeit und mit vollem Bewusstsein, gelassen und mit Mitgefühl. Sie kennen Freude. Manchmal, wenn irgendwo eine Glocke ertönt oder ein Telefon klingelt, hören sie auf zu tun, was sie gerade tun, und atmen einfach. „Einatmend weiß ich, dass ich einatme. Ausatmend ist mir bewusst, dass ich ausatme.“ Ganz tief erkennt Charlotte wieder, wie schön alles ist. Morgens die Kälte zu spüren, das Essen zu essen, in dem so viel Arbeit steckt und das von der Erde kommt, die ersten Osterglocken im Wald zu sehen – das kann Charlotte alles wieder wahrnehmen. Sie merkt, wie die Freude wiederkommt. Der Schmerz ist noch da. Er ist einfach da. So wie die Freude, die Kälte, die Wärme der Mittagssonne. Sie kämpft nicht mehr dagegen. Alles ist gleichzeitig. Es gehört dazu.

In den Seminaren von Tom Holmes lernt Charlotte, sich selbst zuzuhören. Sie lernt sich auf eine neue Weise kennen. Tom spricht von Bewusstseinsanteilen. Sie hört nach innen und lernte den Teil kennen, der den Schmerz trägt. Und sie erkennt andere Teile – mutige, kindliche Anteile und Anteile, die Erfolg haben wollen, die organisieren können oder die genießen wollen. Und sie entdeckt ihre Mitte, die Tom das Selbst nennt. Sie lernt, diese Mitte zu stärken. Der Atem hilft. Achtsam zu sein, wie sie es bei Thich Nhat Hanh gelernt hat, hilft. In dieser Art der inneren Arbeit findet sie sich wieder. Sie lernt, aus ihrer Mitte heraus mit dem Teil, der verletzt ist und den Schmerz trägt, zusammen zu sein und ihm zuzuhören. Sie gibt sich selbst die Aufmerksamkeit, die sie braucht, sie gibt auch ihrem Schmerz die Aufmerksamkeit und das Mitgefühl, das er braucht. Das hilft ihr, Frieden zu finden. Manchmal und immer wieder.

Charlotte beginnt, auch diese Art der Arbeit zu lernen. Sie lernt, anderen dabei zu helfen, sich selbst auf eine Weise zuzuhören, die ihnen Verständnis für sich selbst und Frieden bringen kann. Charlotte sieht, wie wirkungsvoll diese Methode ist. Mehrere Jahre assistiert sie Tom, wenn er in Deutschland ist. So vertieft sie ihr Verständnis und integriert diese Methode in ihre eigene Arbeit.

Im Laufe der Zeit entwickelt Charlotte aus all dem, was sie erfahren und gelernt hat, ihre eigene Art, sich selbst und anderen zuzuhören. Daraus wiederum entsteht ihr eigenes System: Gelöst! Ein Coachingsystem, das Menschen dabei helfen kann, ihre eigenen Lösungen zu finden und ihren Weg mutig und frei zu gehen. Bald beginnt sie auch Menschen darin auszubilden, das Gelöst! System zu verstehen und anzuwenden, sodass sie wiederum andere Menschen, Teams oder Organisationen unterstützen, mutig und frei ihren eigenen Weg zu gehen.

Inzwischen gibt es schon viele Gelöst! Coaches, die die Gelöst! Prinzipien in ihr Leben und ihre Arbeit integrieren und das Modell und die darin angewandten Methoden auf ihre Weise nutzen und weiterentwickeln.

Charlotte erzählt Michael all das: von ihrer Oma, ihrem Opa, von ihren Eltern und ihren Lehrern, von ihrer Trennung und von Gelöst! Während sie redet, wird ihr bewusst, wie viel Glück sie auch gehabt hat in ihrem Leben. „Mit Gelöst! kann ich auf meine Art das weitergeben, was ich gelernt habe", schließt sie.

„Damit ehrst du alle, von denen du etwas gelernt hast, und so können sie weiterleben und weiter nützlich sein", sagt er langsam und nickt. „Dass es hilft, weiß ich ja. Das möchte ich auch – etwas weitergeben, was nützlich ist. – Na ja, irgendwie mach ich das ja auch, woll?" Jetzt schaut er zu ihr rüber, Charlotte kann es aus dem Augenwinkel sehen und lächelt.

„Danke, Charlotte", fügt er noch hinzu, „jetzt weiß ich, wo das alles herkommt."

Sie stehen nicht lange im Stau. Wie von Zauberhand löst er sich auf, ohne dass Charlotte und Michael auch nur die geringste Ursache erkennen können.

„Aufgelöst." Michael lacht. „Staugesetze sind auch so eine Sache für sich", sagt er und erzählt von einer Reportage, die er mal darüber gesehen hat.

Plaudernd und schweigend fahren sie weiter, bis sie die Autobahn verlassen und schließlich auch von der B 105 auf die Straße zum Darß abbiegen. Kurz vor Dierhagen steht ein Warndreieck auf der Straße. Sie fahren an einem Mann vorbei, der den Daumen raushält, und an einem liegen gebliebenen Auto, an dem ein weiterer Mann steht. Im Vorbeifahren können sie die Aufschrift einer Elektrofirma auf dem Caddy lesen.

Charlotte hält und Michael steigt aus, um zu fragen, ob sie Hilfe bräuchten. Dann kommt er mit dem Mann, der an der Straße stand, zu Charlottes Citroën.

„Fahren wir nach Born?", fragt er.

Charlotte nickt und der Mann fragt, ob er mitkommen könne.

Als es zu dritt weitergeht, atmet Jan, so hat er sich vorgestellt, hörbar aus.

„So ein Mist!“, schimpft er. „So was passiert nur, wenn man’s eilig hat.“

Charlotte fragt, was passiert ist.

„Reifenpanne. – Scheißkarre.“ Er erzählt, dass er einen Termin mit einem Bauherrn hat. „Das ist so ein wichtiger Auftrag.“

„Mist“, sagt jetzt auch Michael. Dann dreht er sich zu Jan um und sagt: „Isso.“

Charlotte muss lachen.

Charlotte sieht im Rückspiegel, dass Jan Michael irritiert anschaut.

Michael bemerkt seinen Blick offenbar auch und erklärt: „Das is’n Insider. Wir haben gerade darüber gesprochen. Ein Kollege hat das in ’nem Coaching mit Charlotte in seinen Schnelle-Hilfe-Koffer gepackt bzw. geschrieben.“

Jan schaut noch irritierter.

„Na ja, isso – es ist, wie es ist“, erklärt Michael weiter. „Man kann es nicht ändern. Und du hast ja ’ne Lösung gefunden.“

„Na ja, jetzt schaffe ich es ja noch. Danke. Mein Kollege kümmert sich um die Panne.“

Er sieht trotzdem noch ein bisschen verwirrt aus, findet Charlotte, die ihn wieder im Rückspiegel beobachtet.

„Wann ist denn dein Termin? Hab ich noch Zeit, schnell Blumen für meine Mutter zu kaufen?“, fragt sie.

„Jetzt hab ich noch über eine halbe Stunde. Das schaffen wir auf jeden Fall. – Du magst wohl Blumen?“

Michael deutet erklärend auf die Vase mit den Blumen, die wie immer mit Kabelbinder an den Lüftungslamellen befestigt ist.

Charlotte lächelt wieder und nickt. Sie hat schon gegenüber dem Blumengeschäft gehalten, vor dem ein paar kleine gebundene Sträuße mit Tannenzweigen und orangen Rosen stehen.

„Orange Rosen mag meine Tochter am liebsten", sagt Michael. „Na ja, sie freut sich, dass ich komme."

Charlotte lässt sich einen Strauß binden. Ohne die Unmengen von Pistazien- und Kirschlorbeerzweigen, mit denen manche Floristen gerne die Sträuße füllen.

„Schön." Charlotte freut sich über den Strauß locker gebundener Blumen mit ein paar zarten Gräsern und einigen Tannenzweigen.

„So einen möchte ich auch haben", erklingt es hinter ihr.

Charlotte hat gar nicht bemerkt, dass Jan hinter ihr steht. Er bestellt den gleichen Strauß, wie ihn Charlotte hat. Sie wartet auf ihn und als der Strauß fertig gebunden ist, hält Jan ihn ihr hin.

„Danke."

„Oh. Das ist ja lieb. Danke auch." Dann zögert Charlotte. „Ich fahre zu meinen Eltern und wir haben ja schon einen Strauß. – Ist das in Ordnung, wenn ich ihn Michael gebe?"

Jan hat wieder seinen irritierten Blick. Er zuckt mit den Schultern. „Ja, klar."

„Von Charlotte." Mit diesen Worten hält Jan Michael den schönen Blumenstrauß hin.

Jetzt muss Charlotte wirklich lachen, weil beide Männer, die in ihrem kleinen Auto sitzen, irritierte Gesichter machen.

Als sie ihr Auto startet, gehen die Scheibenwischer an.

„Jetzt fragst du dich wahrscheinlich endgültig, wo du hier reingeraten bist." Charlotte fühlt ich nun doch genötigt, Jan einiges zu erklären.

„Na ja, bisschen spooky seid ihr schon, oder? – Die Blumen, die ich dir schenken will, soll ich deinem Beifahrer geben. Der erzählt mir was von Isso und von Schnelle-Hilfe-Koffern, und wenn du den Motor startest, geht der Scheibenwischer an."

Charlotte muss lachen und Michael und Jan stimmen ein.

Bald hat Michael Jan erklärt, was Charlotte und ihn verbindet, warum Michael die Blumen bekommt, wie er gelernt hat, sich zu akzeptieren und Hilfe anzunehmen. Jan erfährt, was Gelöst! und was ein Schnelle-Hilfe-Koffer ist und welche Macken Charlottes Coaching Car hat.

Charlotte freut sich, durch die weihnachtlich geschmückten Darßdörfer zu fahren. Überall leuchten Lichterketten in einem warmen Gelb an den kleinen, reetgedeckten Häusern und in den Schaufenstern der Geschäfte in Ahrenshoop.

Es ist schon nach halb vier, als sie durch den Darßwald zwischen Ahrenshoop und Born fahren. Hier ist es sowieso immer dunkel und heute ist es gar nicht richtig hell geworden. Charlotte ist immer froh, wenn sie durch den Wald fährt, ohne Damwild oder Wildschweinen zu begegnen. Jetzt, wo die Dämmerung bald beginnt, fährt sie umso vorsichtiger.

„Hier gibt es viele Wildschweine", warnt Jan sie. Dann hört er wieder Michael zu.

Charlotte staunt, wie schnell er umgeschaltet hat und jetzt interessiert nachfragt, was es mit Gelöst! auf sich hat und wie Michaels Selbstwerttraining abgelaufen ist.

„Dies war eine Gelöst! Dauerwerbesendung", beendet Charlotte schließlich Michaels Erklärungen, als sie vor der Baustelle stehen.

„Ist schon okay", sagt der. „Danke noch mal. Ich komm mir vor, als ob ich auch gecoacht wurde. – Ich kann wirklich froh sein, dass es mir so gut geht."

„Das können wir alle", sagt Michael. „Isso", bekräftigt er sich selbst.

Wieder müssen sie alle lachen und Jans Blick ist nun gar nicht mehr so irritiert, findet Charlotte.

„Viel Spaß bei deiner Tochter und schöne Weihnachten für euch", sagt Jan, als er aussteigt.

„Viel Glück", sagt Charlotte. Und weil Jan schon wieder ein bisschen verständnislos guckt, fügt sie noch hinzu: „Für das Gespräch mit dem Bauherrn." Dann gibt sie Jan noch eine Was-bleibt-Karte.

„Ich sag doch – ein bisschen spooky seid ihr schon."

Dann nimmt er einen dicken Bleistift aus einer der vielen Taschen seiner Handwerkerhose und schreibt etwas auf die Karte. Er zeigt sie den beiden: Isso.

Charlotte trifft Csilla.
Was ein ungarisches Sprichwort
mit Csillas Angst zu tun hat.
Und was ihr noch hilft, um Angst zu bewältigen.
Was Charlotte mit Csillas Wohnorten verbindet.

LASSAN, DE BIZTOSAN

Csilla, März 2023

Liebe Charlotte,
bitte entschuldige, dass ich Dich so nenne. Meine Freundin Betty hat von eurer Fahrt und von den Gesprächen mit Dir erzählt. Darum bist Du mir als Charlotte vertraut, auch wenn wir uns persönlich noch nie begegnet sind.
Im Mitfahrportal habe ich gesehen, dass Du am Dienstag wieder von Zingst nach Dortmund fährst. Ich würde mich gerne als Mitfahrerin anmelden. Da ich aber die Fahrt nicht für ein Coachinggespräch missbrauchen möchte und auch viel zu viel Angst hätte, dass ich Dich ablenken könnte, möchte ich Dich auch um einen Gesprächstermin bitten. Betty hat mir erzählt, wie nett Du bist, darum traue ich mich mal zu fragen, ob der Coachingtermin eventuell noch vor der Fahrt sein könnte?
Es ist sehr dringend, darum weiß ich mir nicht anders zu helfen, als Dir diese Mail zu schreiben. Vielleicht habe ich dadurch noch eine Chance.
Bitte entschuldige meine Dreistigkeit.

Freundliche Grüße aus Rostock

Csilla

PS: Ich habe niemandem von dieser Mail erzählt, auch nicht Betty. Bitte sag ihr nichts davon.

Seitdem Charlotte Mitreisende mitnimmt, hat sie sich angewöhnt, für den Tag der Fahrt nichts anderes zu planen. Sie bietet ihre Fahrten nur an, wenn sie genügend Zeit hat. Und sie findet Gefallen daran, sich überraschen zu lassen von dem, was die Reisen mit fremden Menschen mit sich bringen. So hat sie am Dienstag genügend Zeit und irgendetwas in dieser Mail sagt ihr, dass sie sich mit Csilla treffen sollte. Vielleicht war es auch die Adresse: Rostock, Margarethenstraße. Sie hat so viele Erinnerungen an diesen Ort!

Als Charlotte in die Margarethenstraße einbiegt, schneit es. Wieder Schnee in der Margarethenstraße. Heute sind es nur ein paar Flocken. Charlotte erinnert sich an den Morgen, an dem sie aus dem Haus trat, in dem ihre Freundin Birgit damals gewohnt hat. Ihr Auto war eingeschneit und der Verkehr so gut wie lahmgelegt.

Rostock, Dezember 2009

Charlotte und Birgit sind am Abend zuvor bei einem Balkan-Beats-Konzert gewesen. Sie haben getanzt und gefeiert und Charlotte wollte bei Birgit übernachten. In der Nacht, als sie vom ST-Club zu Birgits Wohnung gehen, setzt der Schnee ein. Im Licht der gelben Straßenlaternen können sie die dicken großen Flocken sehen, wie sie sachte und langsam auf die Straßen fallen. Einige fallen nass auf ihr Gesicht.

Es ist ein schöner Abend gewesen. Birgit versteht es zu feiern. Als die ersten Akkorde der Frauenband erklangen, explodierte ihre Freundin mit dem fröhlichen Temperament, und sie war wunderschön, als sie sich in ihrem selbstgeschneiderten Kleid zum Rhythmus der Musik bewegte. Ihre Mutter ist Schneiderin und zusammen mit Birgit hat sie auch jetzt noch Freude daran, Stoffe auszuwählen, zu kombinieren und zu schönen Kleidern mit kreativen Schnitten zu verarbeiten. Charlotte hat viele Abende bei Birgit verbracht, beim Kochen und Basteln oder Heimkinogucken, zu denen Birgit gern ein paar Freunde einlud. Oder zum Picknick auf der Treppe am Stadthafen. Von Birgit lernt Charlotte, aus wenig viel zu machen und zufrieden zu sein mit dem, was sie hat. Charlotte drücken Geldsorgen, sie ist allein mit Max, frisch getrennt, bekommt keinen Unterhalt und hat sich kurz vor der Trennung selbständig gemacht. Sie will in ihrem gemieteten Haus am Stadtrand bleiben, um ihrem Sohn nicht auch noch das Zuhause zu nehmen. Sie hat sowieso immer mit dem schlechten Gewissen ihm gegenüber zu kämpfen. Schlechtes Gewissen – ein Gefühl, über das sie mit Hunderten Müttern in der Mutter-Kind-Klinik und in ihrem Freundeskreis geredet hat und dass auch sie kennt, seitdem sie Mutter ist.

In der Zeit nach der Trennung hilft Birgit ihr, langsam wieder Freude in ihr Leben kommen zu lassen. Der Abend, an dem der Schnee fällt, ist der erste Abend seit der Trennung vor über zwei Jahren, an dem Charlotte tanzt. Ausgelassen und ohne Pause, wie früher. Auf dem Heimweg haken sie sich unter und lachen, als sie auf den schneenassen Bürgersteigen nach Hause schliddern. Ihre dünnen Schuhe ohne Profil sind rutschig, gut zum Tanzen, weniger gut für frischen Schnee. Charlotte ist froh, dass sie wenigsten einen warmen Mantel angezogen hat. Als sie bei Birgits Wohnung in der Margarethenstraße ankommen, ist aus den sacht tanzenden Schneeflocken schon starkes Schneegestöber geworden.

Mit den Schneemassen am nächsten Morgen hat wohl niemand gerechnet. Bei Birgits Nachbarn borgt sie sich eine Schaufel. Gemeinsam schippen und schieben sie ihr Auto frei. Charlotte kann nur bis zum Parkplatz vor dem großen Supermarkt in ihrem Wohngebiet fahren. Weiter ist der Winterdienst noch nicht gekommen. Die Plastikblenden unter der Stoßstange haben sich gelöst. Wie Harpunen zeigen sie nach vorne.

Leider ist Charlotte erst nach ihrem Wochenendeinkauf bewusst geworden, dass die schmalen, dick verschneiten Straßen ihres Wohngebiets nicht befahrbar sind. Sie muss ihr Auto stehen lassen und zu Fuß nach Hause gehen. Mit ihren dünnen Tanzschuhen und zwei großen Einkaufstüten stapft sie durch die kniehoch zugeschneiten Straßen, verfolgt von teils belustigten, teils mitfühlenden Blicken der schneeschiebenden Einfamilienhausbewohnern.

Die Nachbarn in ihrer Straße feiern eine Schneeschiebeparty. Sie schaufeln fröhlich die Straße und die Einfahrten zu ihren Häusern frei, helfen sich gegenseitig und trinken Glühwein. Charlotte bleibt nur kurz stehen. Ihre Füße sind nur noch Eisklumpen.

Silke, ihre Nachbarin, klingelt und bringt ihr eine große Tasse Glühwein. Charlotte trinkt sie in der Badewanne und langsam tauen ihre Füße auf. Die Nachbarn haben auch die Straße vor ihrem Haus frei geschaufelt, sogar der Weg zu ihrer Haustür ist sauber frei gefegt. So gründlich hätte Charlotte das bestimmt nicht gemacht. Max ist damals in Kanada bei einem Schüleraustausch und Charlotte muss in jenem Winter ohne seine Hilfe mit immer neuen Schneemassen kämpfen.

Als Charlotte jetzt in die Straße in der Kröpeliner-Tor-Vorstadt einbiegt, erinnert sie sich an jenen Abend vor über zehn Jahren. Birgit ist längst weggezogen.

Sie ist neugierig auf Csilla. *Vielleicht habe ich dadurch noch eine Chance,* hat sie in ihrer Mail geschrieben.

Csillas Businesssachen und ihr betont selbstbewusster, entschlossener Gang passen nicht zu dem schüchternen Lächeln. Charlotte bemerkt ihre schicken, gleichzeitig lässigen Schuhe. Grüne Sneakers aus Leder. Die halblangen Haare fallen locker ins Gesicht. Charlotte staunt über die großzügige, helle Wohnung. Bisher kannte sie in dieser Straße nur Birgits kleine Wohnung mit fröhlichen Farben an den Wänden und bunten Kissen und Stoffen überall. Diese Wohnung ist so ziemlich das Gegenteil. Auf den ersten Blick wirkt alles hell, klar und modern. Csilla bittet Charlotte ins Wohnzimmer. Und hier erkennt Charlotte auch etwas Lässiges, wie an Csillas Schuhen. Eine Wand ist kräftig gelb gestrichen, der Kontrast zu den Designermöbeln wirkt sympathisch unbekümmert.

„Möchtest du Tee oder Kaffee?", fragt Csilla. „Oder etwas anderes?", fügt sie fast erschrocken hinzu.

„Gerne Tee." Charlotte folgt Csilla in die Küche. Sie lehnt sich an den Türrahmen, während Csilla wartet, bis das Wasser kocht. Sie kocht es im Pfeifkessel, wie Charlotte. Der nicht ganz neue rote Wasserkessel wirkt wie ein Fremdkörper in der ordentlich aufgeräumten Hightechküche mit den geschlossenen Fronten. Nichts steht herum. Charlotte denkt an ihre eigene Küche, in der die Arbeitsflächen mit Gewürzgläsern und Blechschachteln für Tee und Nüsse zugestellt sind. Der rote Teekessel macht Csillas Küche lebendig und sympathisch. Und der riesige Blumenstrauß auf dem Tisch – Rosen, Tannenzweige, filigrane Gräser, Lilien, dicke Hortensien sind unbekümmert in einem alten, übergroßen Weckglas arrangiert.

Auf dem Balkon, der einen Zugang zur Küche hat, erkennt sie ein wildes Durcheinander von bunten Töpfen. Eine letzte Geranie blüht noch, in der Ecke stehen Töpfe mit Lavendel, Rosmarin und Thymian. In einem Steintopf steht ein großer Strauß mit Kiefern- und Tannenzweigen. Windlichter und Kerzen in Gläsern überall zwischen den teils leeren, teils mit Erde oder verblühten Pflanzen gefüllten Töpfen. Einige der Pflanzen sind noch grün. Alles ist mit sicherer Hand angeordnet, sodass all die Töpfe und Pflanzen wie zufällig nebeneinanderzustehen scheinen. Von dem kleinen gelb gestrichenen Tisch blättert die Farbe ab und auf dem roten Metallstuhl liegt eine Decke mit Folkloremuster in leuchtenden Farben. Der Balkon erinnert Charlotte nun doch an Birgits kleine Wohnung mit dem gemütlichen Balkon und an die Abende, an denen sie darauf Wein getrunken hatten. Auch hier Gegensätze, die auf den ersten Blick nicht zusammenpassen und die so sympathisch auf Charlotte wirken.

Charlotte schaut Csilla zu, wie sie souverän und routiniert und gleichzeitig unsicher in ihrer Küche agiert.

„Wollen wir in der Küche bleiben? Die Blumen sind so schön. Und auch der Blick auf den Balkon“, schlägt Charlotte vor.

„Das Wohnzimmer ist dir zu steril, oder? – Ja, wir können hierbleiben. Ich mag auch den Blick auf den Balkon. Komischerweise kann ich da das Durcheinander noch ertragen. In allen anderen Räumen habe ich fast alles, was bunt war, ersetzt. Ich hatte das Gefühl, dass das Durcheinander mein Kopfchaos noch größer macht.“

Sie macht eine kurze Pause. „Es ist mir unangenehm, dass ich dir diese Mail geschrieben habe. Aber ich bin froh, dass du da bist. Und jemanden gleich zu duzen, ist eigentlich auch nicht meine Art. Durch Betty warst du mir schon vertraut.“ Csilla hält entschuldigend den Kopf schief und zuckt mit den Schultern.

Erst jetzt bemerkt Charlotte den leichten ungarischen Akzent. Normalerweise kann sie ihn sofort zuordnen.

Niemand wisse von ihren Ängsten, beginnt Csilla zu erzählen, als sie mit großen, dampfenden Teetassen am Tisch sitzen. Charlotte hat den Platz mit dem Blick zum Balkon gewählt. Csilla berichtet, dass auch ihr Mann nichts von diesem Gespräch wisse. „Er ist jetzt sowieso auf Dienstreise“, erklärt sie.

Ihre Mutter wisse erst recht nichts davon. Sie will es allein schaffen. Warum sie es niemandem erzählt, weiß sie auch nicht. Sie hat schon viel gelesen und versucht es mit Atemübungen. „Das hilft wirklich." Sie sei froh, dass sie etwas gefunden hat und sich nicht mehr so ausgeliefert fühlen muss. Charlottes Website hat sie gründlich studiert. Besonders interessiert sie die Schnelle Hilfe. Sie hatte doch nie zuvor Angst! Aber im letzten halben Jahr sei es immer schlimmer geworden. Auf der Arbeit kann sie sich manchmal schwer konzentrieren. „Bis jetzt hat noch keiner etwas gemerkt", sagt sie.

Morgen will sie mit Betty und den Mädels nach Budapest fliegen. „Mädelsurlaub. Da machen wir schon lange. Ich wollte mich eigentlich krankmelden. Doch das wäre unfair, Budapest ist meine Heimatstadt und ich soll meinen Freundinnen die Stadt zeigen. Dann hat Betty mir erzählt, was sich bei ihr alles geändert hat, seitdem sie dich getroffen hat. Ich habe dich im Internet gesucht und mir deine Videos angeschaut. – Eigentlich will ich es ja allein schaffen, aber zurzeit habe ich das Gefühl, dass ich mich immer mehr einschränke. Mein Leben wird immer enger."

Wieder macht sie eine kurze Pause. „Und dann hatte ich die Idee, dir zu schreiben. Ich hab ja nichts zu verlieren. Magen-Darm kann ich immer noch vortäuschen. Darin bin ich schon geübt. Aber vielleicht kann ich es schaffen. Mein Mann will mit mir nach Kanada fliegen. Und ich weiß nicht mal, wie ich zu meiner Freundin nach Dortmund kommen soll." Sie blickt Charlotte hilfesuchend an. „Und Prüfungen habe ich auch, da muss ich nach Wismar fahren."

Jetzt hat der Tee die richtige Trinktemperatur. Csilla nimmt einen Schluck. „Danke, Charlotte."

„Noch ist ja nichts passiert." Charlotte lacht.

„Du bist hier und das allein gibt mir Hoffnung. Ehrlich gesagt haben mir schon die Videos auf deiner Website geholfen.

Es gibt immer einen Weg. Immer. Das gefällt mir. Ich kann mir zwar nicht vorstellen, wie der für mich aussehen kann, aber irgendwie spüre ich, dass das stimmt."

„Was würde dir denn helfen?", fragt Charlotte. „Wofür wünschst du dir einen Weg? – Mhmm. Der Tee schmeckt gut."

„Weißer Tee mit Pfingstrosenblüten, mein Lieblingstee." Csilla steht auf und zeigt Charlotte die Packung.

„Lecker." Charlotte lächelt. „Wenn unser Gespräch jetzt wirklich nützlich für dich wäre, was könnte für dich rauskommen?"

„Was da für mich rauskommen könnte ..." Csilla überlegt.

„Ja, was ist deine größte Hoffnung?"

Csilla schaut Charlotte ernst an. „Ich möchte wieder frei sein. Frei von Angst. Und ich möchte eine gute Entscheidung treffen. – Aber das ist vielleicht ein bisschen zu viel für ein Gespräch." Csilla zeigt wieder ihr sympathisches, etwas schüchternes Lächeln.

„Fürs Erste wäre ich schon froh, wenn ich mit den Mädels mitfliegen könnte. Und wenn ich heute die Fahrt mit dir schaffe.“ Sie lächelt wieder ihr entschuldigendes Lächeln.

„Frei sein, das klingt gut. Du bist ja offensichtlich gerade in einer schwierigen Situation. Was wäre denn anders, wenn du frei von Angst wärst?“

„Ich müsste nichts mehr vertuschen.“ Nach einer Pause fügt sie hinzu: „Das ist so anstrengend.“

„Ja, unglaublich, dass du das schaffst. Seit einem halben Jahr, sagst du?“

Csilla nickt.

„Stell dir vor, du wärst wirklich frei. Was auch immer das heißt. Frei von Angst zu sein. Oder wenn du gut mit der Angst umgehen könntest. – Was wäre noch anders?“

„Ich wäre nicht mehr so eingeschränkt.“

„Sondern?“

„Ich könnte reisen, ohne dass ich wochenlang darüber nachdenken oder Möhrchen schnippeln muss.“ Csilla sieht nachdenklich aus. „Ich würde sagen, was ich will. – Ich meine, was ich wirklich möchte.“ Csilla betont jedes Wort in ihrem letzten Satz.

„Ja. Was du wirklich möchtest. Das klingt gut.“

„Ja.“ Csilla nickt.

„Und was noch?“

„Wenn ich mal Angst hätte, würde ich es einfach sagen. Ich hätte den Druck nicht mehr, dass es keiner merken darf.“

„Was könnte dann passieren, wenn es jemand merkt?"

„Ich weiß nicht, vielleicht würden sie sich Sorgen um mich machen. Also mein Mann, meine Mutter und meine Freunde. – Das machen sie sowieso schon", ergänzt Csilla leise.

Charlotte nickt. „Das glaube ich auch."

„Ich sage immer, dass ich Kopfschmerzen habe, wenn sie mich fragen, was ich hätte. Wahrscheinlich glauben sie mir sowieso nicht mehr. Nur meine Mutter will es glauben. Die macht sich auch was vor." Csilla trinkt wieder Tee. Sie sieht aus, als ob sie noch nicht am Ende ist mit dem, was sie sagen will.

„Und ich helfe ihr dabei, sich etwas vorzumachen. Ich mache es ja auch."

„Wie wäre es denn, wenn es ab heute für dich gut liefe?"

„Wenn es ab heute gut für mich liefe ... hmmm ... ja, wahrscheinlich würde ich mit meinem Mann reden ... Ich denke immer, ich muss wissen, was ich will, bevor ich mit ihm rede. Wahrscheinlich stimmt das gar nicht. Es wäre leichter für mich, wenn er wüsste, was mit mir los ist. Aber er hat so viel zu tun und trägt so viel Verantwortung. Ich möchte ihn nicht belasten, weißt du?"

„Klar, das kann ich verstehen. Du nimmst Rücksicht und du hast einen guten Grund dafür. Sonst hättest du es ja längst anders gemacht. Und manchmal ist es gut, die eigenen Strategien oder Muster zu überdenken. Ich habe die Erfahrung gemacht, dass die Last sogar größer sein kann, wenn man sie nur spürt, aber nicht kennt und keine Chance hat zu verstehen, was los ist. Das macht hilflos oder wütend."

„Oder beides", ergänzt Csilla.

„Was würdest du noch tun, denken oder fühlen, wenn sich alles in eine gute Richtung bewegen würde?"

„Ich würde mich nicht mehr endlos in Gedankenkreisen verlieren, sondern einfach machen."

„Was zum Beispiel?"

„Reisen. Nach Wismar fahren. Einen Prüfungstermin machen. Einen Businessplan vorbereiten. Essen, was ich möchte, und nicht beim Kochen nur daran denken, was meinem Mann schmeckt." Jetzt sprudelt Csilla förmlich. Ihre Stimme klingt lauter und tiefer und sie hat sich aufgerichtet. „Ich würde meine Ideen zu Ende denken, mich selbst ernst nehmen und mit anderen darüber reden. Meiner Mutter nähme ich nicht alles ab, sondern würde ihr mehr zutrauen und ihr das auch sagen."

Charlotte schaut Csilla an. „Es klingt, als ob du deinen Weg schon kennst."

Csilla nickt langsam. „Ich staune selbst. Ich bin noch weit weg davon, aber ja, ich habe wohl wirklich eine Vorstellung – von *meinem* Weg. Mein Weg, wie das klingt. Das habe ich noch nie gedacht. Die letzte Zeit war so anstrengend, ich hatte nur noch damit zu tun, dass keiner merkt, was mit mir los ist."

„Und dann hast du dir Hilfe geholt. Gehört das nicht auch zu deinem Weg?"

„Das ist schwierig. Bis jetzt wollte ich immer alles alleine schaffen. – Das heißt, ich dachte, ich muss es. Ich wollte nicht schwach sein."

„Mhm." Charlotte nickt wieder langsam. „Vor kurzem habe ich jemanden getroffen, der auch einen langen Weg gegangen ist. Als wir über seine Fähigkeiten und Ressourcen gesprochen haben, hat er gesagt: ‚Ich nehme Hilfe, wo ich sie kriegen kann.' Er wusste, dass das eine Fähigkeit ist.

Leider ist diese Art zu denken in unserer Kultur noch selten. Ich wünschte, es gäbe viele Menschen wie Betty oder wie Michael, so heißt der Mann, von dem ich gerade erzählt habe. Menschen, die jedem erzählen, dass sie Hilfe annehmen. Betty sagt sogar, jede und jeder sollte das tun. Zum Friseur gehen wir ja auch regelmäßig. Innerlich aufzuräumen ist mindestens genauso wichtig."

„Innerlich aufräumen", sagt Csilla und lacht. „Das ist ein schöner Ausdruck."

„Ja. Das finde ich auch. Es tut gut, sich mal aus einer anderen Perspektive zu betrachten. Freundlich und wertschätzend. Dann können wir auch die Menschen um uns herum mit mehr Verständnis und Freundlichkeit betrachten."

„Da ist wohl was dran."

„Wie geht es dir jetzt gerade?", fragt Charlotte. Sie

bittet Csilla, sich einen Moment Zeit zu nehmen und in sich hineinzuhorchen und zu schauen, was sie jetzt noch braucht, um das so stehen lassen zu können.

„Ich fühle mich viel kraftvoller. Zuversichtlich wie schon lange nicht mehr. Ich weiß nicht, was ich noch brauche."

„Ich brauche noch etwas", sagt Charlotte.

„Ja?" Csilla schaut ein bisschen ungläubig.

„Ja. Ich möchte wissen, was du jetzt mit all dem machst. Auch wenn es dir nicht bewusst war, hast du es ja irgendwie schon die ganze Zeit gewusst. Wie leicht es für dich war, das alles zu sagen. – Wie geht es nun weiter für dich? Was könnte ein nächster Schritt sein? Und was wir noch gar nicht besprochen haben: Dein Ziel war ja, die Fahrt gut zu schaffen und mit deinen Mädels nach Budapest zu fliegen. Wie wird dir das gelingen? Wie wirst du dafür sorgen, dass du einen guten Flug hast?"

„Daran habe ich gar nicht mehr gedacht. Ich hatte mich auf Magen-Darm vorbereitet."

„Wirst du fliegen?", fragt Charlotte.

„Ja." – „Ich weiß nicht, wie, aber ja. Zumindest denke ich das jetzt. Wahnsinn. Ich weiß nicht mehr als vorher, aber irgendwie ist alles anders."

„Mir liegt daran, dass du das erreichst, was du willst. Ich glaube, es wäre gut, kleine konkrete Schritte zu kennen, die dir helfen, voranzukommen. Damit du mit der Bahn fahren oder fliegen kannst. Und wenn du die ersten

Schritte gehst und dich erst mal auf den Weg machst, gewöhnst du dich daran, immer weiterzugehen. Irgendwann kommst du an, da bin ich sicher. Und manchmal geht es schneller, als wir denken. Kennst du dieses Zitat, von wem auch immer: ‚Wenn du es eilig hast, geh langsam'? Für mich ist das mehr als ein philosophischer Spruch. Inzwischen werde ich von Gelöst! Coaches daran erinnert, wenn ich die Entwicklung unserer Gelöst! Leistungen zu sehr pushen will und ungeduldig bin."

„Stimmt. Ich möchte so gerne, dass es so ist wie früher, wo ich nicht darüber nachgedacht habe, wie ich von A nach B komme und mich nicht darauf vorbereiten musste. Ich wünsche mir die Zeit zurück, als ich einfach gemacht habe, was ich wollte. Aber es geht wohl nur Schritt für Schritt."

„Stimmt. Schritt für Schritt. Vielleicht ist es auch gut so. Wenn du einen Weg bewusst gehst und weißt, was dir hilft, kannst du es immer wieder nutzen. Auch wenn mal wieder herausfordernde Zeiten kommen. Dann weißt du, du kannst es schaffen, und du weißt sogar, wie es geht. Dafür ist so ein Schnelle-Hilfe-Koffer auch gut, um den es in dem Video ging, das du dir angeschaut hast. Du bräuchtest zum Beispiel keine Angst vor der Angst mehr zu haben."

„Das hört sich gut an. Wenn du einen Shop für Schnelle-Hilfe-Koffer hättest, wäre ich deine erste Kundin. – Nein, im Ernst, wie kriege ich einen Schnelle-Hilfe-Koffer?"

„Natürlich gibt es bewährte Techniken und Soforthilfestrategien. Vielleicht hast du schon mal etwas von Skills gehört, wie man sie in der Verhaltenstherapie lernt. Die sind für viele Menschen nützlich, denn wenn sie es nicht wären, wäre die Verhaltenstherapie nicht so anerkannt. Es ist auch erwiesen, dass die Lösungen, die wir selbst finden, die nachhaltigsten und wirkungsvollsten Lösungen sind.“

Csilla hört aufmerksam zu. „Das ist logisch. Wie finde ich denn meine persönlichen Soforthilfestrategien für meinen eigenen Schnelle-Hilfe-Koffer?“

„Dabei kann ich dir helfen. Wie war es denn in der Zeit, als du einfach gemacht hast, was du wolltest? Weißt du noch, wann das war?“

Csilla schaut nachdenklich aus dem Fenster. Ihr Blick geht ins Leere. Dann beginnt sie zu reden.

„Das ist lange her. Mir wird gerade bewusst, dass ich eigentlich schon lange Angst habe, dass mir etwas passiert. Nicht um meinetwillen, sondern weil ich dann nicht mehr für andere da sein kann. Zuerst musste ich auf meinen Bruder aufpassen, dann auf meine Mutter. Später dachte ich, ich müsste auf meinen Mann aufpassen. Obwohl er das nie wollte.

Ich bin in Budapest aufgewachsen, mein Vater ist Ungar, wir haben in den Budaer Bergen gewohnt. Ich habe es wunderschön in Erinnerung. Er hatte eine kleine Palascintabár. Palacsinta nennt man Crepés in Ungarn.

Meine Mutter hat ihn dort kennengelernt. Später ist sie aus der DDR zu ihm gezogen. Ich glaube, das war nicht so leicht damals. Sie haben geheiratet und Kinder bekommen, meinen Bruder László und mich. Wir sind Zwillinge. Ich bin die Ältere.“ Csilla lacht. Ihr Lachen klingt nicht fröhlich.

„Meine Mutter hatte immer Sehnsucht nach der Ostsee, hat sie mir später erzählt. Sie wurde depressiv, und als ihre Mutter krank wurde, ist sie immer öfter zu ihr nach Elmenhorst gefahren. Ich hatte eigentlich immer Angst um meine Mutter und mir durfte auch nichts passieren, ich dachte, ich muss mich um alle kümmern. ‚Du bist ja schon groß‘, hat meine Mutter immer zu mir gesagt.“

„Wie alt warst du da?“, will Charlotte wissen.

„Als das anfing, war ich zwölf. Aber ich glaube, meine Mutter war schon vorher nicht glücklich. Mein Vater hat alles getan, damit meine Mutter und wir glücklich sind, dann hat er sie gehen lassen. Meine Eltern sind bis heute verheiratet, obwohl beide andere Partner hatten. Mein Vater lebt mit seiner Freundin zusammen, meine Mutter wohnt jetzt allein. Irgendwann ist ihre Schwester zu ihr gezogen. Dann ist ihre Mutter, also meine Oma, gestorben und die beiden haben weiter zusammen im Haus ihrer Mutter gewohnt. Meine Mutter hat sich immer mehr auf ihre Schwester verlassen, sie hatte sich um alles gekümmert. Ich fand immer, sie bevormundet meine

Mutter. Vor einem Jahr ist meine Tante gestorben. Danach ist meine Mutter plötzlich wieder Auto gefahren. Sie hat sogar alte Bekannte wiedergetroffen. Aber dann hat sie angefangen, mich wegen allem zu fragen. Wenn wir einkaufen gehen, fragt sie mich, ob sie Brokkoli oder Blumenkohl kaufen soll. Sie entscheidet nichts mehr. Sie fährt nicht einmal mehr alleine Bus. Inzwischen bin ich fast jeden Tag bei ihr und wenn ich nicht da bin, ruft sie mich an. Jeden Tag sagt sie mir, dass ich auf mich aufpassen soll. Wenn mir was passiert, wüsste sie nicht, was sie machen soll. Dabei kann sie alles. Als ich vor ein paar Wochen Corona hatte, hat sie alles allein gemanagt. Einkäufe, Arztbesuche, sogar zu einem Konzert von ihrem geliebten André Rieu ist sie gefahren. Wenn sie will, kann sie es. Ich weiß, das muss schlimm klingen, aber ich bin ihr nicht böse. Irgendwie lasse ich mich ja auch von ihr so einspannen." Csilla schweigt und schaut wieder aus dem Fenster zum Balkon.

„Da habt ihr es nicht leicht miteinander. Danke fürs Erzählen. – Und trotzdem bist du deinen Weg gegangen. Du lebst hier zusammen mit deinem Mann, du hast Freunde. Und du arbeitest, wenn ich das richtig verstanden habe?"

„Ja, ich arbeite in der Marketingabteilung eines Kreuzfahrtunternehmens. Genauer gesagt leite ich die Abteilung. Ich habe mit Betty zusammen studiert. Daher kennen wir uns."

„Cool! Wo habt ihr studiert?“

„In Hamburg. Ich bin zum Studium nach Deutschland gekommen. Das war eine wirklich gute Zeit.“ Csilla lächelt bei der Erinnerung daran. „Wir waren zu dritt, Betty, ich und Dora, und wir hatten wirklich Spaß. – In der Zeit war ich nicht vorsichtig, da war ich lebendig und frei. Ich habe so viel getanzt damals.“

„Getanzt?“

„Ja. Wenn ich tanze, tanze ich. Dann gibt es nichts anderes.“

„Wie hast du es damals geschafft, dich von den Sorgen um deine Familie zu lösen?“

„Gute Frage.“ Csilla macht eine lange Pause.

Charlotte trinkt Tee. Dann schaut sie Csilla ruhig und voller Vertrauen an. „Was hast du noch gemacht, außer zu tanzen, was dir gutgetan hat? Und was hast du gedacht, wenn du an deine Mutter und vielleicht an deinen Bruder gedacht hast?“

Plötzlich sieht Csilla Charlotte mit großen Augen an. „Mein Vater hat mir geholfen. Er hat immer gesagt: ‚Du tust deiner Mutter und mir den größten Gefallen, wenn du glücklich bist. Leb dein Leben.‘

Das war wie ein Auftrag. Das habe ich mir immer wieder gesagt, wenn ich etwas entscheiden musste. Auch wenn ich meine Mutter besucht habe und wieder nach Hamburg gefahren bin. Ich war klar und meine Mutter hat das akzeptiert. Und in Hamburg war es leicht. Irgendwann hatte ich mich daran gewöhnt zu machen, was ich wollte. Ich hatte ein gutes Gefühl für mich und habe gespürt, was richtig war. Meine Freundinnen haben mir auch geholfen."

Ein bisschen leiser fügt sie dann hinzu: „Dora und Betty würden nicht glauben, was ich hier sage. Ich war immer die Lustigste von uns. Und die Lauteste. Ich habe immer vorgeschlagen, was wir machen könnten. Egal, ob es ein Frühstück am Hafen oder eine Interrailtour im Sommer war. Ich habe es einfach gemacht. Ich habe gar nicht gemerkt, wie es sich verändert hat, nachdem ich nach Rostock gezogen war. Als ich Nils kennenlernte, war ich noch frei, aber irgendwann muss es wieder anders geworden sein."

„Was würde Nils sagen, wenn er dir jetzt zuhören könnte?"

„Es würde ihn traurig machen. Ich glaube, er bekäme einen Schreck. Er will auch, dass ich glücklich bin. Er liebt mich."

„Und du?"

„Ob ich ihn liebe oder mich?"

„Beides."

„Ja, ich liebe ihn. Ich will nicht, dass er sich Sorgen macht. – Ob ich mich mag? So wie ich jetzt bin, nicht besonders. Jetzt bin ich ein möhrenessender Angsthase."

„Möhrenessender Angsthase?", wiederholt Charlotte.

„Ja, ich schnipple immerzu Möhren und nehme sie in

Plastikschachteln mit, wenn ich unterwegs bin. Wenn ich sie esse, bin ich irgendwie abgelenkt. Das beruhigt mich."

„Hast du den möhrenessenden Angsthasen eigentlich schon mal gefragt, wozu er da ist? Ich meine, das scheint ja ein Teil von dir zu sein. Vielleicht hat er ja irgendeine Funktion?"

„Ja, der lähmt mich. Du meinst, der will irgendetwas Gutes?"

„Könnte sein. Es ist jedenfalls meine Erfahrung, dass solche Persönlichkeitsanteile eigentlich eine Funktion für uns wahrnehmen. – Vielleicht lohnt es sich, diesen Teil mal kennenzulernen?"

„Hmm, vielleicht." Csilla klingt zögernd. Dann ergänzt sie entschlossen: „Ja, das kann ja nur nützlich sein. Geht das denn?"

„Ja. Er ist ja ein Teil von dir. Wie auch die lustige Csilla, die gerne tanzt, ein Teil von dir ist. Und viele andere."

„Interessant. Vielleicht könnten wir uns dafür auch mal Zeit nehmen? Stimmt, es gibt ja verschiedene Anteile. Die tanzende Csilla ist ziemlich verschüttet. Die mutige Csilla würde ich auch gerne mal wiederfinden. Es gibt nämlich noch ein großes anderes Thema. Eigentlich hängt es aber mit dem ersten zusammen. Mein Vater hat uns nämlich sein Unternehmen überschrieben, meinem Bruder und mir."

„Die Palacsintabar?"

Csilla lacht. „Das ist inzwischen eine große Kette geworden. Ich habe mein Praktikum dort gemacht. Ein ganzes Semester. Das war auch eine schöne Zeit. Wir haben zu dritt Pläne geschmiedet, wie wir das Unternehmen auf Deutschland ausweiten könnten. Darum habe ich auch noch mal BWL studiert. Berufsbegleitend. Ich wollte es richtig machen. – In der letzten Zeit war das nicht mehr vorstellbar. Das Studium setze ich aus Feigheit fort, um niemanden zu enttäuschen."

„Wie ist es, wenn du jetzt daran denkst? Ich meine, jetzt, in diesem Augenblick?"

„Jetzt gerade sieht sowieso alles neu aus. Ich glaube, ich muss erst mal alles sacken lassen."

„Gute Idee", meint Charlotte. „Sacken lassen und Abstand gewinnen. Wir haben viele Töpfe geöffnet. – Sollen wir den Bogen schließen und zu deinem eigentlichen Wunsch zurückkommen?"

„Gerne. Der Schnelle-Hilfe-Koffer, oder?"

„Ja. Wäre das nützlich, wenn du den schon ein bisschen füllen würdest?", vergewissert sich Charlotte.

„Ja klar. Am liebsten würde ich den schon fix und fertig packen, damit ich ihn überall mit hinnehmen kann."

„Lassan, de biztosan." Dieses ungarische Sprichwort hatte Charlotte schon einige Male auf der Zunge. Lassan, de biztosan – langsam, aber sicher.

„Was? Das ist ungarisch!", ruft Csilla.

Besser hätte Charlotte nicht für Verwirrung sorgen können.

„Ja. Ich mag Ungarn und die ungarische Sprache“, erklärt sie, und es klingt fast ein bisschen entschuldigend.

„Darüber musst du mehr erzählen!“

„Gerne. Wir haben ja noch eine lange Fahrt vor uns. Ich habe gemerkt, dass ich gern Geschichten erzähle beim Fahren – oder wenn wir im Stau stehen. Komisch eigentlich, sonst höre ich ja meistens zu. – Und über Ungarn rede ich gerne.“

„Da bin ja jetzt schon gespannt“, sagt Csilla, immer noch erstaunt. „Aber ich will dich nicht vom Fahren ablenken.“

„Wahrscheinlich stehen wir sowieso im Stau, und eine Pause brauchen wir ja auch“, sagt Charlotte und lacht. „Wollen wir noch schauen, was du alles für deinen Schnelle-Hilfe-Koffer gesammelt hast? Wie willst du ihn eigentlich nennen?“

„Ich male ihn nachher mal. Ich sehe ihn genau vor mir. Außen klebt ein großer Aufkleber: Lassan, de biztosan. Das allein wird mir helfen. Ich werde mich immer an diesen Überraschungsmoment gerade erinnern. Wenn die Angst kommt und ich lese den Aufkleber, wäre ich sofort in einer anderen Stimmung, glaube ich.“

„Was würde dir noch helfen, um sofort in eine andere Stimmung zu kommen und dich frei zu fühlen statt gelähmt und eingeengt? – Wir haben über so viel gesprochen. Jetzt kannst du das, was wichtig ist, in deinen Lassan-de-biztosan-Koffer packen.“

Csilla lacht. „Ja. Ich hätte ja nicht gedacht, dass das sogar Spaß macht. – Ich habe eine Idee: Ich mach das gleich im Auto. Ich freue mich richtig darauf, das ganze Gespräch Revue passieren zu lassen, meinen Lassan-de-biztosan-Koffer zu zeichnen und ihn zu füllen. Und weißt du was? Ein bisschen freue ich mich sogar schon, dem möhrenessenden Angsthasen in mir mal wieder zu begegnen, dann kann ich ausprobieren, was hilft.“

„Das ist perfekt! Gerade spricht im Übrigen die mutige, anpackende Csilla aus dir. Du wolltest diesem Teil doch mal wieder begegnen? Also, ich kann ihn gerade deutlich sehen und hören.“

„Ich auch“, sagt Csilla leise. „Danke, Charlotte.“

„Gerne. Wirklich, Csilla, gerne.“

„Haben wir noch etwas Zeit?“, fragt Csilla.

„Das wollte ich auch gerade fragen.“

Sie verabreden sich in einer halben Stunde zur Abfahrt. Charlotte möchte zum Margarethenplatz spazieren und den Kopf auslüften.

Csilla will sich umziehen. Sie sagt, sie bräuchte die förmlichen Businesssachen gerade nicht. „Sie sind wie eine Uniform“, meint sie.

„Auch ein Schutz – ein sehr schicker“, erwidert Charlotte. „Vielleicht kannst du die Sachen auch in deinen Lassan-de-bisztoson-Koffer packen. – Wie paradox, langsam, aber sicher als Aufschrift auf einem Schnelle-Hilfe-Koffer.“

Sie lachen beide.

„Und ich weiß noch etwas, was du auf jeden Fall dort hineinpacken solltest: geschnippelte Möhren."

„Dass das ein lustiges Gespräch wird, hätte ich mir auch nicht träumen lassen." Csilla lacht und ihr Lachen erreicht nun auch ihre Augen.

„Das habe ich ernst gemeint. Geschnippelte Möhren haben dir doch schon auf einigen Fahrten geholfen, wenn ich das richtig verstanden habe, oder?"

„Ja, auf vielen. Ich werde wirklich noch ein paar Möhren schnippeln, die Zeit habe ich ja noch."

„Schneidest du für mich auch ein paar Möhren, falls du genug hast? Ich mag die wirklich gerne."

Eine halbe Stunde später fahren sie Richtung Autobahn. Charlottes Citroën ist wie immer ein bisschen unordentlich, obwohl sie sich bemüht aufzuräumen, seitdem sie Mitreisende mitnimmt. Und es gibt frische Blumen im Auto. Csilla hat auch gleich die vergilbte Postkarte hinter der Frontscheibe entdeckt: *Steig ein, wir fahren ans Meer.*

„Die kenn ich von Bettys Foto", sagt sie gleich, als sie sie sieht. Sie trägt nun einen lavendelfarbenen langen Hoodie, Leggings und bunte Sneakers. Es ist still im Auto. Charlotte mag das. Es ist Dienstagmittag, die Straßen sind leer und trocken.

„Alles klar?", fragt Charlotte.

„Ja." Csilla lächelt. „Ich freu mich, dass ich Zeit habe,

alles nachwirken zu lassen. Irgendwie schön, so durchs Land zu fahren und alles zieht vorbei. Ich stell mir vor, dass ich auch meine Gedanken vorbeiziehen lasse und die Erinnerung an unser Gespräch. Manches halte ich fest." Sie hat ein Tablet auf ihre Knie gelegt. „Ich zeig dir nachher meinen Koffer, okay?"

„Ich bin gespannt. Kannst du im Auto schreiben?"

„Ich zeichne ja eher. Es wird auch nur eine Skizze."

„Wird dir nicht schlecht?"

„Nein, damit habe ich zum Glück kein Problem. Ich kann auch lesen im Auto."

„Cool. Ich nicht", sagt Charlotte.

Dann ist es für lange Zeit ruhig. Charlotte bemerkt, dass Csilla nach vorne schaut, ihr Blick ist ins Weite gerichtet. Manchmal schreibt oder zeichnet sie etwas mit einem schillernden rosa Stift auf ihr Tablet.

Einmal fragt sie, ob sie eine Pause machen werden. „Ich möchte dich so gerne fragen, was dich mit Ungarn verbindet und wo du ungarisch gelernt hast. Ich bin wirklich neugierig darauf."

Charlottes Gedanken wandern weit in der Zeit zurück.

Sommer 1980/1981/1982

Es ist der zweite Flug in Charlottes Leben. Der Singeklub der Schule, in dem sie ist, hat einen Preis gewonnen, und jetzt fliegen sie zusammen mit einem anderen berühmten großen Singeklub aus Berlin nach Ungarn! Im Flugzeug sitzt sie neben einem bärtigen Mann, der sich als Charly vorstellt. Sie müssen beide lachen. Charlotte und Charly. Manchmal nennen ihre Freunde sie auch so. Er erzählt Charlotte, dass er Platten produziere. Heißt das vielleicht, dass er die Schallplatten von den englischen und amerikanischen Rockbands macht, für die sich ihr Vater immer anstellt? Sie traut sich nicht zu fragen. Dafür fragt Charly sie, ob sie auch Whiskey wolle. Nein!

Da weiß Charlotte noch nicht, dass sie sich ein paar Tage später in dem internationalen Jugendcamp am Donauknie, das ihr gemeinsames Reiseziel ist, zum ersten Mal in ihrem Leben richtig betrinken wird. Mit ungarischem Rotwein. Sie sitzen am Lagerfeuer und eine Flasche nach der anderen macht die Runde. Bald weiß Charlotte nicht mehr, ob sich vom Wein alles in ihrem Kopf dreht oder von den vielen Eindrücken und Sprachen, die sie um sich herum hört. Plötzlich kann sie keinen einzigen Schritt mehr gehen. Charly und Dennis, ihr treuer Freund aus dem Singeklub, bringen sie in ihren Bungalow. Dennis, mit dem sie schon so viel erlebt und der so viele Talente hat – er kann malen, schreiben, singen und vor allem Gitarre spielen wie niemand sonst, den sie kennt. Dennis, der sich hier in Ungarn in Colette, ein hübsches französisches Mädchen, verliebt und der wenig später von der Schule fliegt, weil er „Frieden schaffen ohne Waffen" mit schwarzer Farbe in großen Buchstaben an die Fassade der Schule geschrieben hatte.

Roman, Charlottes Freund, ist auch nach Ungarn mitgekommen. Er hat die männlichste Stimme von allen im Singeklub. Jetzt ist er krank und liegt die ganze Zeit mit Fieber im Bett, während Charlotte Menschen aus der ganzen Welt trifft und nicht genug davon bekommen kann, mit ihnen zusammen zu sein. Sie wird nicht müde, die fremden Sprachen zu hören, englisch zu reden, so gut es geht, zu singen und zu feiern. Es gibt so viel zu erleben! Ohne dass einer von ihnen Schluss gemacht hat, ist es vorbei. Sie weiß nicht einmal, ob Roman mitbekommt, wie sie überall mittendrin ist und wie wohl sie sich fühlt. Sie ist gemein zu ihm, das weiß sie, aber sie kann nicht anders. Als Leo, der fünfjährige Sohn von einem der Berliner, ihm stolz erzählt, dass er Charlotte das Schachspiel beigebracht hat, hat sie doch Mitgefühl mit Roman. Roman ist leidenschaftlicher Schachspieler. So gern wollte er es ihr beibringen. Aber es ist ihr zu langweilig gewesen. Hier in Ungarn ist alles anders. Sie hat an allem Spaß, auch daran, von einem fünfjährigen Kind das Schachspiel zu lernen.

Wie sehr sie das alles mag! Charlotte ist sicher, dass sie die ganze Welt bereisen und mit Menschen von überall her zusammen sein wird. Sie hat keine Angst, dass sie irgendetwas verpassen oder nicht sehen oder erleben könnte. Manchmal wundert sie sich selbst darüber. Und jetzt ist sie hier, in Verőcemáros in Ungarn, und sie genießt jeden einzelnen Moment. Sie isst Kesselgulasch bei einem Kuhhirten in der Puszta, besucht Eger und Debrecen. In Szentendre, einer kleinen Künstlerkolonie zwischen Budapest und Dunavaros, bleibt sie an jedem der mit duftenden Früchten und saftigem Gemüse überquellenden Verkaufsstände auf dem Markt stehen. Die Marktfrauen mit ihren farbenfroh bestickten Blusen bieten ihr Früchte an.

Charly hält ihr eine kleine rote Schote hin. „Probier mal."

Ehe er noch etwas sagen kann, hat Charlotte schon kräftig in die scharfe Peperoni gebissen. Sie hat doch noch nie eine gesehen! Nicht einmal das Wort kennt sie. So viel sie auch von dem weichen ungarischen Weißbrot isst, wie alle ihr raten, das Brennen in ihrem Mund wird und wird nicht besser.

Besonders aber gefällt ihr Budapest. Was für eine wunderbare, trubelige Stadt das ist. Die Brücken, über die sie immer wieder über die Donau läuft, von Buda nach Pest und zurück; all die bunten Schaufenster in den prachtvollen, heißen Straßen und die Innenhöfe, in denen es plötzlich ganz ruhig und angenehm kühl ist und wo der Oleander blüht.Charly bedeutet ihr ab und zu, stehen zu bleiben und ganz ruhig zu sein. „Den Moment in sich aufnehmen", nennt er das. Manchmal zeigt er auf etwas, was er gerade sieht – eine rosa Oleanderblüte, ein kleiner grüner Papagei in einem Baum oder Wäsche, die lusitg auf einem Balkon flatterte. Einmal dringt Musik aus einem Fenster.

„Mozart", sagt Charly.

Charlotte sagt: „gulyásleves", und lacht, als Charly sie fragend ansieht.

„Es riecht nach Gulaschsuppe", erklärt sie und ergänzt stolz: „Das heißt auf Ungarisch gulyásleves."

Charlotte will immer wieder in diese Stadt zurückkehren, in der sie Palacsinta und Langos und Melonen essen kann.

Abends im Camp singen sie mit den anderen Gästen. Charlotte lernt Lieder in vielen Sprachen aus der ganzen Welt. Am liebsten mag sie ein finnisches Liebeslied: Kaliolle kukulalle. Das lernt sie von den Frauen. Die deutsche Übersetzung beginnt so: „Helle Wasser, dunkle Wälder und die Sehnsucht sind mein Haus." Sie findet es wunderschön.

Und diese ungarische Sprache! Charlotte quillt über vor Eindrücken. Ohne ein Wort zu verstehen, starrt sie die Marktfrauen und die Menschen auf den Straßen und in den Geschäften an und hört ihnen fasziniert zu. Beate von den Berlinern kann ungarisch reden. Das will Charlotte auch können. Sie lässt sich Aussprache- und Grammatikregeln erklären und lernt einzelne Wörter und Sätze. Charlotte will diese Sprache unbedingt begreifen.

Im nächsten Jahr reist Charlotte zusammen mit Katrin, einer Klassenkameradin. Jetzt gibt es keinen Charly mehr, der sich auskennt und ihr alles zeigt, und auch kein bequemes Flugzeug. Der Zug nach Budapest ist so voll, dass sie auf ihren Rucksäcken auf dem Gang sitzen müssen. Die Zollbeamten an der Grenze zur Tschechoslowakei verlan-

gen von den Mädchen, ihre Rucksäcke auszupacken. In Ungarn wollen sie trampen und sie haben ihre Rucksäcke sehr sorgfältig gepackt. Vielleicht müssen sie sie ja über lange Strecken tragen. Charlotte weiß genau, in welchem Rucksack und in welchen Fächern ihrer Rucksäcke sie Schnur, Nähgarn, Messer, Taschenlampe, Zahnbürsten, Nagelfeilen und Toilettenpapier verstaut haben, wer den Kocher trägt, wo sie die Handtücher und die Unterwäsche finden können und an welcher Stelle ihre Kleider liegen. Die haben sie besonders sorgsam und so glatt wie möglich verpackt. Es ist kaum Platz auf dem engen Gang, aber sie müssen alles vorzeigen: Jedes einzelne Wäschestück sollen sie aus den Plastiktüten herausnehmen. Und sie müssen die einzelnen Lagen der Papiertaschentücher auseinanderziehen. Wovor bloß haben die Zollbeamten und die Grenzpolizisten Angst? Vor zwei sechzehnjährigen Schulmädchen?

In Budapest treffen sie Uwe und Johann, zwei Freunde, die ihnen einen kostenfreien Zeltplatz am Donauknie zeigen wollen. Sie fahren von Budapest mit der Stadtbahn nach Szentendre, von dort trampen sie. Charlotte freut sich so, als sie die Schilder in ungarischer Sprache sieht und die bekannten Ortsnamen lesen kann. Jedes Wort liest sie laut vor. Sie sind schnell in Kisoroszi, dem kleinen Dorf auf ihrer Campinginsel in der Donau. Uwe und Johann sind schon oft dort gewesen und sie kennen die Jugendlichen aus dem Dorf. Attila und Anna, Béla, Peter und Annika. Abends sitzen sie zusammen am Feuer und singen. Es sind andere Lieder, als Charlotte im Jahr davor in dem großen offiziellen Jugendcamp auf der anderen Donauseite gesungen hat. Johann ist Pfarrerssohn und die meisten Lieder, die er vorschlägt, kennt Charlotte nicht. Nur „Dona nobis pacem" kann sie mitsingen. Dann singen sie die Lieder aus dem Schulchor. Volkslieder. Katrin hat eine schöne Sopranstimme und Charlotte versucht die Altstimme zu halten. Johann kann leicht alle Bassstimmen singen. Meistens klingt es schön, findet Charlotte. Die Ungarn finden das auch. Manchmal kommen auch die Eltern ihrer neuen Freunde und bringen dicke, mit Salami belegte Weißbrote mit. Sie wollen immer noch mehr Lieder hören. Als ihnen keine mehr einfallen, singen sie einfach Weihnachtslieder. Da gibt es Beifall.

Jeden Tag trampen sie und Katrin nach Budapest. Die Abende verbringen sie in Kisoroszi mit Salamibroten und Weihnachtsliedern bei dreißig Grad.

Im Sommer des folgenden Jahres fährt Charlotte mit Sanna nach Ungarn. Sanna hat sie während ihres Praktikums im Kinderheim für körperbehinderte Kinder kennengelernt. In Kisoroszi werden sie schon von der Dorfjugend erwartet, mit Salamibroten. Sanna hat auch eine schöne Sopranstimme. Und sie kennt auch eher Kirchen- als Singeklublieder. Also singen sie wieder Volks- und Weihnachtslieder.

Und Kaliolle kukulalle auf finnisch. Dafür bekommen sie auch Beifall. Charlotte hat ihrer Freundin die Melodie beigebracht. Bei diesem Lied fällt es ihr leicht, die Altstimme zu halten. Es ist so schön. Dann denkt Charlotte an ihren ersten Sommer in Ungarn und sie erinnert sich daran, wie sie Charly und die anderen in Berlin beim Festival des politischen Liedes wiedergetroffen hat. Sie haben dafür gesorgt, dass Charlotte im Zuschauerchor von Mikis Theodorakis mitsingen durfte.

Verőcemáros, der Ort, in dem das Jugendcamp war, liegt gleich am gegenüberliegenden Donauufer. Aber Charlotte fährt nicht mehr dorthin.

Wieder fahren sie fast täglich nach Budapest – Charlotte ist routiniert: bis Szentendre trampen, dann weiter mit der HÉV bis zum Batthany Tér in Budapest. Die Fahrkarten sind nicht teuer. Auch sonst brauchen sie nicht viel Geld. Sie trinken aus Wasserhähnen, morgens waschen sie sich in der Donau. Nur zum Zähneputzen benutzt Charlotte Mineralwasser. Sonst denkt sie lieber nicht über das Wasser der Donau nach. Eines Morgens, als sie sich die Seife abwaschen will, verschmiert ein kleiner Ölklumpen auf ihrer Haut. Das braune Öl klebt überall.

Abends essen sie die Brote von den Müttern aus Kisoroszi und mitgebrachte Mortadella in Konserven. Manchmal bringen Atilla und Anna, die inzwischen ein Paar sind, auch Gulaschsuppe von zu Hause mit. Die wärmen sie dann über dem Feuer auf. Charlotte will lernen, so eine wunderbare Suppe zu kochen. Sie darf Atillas Mutter Zsófia in ihrer Küche dabei helfen. Beim Kartoffelschälen schneidet sie sich in den Finger, sie wollte genauso schnell sein wie Zsófia. Zsófia holt ein Pflaster und sagt lachend: „Lassan, de biztosan." Diese Redewendung vergisst Charlotte nicht mehr. Am Tag kaufen sie sich Brot und diese leckeren Joghurt in kleinen Bechern und ab und zu einen Turos-Riegel. Das sind kleine, mit Schokolade überzogene Quarkstangen. Und natürlich Früchte! Es gibt süße Pfirsiche und Aprikosen, herrlich saftige Melonen und Tomaten, in denen Charlotte die Sonne schmecken kann! Allein dafür käme sie immer wieder hierher, denkt Charlotte. Inzwischen kann sie auf ungarisch einkaufen, und die Händler freuen sich, wenn sie kommt. Alle lachen sie an und sind freundlich. Charlotte lacht sowieso die ganze Zeit. Sie bekommt nie genug davon, durch Budapests Straßen zu laufen, die Läden mit den bunten Kleidern anzuschauen, in den Plattenläden Musik zu hören und Menschen zu beobachten, sie anzulachen und manchmal mit ihnen zu reden. Aber es genügt ihr auch zu laufen, zu schauen, zu hören und zu riechen. Sie kommt aus Mecklenburg, da muss man nicht immer reden.

Sie muss auch nicht viel kaufen von den vielen schönen Dingen. Nur einmal in jedem Urlaub will sie sich eine echte Cola und Langos mit Sauerrahm und Käseraspeln leisten. Charlotte weiß, dass die meisten sich möglichst viele Zollerklärungen besorgen, auf die man zusätzlich zum erlaubten

Tagesumtausch noch hundert DDR-Mark in ungarische Forint tauschen kann. Aber dafür hätte sie sowieso kein Geld. Ihr Geld, dass sie sich bei einem Ferienjob beim Käseschrubben im Schimmelkeller der Molkerei verdient hat, reicht für eine Fahrkarte und für vierzehn Tagessätze.

Es ist warm und sonnig und Charlotte ist in Budapest. Das ist genug, manchmal schon fast zu viel für das siebzehnjährige Mädchen. Abends am Feuer auf ihrer Donauinsel berichten die Mädchen manchmal von ihren Beobachtungen und Erlebnissen. Auch von der skurrilen Begegnung mit dem alten Physikprofessor erzählt Charlotte. Er fragt die Mädchen auf der Straße, ob er helfen könne, als sie nach dem Weg suchen zur Váci ut, der berühmten Budapester Einkaufsstraße. Der alte Mann ist sehr höflich. Als sie sich vorstellen, gibt er ihnen einen Handkuss. Csókolom. Er spricht gut deutsch, seine Sprache ist vornehm und herrlich antiquiert und Charlotte mag den ungarischen Akzent.

Sie kommen ins Gespräch und der Professor beginnt, von seinen Forschungen zu erzählen. Als Sanna und Charlotte sich interessiert zeigen, lädt er sie in seine Wohnung ein. Dort können sie eine Limonade trinken und seine Materialien ansehen, bietet der alte Professor an. Die Mädchen sind immer begierig auf Begegnungen und Erlebnisse. Und was soll schon passieren, fragen sie sich wie so oft, wenn es darum geht, ein Risiko abzuschätzen. Er ist alt und gebrechlich und sie sind zu zweit und jung und kräftig. Der Professor wohnt ganz oben in einem der prächtigen Pester

Bürgerhäuser. Er bringt ihnen frische, selbstgemachte Limonade. Dann will er den Mädchen die Abbildungen in seinem Buch erklären und setzt sich zwischen sie auf die Couch. Er bittet sie, näher zu rücken. Charlotte rückt gerade so nahe, dass sie ihn nicht berührt. Wie zufällig legt er seine Hand beim Umblättern auf ihre Schenkel. Sie nimmt die Hand weg und sieht ihn entrüstet an. Bald darauf schimpft Sanna: „Finger weg!"

Die Mädchen stehen auf und gehen zur Tür. In einer Geschwindigkeit, die sie dem alten Mann nicht zugetraut hätten, ist er vor ihnen an der Tür, dreht den Schlüssel im Schloss herum und zieht ihn ab. Gleichzeitig fallen die Blicke der Mädchen auf die große Amphore, die in der Ecke neben der Couch steht. Charlotte hat keinen Moment Angst, so deutlich ist ihre Überlegenheit.

Da klingelt es an der Tür. Der Professor erschrickt fast zu Tode. „Meine Frau", stammelt er, nimmt die Limonadengläser vom Tisch und schiebt die Mädchen zur Balkontür. Vom Balkon kämen sie zum Fahrstuhl, sagt er noch, bevor er die Tür schließt und die Gardine von innen vorzieht. Auf der Straße können die Mädchen nicht aufhören zu lachen.

Auch als sie die Geschichte abends in Kisoroszi am Lagerfeuer erzählen, lacht Charlotte. Anna und Atilla bleiben ernst.

„Hattet ihr gar keine Angst?", will Anna wissen.

„Nein, wirklich nicht."

Trotzdem, es war leichtsinnig und hätte auch schief ge-

hen können. Wenn Charlotte ehrlich zu sich ist, war ihr das schon bewusst.

Die Warnblinklichter vor ihnen reißen Charlotte aus ihren Gedanken. Scharf tritt sie auf die Bremse. Dann schaut sie zu Csilla rüber, doch diese ist erstaunlich ruhig. Kein „Vorsicht!“ oder „Pass auf!“. Sie schreibt immer noch.

„Hier schon Stau“, stöhnt Charlotte.

Sie sind gerade auf die A 1 aufgefahren und haben Hamburg noch gar nicht erreicht. Sie schaut auf die Uhr. Halb zwei. Obwohl sie keinen Zeitplan hat, wenn sie jemanden mitnimmt, hätte sie gerne vorm Feierabendverkehr Hamburg hinter sich gelassen. Und auf die Pause beim Mühlenbäcker hat sie sich wie immer schon gefreut.

„Vielleicht dauert es nicht so lange“, sagt Csilla tröstend.

Charlotte lacht. „Wer ist denn hier der Gelassenheitscoach? – Na ja, wir können es sowieso nicht ändern.“

„Magst du jetzt von Ungarn erzählen? Ich bin total neugierig, wieso du ungarisch kannst und was dich mit Budapest verbindet. Seit wann ist das so?“

„Ich erzähle so viel von mir im Auto.“ Einmal mehr wundert sich Charlotte über sich selbst. „Das bin ich gar nicht gewöhnt. Aber es macht Spaß und ich habe in letzter Zeit mal wieder in alten Tagebüchern gelesen. Die Mitreisenden inspirieren mich. – Schön.“

Dann erzählt Charlotte bereitwillig. Sie erzählt von ihrer ersten Fahrt nach Verőcemaros, von ihrer Bekanntschaft mit der Peperonischote auf dem Markt von Szentendre und sie schwärmt von den Brücken in Budapest. Auch über ihre Reisen in den darauffolgenden Jahren berichtet sie, über das Donau-Hochwasser, über den Zeltplatz in Kisoroszi und über ihre täglichen Trampausflüge in die ungarische Hauptstadt.

Csilla kennt Kisoroszi. „Ein Künstlerdorf", sagt sie, und sie reden über Lieblingsplätze und ungarische Gerichte, über Palacsinta, Langos, Gulyasleves und Lecsó. Als Charlotte beginnt, sich Rezepte aufzuschreiben, setzt sich die Autoschlange langsam in Bewegung.

„Ich schick sie dir", verspricht Csilla.

„Hauptsache die von den Palacsintafüllungen." Die mit Quark oder Mohn gefüllten Palatschinken mag Charlotte am liebsten. „Turós és mákos palacsinta."

Charlotte fühlt sich in der Zeit zurückversetzt. Wie früher hat sie Spaß daran, die ungarischen Wörter auszusprechen.

„Jo, jo." Csilla lacht. Gut, gut.

„Jo. Ich wollte mal mit einer ungarischen Freundin ein Bistró eröffnen, in dem es nur Palatschinken geben sollte. So ähnlich wie euer Palacsintázó, nur in klein. Ich träumte von einer Art Coachingcafé, in dem es Kaffee, Palatschinken und gute Gespräche geben sollte, auch Coachinggespräche. Ich wollte schon immer, dass Psychologie und

Coaching etwas Selbstverständliches sind, auch hier bei uns in Deutschland. So wie man zum Friseur oder einen Kaffee trinken geht. Um sich wohlzufühlen, sollte man sich auch ab und zu ein gutes Coachinggespräch gönnen. Das Café sollte wirklich „Jo“ heißen, wie gut auf ungarisch oder ja auf norddeutsch. – Das hatte ich schon vergessen.“

„Schöne Idee“, sagt Csilla.

„Ich schenk sie dir. Du kannst sie ja in deine Geschäftsidee einfließen lassen“, antwortet Charlotte lachend. „Das Gelöst! Konzept würde gut dazu passen. Ich könnte die Coaches ausbilden.“ Charlotte merkt, wie sie plötzlich vor Ideen sprudelt. „Ich hör jetzt auf“, sagt sie, „sonst wird es zu ernst und ich mache schon wieder Gelöst! Werbung. Aber die Idee gefällt mir wirklich.“

Als sie an der Unfallstelle vorbeikommen, werden sie still. Charlotte konzentriert sich aufs Fahren und bald biegen sie ab zum Mühlenbäcker in Braak.

Bei Kaffee und Franzbrötchen fragt Csilla, ob Charlotte immer noch nach Budapest fährt.

„Nach der Wende bin ich lange nicht mehr dorthin gefahren. Es gab so viel Neues zu entdecken in der Welt. Und ehrlich gesagt hatte ich auch Angst davor, dass mir Budapest nicht mehr so gefiele, nachdem ich einiges von der Welt gesehen habe und das meine verklärte Erinnerung zerstören könnte. Ich glaube, 2006 war ich zum ersten Mal wieder dort. Wir waren auf der Rückreise von

Kroatien. Das Sziget-Festival fand gerade statt, wir waren bei einem Konzert und sind am nächsten Tag schon weitergefahren. Ich kann dir gar nicht sagen, wie erleichtert ich darüber war, dass ich mich sofort wieder wohlgefühlt habe. Budapest hatte nichts von seinem Charme und der Faszination, die diese Stadt auf mich ausübt, verloren.Von da an bin ich wieder öfter dorthin gereist. Am liebsten fahre ich immer noch allein nach Budapest. Ich kann immer noch endlos durch die Straßen laufen. Ich mag die ruhigen grünen Straßen mit den alten Bürgerhäusern. Einige ganz frisch renoviert, andere marode. Ich schaue immer noch gern in die Innenhöfe. Wie früher kann ich die Stille in den Höfen, das weiche Licht, den Anblick einzelner Bäume und des kräftigen Oleanders in Kübeln genießen, und ich denke noch manchmal daran, wie Charly sie mir zum ersten Mal gezeigt hat. Immer wieder entdecke ich Neues. Einmal zum Beispiel öffneten sich hinter einer grauen unscheinbaren Häuserfassade plötzlich mehrere Innenhöfe, in denen ein elegantes Restaurant mit gedeckten Tischen unter schattigen Bäumen zum Essen einlud. Ich sehe noch genau vor mir, wie die weißen Tischdecken und die edlen Gläser einen schönen Kontrast zu den maroden grauen Fassaden ringsherum bildeten. Und daneben der mit Glas überdachte Innenhof einer Bibliothek, der zum Lesen, Schreiben und Kaffee trinken einlud. Und das jüdische Viertel. Ich mag den Gegensatz. Tagsüber wirkt es ruhig und verschlossen, wenn die hippen Ruinenkneipen in den Höfen noch nicht geöffnet sind. Ich mag auch die elegante, breite Àndrassi út. So sonnig, hell, gemütlich. In der Oper habe ich einmal Billy Elliot gesehen.

Budapest ist die eleganteste Stadt der Welt, habe ich mal irgendwo gelesen, wahrscheinlich in einem Reiseführer. Aber die Stadt ist auch bunt und jung, überall coole Cafés, kleine und große Konzerte und Veranstaltungen. Einmal habe ich zugeschaut, wie eine Tanzschule auf dem marmorgefliesten Platz vor dem Gebäude der juristischen Fakultät einen Lautsprecher aufstellte. Sofort begannen mehrere Paare Tango zu tanzen. Sehr erotisch, sehr schön, ohne Scheu wegen der vielen Passanten und Zuschauer, die sich bald einfanden. Einige von ihnen tanzten mit. Nur fünf Minuten weiter saßen Hunderte junge Leute auf der Freiheitsbrücke. Wegen einer Baustelle auf dem Gellértplatz am anderen Ufer war die Brücke schon seit einiger Zeit für den Autoverkehr gesperrt. Manchmal stand ein Polizeiauto auf der Brücke. Ich fand es lustig, wie die Polizisten gelassen zuschauten, wie die Menschen an der Stahlkonstruktion die Brücke erklommen und sich die besten Plätze ergatterten, um auf der Brücke zu picknicken, Musik zu hören und zu trinken. Ein paar Mädchen sind immer wieder die wie eine Halfpipe geschwungene breite grüne Brückenkonstruktion hinuntergelaufen, um sich gegenseitig zu fotografieren. Nirgendwo gibt es einen besseren Blick über die Donau und die Stadt als hier. Auf der Pester Seite die beleuchteten majestätischen Bürgerhäuser und auf der anderen, der Budaer Seite, die Lichter der Burg. Ich gehe oft die gleichen Straßen entlang, aber ich entdecke auch immer wieder Neues. Klar, ich suche mir meine Lieblingsplätze aus. Wie jede Stadt auf der Welt hat auch Budapest andere Seiten, das ist mir bewusst. Trotzdem möchte ich mir meinen romantischen Blick bewahren. Und die Stadt macht es mir leicht."

„Das erinnert mich an die Persönlichkeitsanteile, von denen du heute Morgen erzählt hast", schaltet sich Csilla in Charlottes Schwärmerei ein.

„Stimmt, auch schön – eine Stadt als Persönlichkeit zu betrachten."

„Schön, wie du von meiner Heimatstadt schwärmst. Ich war auch lange nicht da und nach deiner Erzählung freue ich mich umso mehr. Wenn etwas so vertraut und gewohnt ist, vergisst man, wie schön es eigentlich ist."

„Ja, das gilt wohl für Orte wie für Menschen", antwortet Charlotte. „Apropos – wie bist du eigentlich mit deinem Schnelle-Hilfe-Koffer vorangekommen?"

Csilla wischt auf ihrem Tablet und hält es dann so vor Charlotte, dass sie sich nicht ganz so weit nach rechts drehen muss, um es zu sehen.

„Wow!" Charlotte bestaunt den Minikoffer, der ein bisschen wie eine Brottasche aussieht und quer über die Schulter getragen wird.

„Inzwischen ist es eine Crossbody-Bag in Kofferform geworden", erklärt Csilla.

„Crossbody-Bag heißen diese kleinen Taschen, oder? Coole Idee, sieht schick aus. Ist leicht und die hast du immer bei dir – die hat wirklich alle Eigenschaften, die ein Schnelle-Hilfe-Koffer braucht."

„Ja, erst war es ein großer Koffer, dann ist er immer kleiner geworden. Es sind ja auch nur kleine Sachen drin."

„Stimmt, kleine, wertvolle Sachen, die man immer braucht. Dafür sind diese Taschen wohl auch gedacht, oder?"

„Genau. Nur meine Business-Sachen kriege ich nicht unter. Da kann ich mir noch etwas einfallen lassen. Lassan, de biztosan.

Ich glaube, das wird mir nicht schwerfallen.

Weißt du, wie ich das gemacht habe? Ich habe ein Projekt daraus gemacht. Projekt ‚Mein Schnelle-Hilfe-Koffer'. Projektmanagement kann ich. Kreativ sein und designen auch. Ich habe richtig Lust, das mal für mich selbst zu machen. Für etwas existenziell Wichtiges. So fühlt es sich jedenfalls an. Content – Titel – Design. Egal, in welcher Reihenfolge. Da passt für jeden etwas anderes."

„Stimmt, das ist unterschiedlich. Da ist jede und jeder anders. Das ist ja auch abhängig von der persönlichen und beruflichen Kultur. Ich helfe, Strategien im Denken, Handeln und Fühlen zu entwickeln, die wirklich nützlich sind. Mein Weg ist meistens von innen nach außen. Vom

Inhalt zum Design sozusagen. Vielleicht ist es bei dir umgekehrt. Das Ganze sorgfältig aufzubereiten, ist genauso wichtig. Es ist ein Prozess, der dazu führt, dass wir verinnerlichen: Ich kann immer etwas tun, denken oder fühlen, was mir im Moment hilft, dass es mir besser geht. Ich kann etwas tun, damit ich auch in emotional schwierigen Situationen handlungsfähig bleibe. Und ich kann in jeder Situation etwas tun, dass ich mit meinen Gefühlen umgehen kann und nicht meine Gefühle mit mir. Das geht nicht so", Charlotte schnippst mit den Fingern, „es ist ein Weg. Lassan, de biztosan. Einen ganz persönlichen Schnelle-Hilfe-Koffer sorgfältig zu packen und zu gestalten, ist Selbstfürsorge. Es ist ein großer Schritt dahin, mutig und frei den eigenen Weg zu gehen. Es macht zum Beispiel einen Unterschied, wenn du weißt, dass du Möglichkeiten hast, um mit der Angst umzugehen. Du brauchst schon mal keine Angst vor der Angst mehr zu haben. Und es ist etwas anderes, den eigenen Schnelle-Hilfe-Koffer zu entwickeln, als eine To-do-Liste zu bekommen, die du in schwierigen emotionalen Situationen abarbeiten sollst.

So eine Crossbody-Bag mit der Aufschrift Lassan, de biztosan hat niemand außer dir. Und sie passt perfekt zu dir. Nur zu dir. Wahrscheinlich wirst du dort auch Dinge reinpacken, die auch Millionen anderen Menschen helfen. Andere Sachen helfen niemandem außer dir. Die befinden sich nur in deinem Schnelle-Hilfe-Koffer."

Charlotte lehnt sich zurück. „Das war mein Plädoyer für einen individuellen Schnelle-Hilfe-Koffer." Sie merkt, wie sie versucht, ihren Sätzen das Pathos zu nehmen.

Gleich darauf wird sie ernst und fügt noch hinzu: „Das sollte wirklich ein Schulfach sein. Schon Kinder könnten lernen, dass es zum großen Teil in ihrer Hand liegt, wie es ihnen geht. In der Psychologie gibt es dafür das Wort Selbstwirksamkeitserleben. Das wiederum stärkt Selbstvertrauen und Selbstwertgefühl."

„Das kann ich mir vorstellen. Ich merke es ja sogar jetzt schon ein bisschen."

„Hast du denn auch schon begonnen, deinen Schnelle-Hilfe-Koffer zu packen? Hast du schon etwas hineingelegt?"

„Ja. Möhren schnippeln steht ganz oben.

Atmen auch.

Leb dein Leben. – Wenn ich das lese, höre ich die Stimme meines Vaters.

Tanzen. Das steht weiter unten.

Vielleicht schreiben.

Und Lassan, de biztosan steht ja sowieso schon außen drauf.

Ich freu mich schon richtig, damit rumzuexperimentieren. Mal sehen, was hilft."

„Ja, viel Erfolg. Und vor allem viel Spaß. Manchmal sieht man von außen auch mehr. Eine Körperhaltung, eine Bewegung, ein Wort, das immer wieder gesagt wird. Nimm dir Zeit."

„Auf jeden Fall. Ich freu mich drauf. Ich werde deine Hilfe bestimmt noch benötigen. Wenn du zuhörst, entstehen Ideen. Das ist was Komisches."

„Manchmal hilft es auch, sich mit anderen auszutauschen und Ideen zu sammeln. Oft hilft das, um den eigenen Spielraum größer werden zu lassen. Der Lösungsraum wird weiter."

Nach einer Pause fragt Charlotte noch, ob Csilla einen Namen für ihren Schnelle-Hilfe-Koffer hat. „Für manche reicht es dann schon, wenn sie an den Namen denken. Ich kenne jemanden, der nennt seinen Schnelle-Hilfe-Koffer Wolfgang."

„Wolfgang?"

Charlotte erzählt Csilla von Michael und dem Hund Wolfgang, dem Namensgeber für Michaels Schnelle-Hilfe-Koffer.

„Wir sollten mal zusammen ein Schnelle-Hilfe-Projekt anbieten. Überall. Für einzelne Menschen, Familien, für Teams, Unternehmen und Organisationen, in Schulen. Mit einem richtigen konkreten Produkt. Dem eigenen Schnelle-Hilfe-Koffer."

„Langsam", sagt Csilla lachend. „Erst mal baue ich mir meine eigene Fast-Aid-Crossbody-Bag. Baggy klingt eigentlich gut. Ein bisschen zärtlich. Es ist ja auch was Schönes. – Hmm, diese viel zu weiten Jeans heißen auch so. Vielleicht ist es doch nicht der richtige Name." Csilla überlegt und fügt dann noch hinzu: „Lassan, de biztosan.

Das passt wirklich oft, ich hab den Satz, glaube ich, in meinem ganzen Leben bisher nicht so häufig gesagt wie auf dieser Autofahrt heute."

Es ist eine lange Pause geworden. Trotzdem kommen sie noch rechtzeitig vor dem Feierabendverkehr mit nur zehn Minuten Stau durch Hamburg.

Csilla ist eingeschlafen. Charlotte muss sich selbst oft daran erinnern, dass es anstrengend ist, sich so intensiv mit sich selbst zu beschäftigen und sich auszurichten. Eine Anstrengung, die sich lohnt.

Betty wartet schon am Dortmunder Flughafen, wo sie sich wieder am Kiss&Fly-Haltepunkt verabredet haben. Als sie aussteigen, umarmt sie zuerst Csilla, dann Charlotte.

„Na?", fragt Betty. Csilla nickt nur. „Hast du eine ‚Was bleibt' -Karte?"

Csilla zeigt die Karte, sodass Charlotte und Betty sie sehen können: *Baggy*.

Csilla lacht über Bettys fragenden Blick. „Ich erzähl's dir später."

„Grüßt Budapest", sagt Charlotte noch.

„Köszönöm szepen", verabschiedet Csilla sich.[1]

---

[1] Ungarisch: Dankeschön

„Nagyon szivesen. Én ís köszönöm."[2]

„Auf Wiedersehen, Charlotte", sagt Csilla ernst.

„A viszontlátásra, Csilla."[3]

Charlotte winkt noch, als sie mit ihrem roten Citroën weiterfährt und den Kiss&fly-Haltepunkt für die Nächsten freigibt.

---

[2] Ungarisch: Gerne. Ich danke auch.

[3] Ungarisch: Auf Wiedersehen

Möchtest du Gerd, den spirituellen Handwerker,
kennenlernen?
Steig ein und fahr mit Charlotte und Gerd ans Meer.
Von kleinen Schritten und großen Wirkungen.
Was hilft, um die Leere im Bauch zu verstehen.

SAMSTAGS AUF DEM MARKT

Gerd, April 2023

„Hallo, hier ist Gerd. Ich bin ein Freund von Jan aus Born und ich wollte fragen, ob ich eine Coachingfahrt zum Darß buchen kann."

Der Anruf erreicht Charlotte in Dortmund, kurz nach ihrer Fahrt mit Csilla.

Jan aus Born, der Elektriker mit der Autopanne. Sie braucht einen Moment, um auf Gerds geradlinige Anfrage zu antworten.

„Eine Coachingfahrt? Möchten Sie auf den Darß fahren oder möchten Sie ein Coachinggespräch? Dann können Sie sich entweder in der Mitfahrzentrale melden oder, wenn Sie möchten, einen Termin in meiner Praxis vereinbaren."

„Sind Sie nicht die Charlotte von Charlottes Coaching Car?"

„Doch." Jetzt muss Charlotte doch lachen und die ehrliche, ein bisschen unsichere Stimme hat sie längst berührt.

Charlottes Coaching Car. Eigentlich gefällt ihr das.

Jan hat sie seinem Freund empfohlen. Die Familien der beiden Elektrikerkollegen sind seit langem befreundet und auch wenn die Kinder nicht mehr mitkommen, sind Gerd und seine Frau regelmäßig zu Besuch auf dem Darß.

„Genau genommen war meine Frau die letzten Male immer allein dort“, berichtigt Gerd sich selbst.

Er hat mit seiner Frau gesprochen und sie würden den nächsten Besuch bei ihren Freunden so planen, dass er zu Charlottes nächstem Fahrtermin passt. Gerds Frau will ein paar Tage vorher nach Born fahren und auf Gerd warten.

Schließlich verabreden Charlotte und Gerd sich doch für eine Fahrt auf den Darß. Sie wollten sich beide Zeit nehmen dafür.

Gerd wartet schon auf dem Park-and-Ride-Parkplatz. Ein großer, schlanker Mann mit lockigem grauem Haar. Jeans, bedrucktes T-Shirt, Rucksack. Er sieht sportlich aus, hat aber auch etwas Ungelenkes an sich, denkt Charlotte, als er ihr entgegenkommt. Charlotte ist froh, dass sie ihn zweimal gefragt hat, ob er wirklich in ihrem kleinen Auto mitfahren wolle. Sie hält an und steigt aus.

Gerd streckt ihr die Hand entgegen. „Hallo, ich bin Gerd“, wiederholt er seine ersten Worte vom Telefonat.

„Charlotte – und das ist mein Citroën“, sagt sie schulterzuckend und schüttelt seine Hand. Gerd nickt ernst, ohne zum Auto zu schauen.

Als Charlotte das Auto startet, kommt sofort ein Piepton. Das Display blinkt. *Abgasanlage defekt.*

„Er zeigt sich gleich von seiner besten Seite", sagt Charlotte und stöhnt. „Deswegen war ich schon dreimal in der Werkstatt, jedes Mal wurde einfach die Elektrik zurückgesetzt. Danach bin ich einfach immer weitergefahren und irgendwann verschwand die Anzeige wieder. Was machen wir jetzt?"

„Fährst du trotzdem?", fragt Gerd.

„Ja."

„Ich auch. Wenn ich darf." Gerd lächelt sie an.

Er hat etwas Beruhigendes, denkt sie. Aber es ist kein fröhliches Lächeln, es ist, als ob hinter dem Lächeln Traurigkeit hervorguckt.

Als sie das Auto zum zweiten Mal startet, bleibt es ruhig. Keine Warnung, kein Blinken, kein Piepen.

Sie schauen sich an und lächeln einvernehmlich.

„Wir können uns gerne abwechseln mit dem Fahren", bietet Gerd an.

Charlotte nickt. „Danke."

Wieder das einvernehmliche Lächeln.

Sie haben gar nicht über die Anrede gesprochen, im Auto sind sie Charlotte und Gerd. Die Fahrten im Citroën haben ihre eigenen Regeln. Sie müssen nicht besprochen, verhandelt oder an ein Flipchart geschrieben werden.

„Was versprichst du dir eigentlich von dieser Fahrt?"

„Ich weiß auch nicht richtig. Ich weiß nur, dass ich irgendwas machen muss. Und ich vertraue Jan."

„Was glaubst du, was Jan sich davon verspricht?"

„Jan ist ein guter Freund. Viele hab ich nicht. Aber Jan ist einer. Wir haben zusammen die Elektrikerausbildung gemacht, bevor er seine Gesa kennengelernt hat. Dann ist er zu ihr auf den Darß gezogen. – Jan will, dass es mir gutgeht."

Charlotte will wissen, woran Jan wohl erkennen würde, dass es Gerd gut gehe.

Jetzt zögert Gerd nicht mit seiner Antwort: „Wenn ich überhaupt wieder mitkäme auf den Darß. Eigentlich ist meine Frau in den ganzen letzten Jahren schon allein gefahren. Meistens jedenfalls. Unsere Frauen sind ja auch eng befreundet. Überhaupt ist alles weniger geworden in den letzten Jahren. Ich arbeite ja nur noch."

Dann erzählt Gerd, dass er sich seit einiger Zeit schon selbst nicht mehr mag. Er sei gereizt und seiner Frau gegenüber ungeduldig und aggressiv. Neuerdings wird ihm manchmal schwindelig und er hat Angst, ins Auto zu steigen. Der Arzt hat nichts gefunden. Er sei unkonzentriert und alles nerve ihn nur noch. Mehr als alles hat Gerd Angst, dass seine Beziehung kaputt gehen könne. So weit will er es nicht kommen lassen. Er wünscht sich, wieder fröhlich und er selbst zu sein.

„Das heißt, es gab schon mal eine Zeit, in der du fröhlich warst?"

„Ja, klar", antwortet Gerd wieder, ohne zu zögern.

Charlotte staunt, wie kraftvoll Gerds Stimme klingt, wenn er an bessere Zeiten denkt. Bis vor ein paar Jahren ist es ihm sehr gut gegangen. Nein, er habe nicht groß etwas anderes gemacht. Wie jetzt auch hat er viel gearbeitet, seine Elektrofirma war auch damals schon erfolgreich und er hatte mehrere Angestellte. Vielleicht ist er ein bisschen früher zu Hause gewesen. Gerd erinnert sich, wie er mit seiner Frau Abendbrot gegessen hat, auch nachdem die Kinder schon aus dem Haus waren. Ja, es muss wohl doch etwas anders gewesen sein. Jetzt nimmt er sich immer Brote von zu Hause mit.

„Immerhin kein Fast Food", meint er entschuldigend.

Als er sich an das gemeinsame Abendessen erinnert, sieht Charlotte, wie ein Lächeln über Gerds Gesicht huscht. Er erzählt, wie er manchmal mit seiner Frau zusammen gekocht hat. Am liebsten mochten sie es, wenn sie mit dem improvisierten, was der Kühlschrank gerade hergab.

„Schön mit frischem Gemüse vom Markt."

Charlotte schaut wieder zu ihm rüber, zum Glück ist die Straße gerade frei. Auf Gerds Gesicht zeigt sich wieder das sympathische Lächeln. Charlotte mag sein Lächeln, es strahlt Ruhe aus.

„Ofengemüse war immer lecker", erzählt Gerd weiter. „Ganz einfach. Joghurt mit Salz dazu, fertig."

Manchmal hatte er ein Steak mitgebracht. Für das Fleisch sei immer er zuständig gewesen.

„Das ist bei uns auch so." Charlotte muss lachen.

„Ja", sagt Gerd, „Männer braten das Fleisch beherzter. Dafür macht meine Frau die besten Salate."

Charlotte spürt, wie Gerd in die Erinnerung an die gemeinsamen Kochabende eintaucht.

Sein Lieblingssalat sei Radicchio mit Roquefort und Birnen.

Im Winter mag er am liebsten Hühnersuppe. Die hat immer für zwei Tage gereicht.

„Mit einem schönen, fetten Suppenhuhn vom Bauern."

Charlotte will wissen, wo es das denn gäbe.

„Samstags auf dem Markt."

Die Samstagvormittage auf dem Markt haben sie immer genossen. Das frische Gemüse, der Lieblingskäsestand, die vielen Menschen und der Duft von frisch geröstetem Kaffee. Sie haben immer gleich am Stand der Kaffeerösterei eine Tasse schwarzen Kaffee getrunken. Ohne Milch und Zucker.

„Bei jedem Wetter", fügt Gerd noch hinzu. „Bei Regen hat er fast noch besser geschmeckt", sagt er lachend.

Jetzt fallen Gerd so viele Dinge ein, die er früher gerne gemacht hat. Sie haben ihr Haus am Berg gebaut und morgens konnte er von seinem Platz am Küchentisch aus beobachten, wie die Sonne aufging.

„Schön mit einer Tasse Tee zwischen den Händen", erinnert er sich. Es klingt fast verträumt.

Jetzt trinkt er seinen Tee morgens im Büro, während

er die Mails checkt. Die Terrasse an seinem Haus liegt auf der Südseite und abends haben sie dort oft noch die letzten Sonnenstrahlen genossen, erzählt er weiter.

Charlotte fragt ihn, wann er das letzte Mal auf der Terrasse gesessen hat.

„Jetzt, wo du fragst ... ich weiß es gar nicht." Jetzt klingt er traurig.

Er kann noch so viel erzählen: dass er den Winter mag und früher zur Jagd gegangen war. Am liebsten war er ganz allein auf dem Hochsitz. Mit einer Thermoskanne Tee hat er in die Landschaft geschaut und in die Stille gehorcht. „Das war wunderbar", meint er versonnen. Das Jagen war Nebensache. Meistens hatte er sowieso nicht geschossen.

„Ich weiß gar nicht mehr, wann das aufgehört hat."

Dann sagt er eine Weile nichts mehr. Charlotte spürt, dass er nachdenklich geworden ist.

„Glaubst du denn, dass irgendetwas von dem, was du gerade erzählt hast, dir jetzt helfen könnte, damit es dir besser geht? Und damit du bald wieder fröhlich und du selbst sein kannst?", fragt Charlotte ihn.

„Ja, bestimmt." Gerd klingt überzeugt.

„Womit könntest du denn anfangen? Wie könnte ein nächster Schritt aussehen?", fragt Charlotte weiter.

„Ich weiß nicht, ich könnte mit allem anfangen. Mit allem, was ich aus den Augen verloren habe."

„Ja, das kennen wohl viele. Ich auch."

Für einen Moment ist es still im Auto. Der Citroën fährt, ohne irgendetwas zu beanstanden.

Dann greift Gerd Charlottes Frage auf. „Was der nächste Schritt sein könnte? Am nächsten Samstag gehe ich mit Sybille auf den Markt. Die wird sich freuen."

Wie zur Bekräftigung schlägt er mit den Händen auf die Oberschenkel.

Charlotte erklärt Gerd das Prinzip des Schnellen-Hilfe-Koffers und fragt ihn noch, ob er etwas von dem, worüber er eben berichtet hat, dort hineinpacken möchte. Ohne nachdenken zu müssen, zählt Gerd kleine Dinge auf, die ihm guttun würden:

An den Blick aus seinem Küchenfenster denken,

sich den Duft von frischem Kaffee vorstellen,

sich zurücklehnen und daran denken, samstags auf den Markt zu gehen.

„... und weiter unten könnte stehen:

in den Wald zum Hochsitz fahren,

Jan und Gesa besuchen."

„Wow." Charlotte zieht anerkennend die Augenbrauen hoch. „Das klingt einfach. Wie willst du das denn schaffen?"

„Einfach machen", sagt Gerd ernst. „Das kann ich. Ich bin ein Macher. Aber in den letzten Monaten, eigentlich Jahren, habe ich nur noch gedacht und mich mit meinen Gedanken im Kreis gedreht. Einfach machen. Das schreibe ich ganz oben in meinen Schnelle-Hilfe-Koffer."

Charlotte bittet ihn zu überprüfen, ob das helfen wird, auch in der nächsten Situation, die ihn ungerecht und aggressiv machen könne.

Gerd meint, es helfe schon, wenn er an den Blick aus dem Küchenfenster denkt oder an den Marktbesuch. Dann habe er gleich ein ruhiges, freundliches Gefühl.

„Einfach machen." Gerd klingt sehr überzeugt, als ob er sich selbst Mut machen möchte.

Für eine Weile ist es wieder still im Auto.

Sie sind irgendwo zwischen Osnabrück und Bremen. Wenn Charlotte allein unterwegs ist, ist das der langweiligste Teil der Strecke. Heute spürt sie nichts von Langeweile. Es macht ihr Spaß, Gerd zuzuhören und zu bemerken, wie sich seine Stimmung ändert. Es braucht so wenig, denkt sie.

„Stell dir vor, ab heute würde sich alles in eine gute Richtung entwickeln. Du bist wieder fröhlich und du selbst und deine größten Hoffnungen würden sich erfüllen. Wie sieht deine Zukunft aus?"

So wie Gerd gerade noch in schöne Erinnerungen eintauchen konnte, zeichnet er jetzt ein Bild von einer Zukunft, die er sich wünscht.

„Ja, ich wäre wieder gut gelaunt. Eigentlich kannten mich alle so. Ich habe Spaß und mache meine Arbeit wieder gerne. Und ich freu mich, wenn ich nach Hause komme. Wir reden wieder und kochen gemeinsam. Wie früher. Wir wollten schon immer mal unsere Lieblingsrezepte für unsere Kinder aufschreiben. Das machen wir im Winter, wenn die Abende lang sind. Ich habe wieder Spaß am Fotografieren und vielleicht würde ich Fotos machen von dem, was wir gekocht haben. Oder ich würde mal wieder einen Fotoworkshop besuchen. – Ich weiß gar nicht genau, wo meine Kamera ist, solange habe ich schon nicht mehr fotografiert. Und wenn die Kinder uns besuchen, wird wieder gelacht."

„Und wenn das alles so sein wird, wie fängt dein Tag dann an?"

„Ich freu mich darauf. Ich trink meinen Tee und schau aus dem Küchenfenster. Erst danach schaue ich in den Kalender. Jetzt mach ich das meistens schon im Bett, wenn ich den Handywecker ausschalte. Den würde ich dann gar nicht mehr benutzen. Das Handy hat im Schlafzimmer nichts zu suchen, habe ich früher immer gesagt. Ich halte mich dann wieder an meine eigenen Regeln."

„Fällt dir noch was ein?"

„Ja, ich mache pünktlich Feierabend. Und ich bringe Elke, unserer Bürokraft, mal einen Blumenstrauß mit. Die musste auch viel aushalten in der letzten Zeit. – Dass die das alles mitmacht ... Und ich stell noch einen Elektriker ein. Und dann mach ich pünktlich Feierabend. – Bis jetzt war ich, ehrlich gesagt, zu geizig. Aber wenn ich so mit dir rede, wird mir klar, dass es Wichtigeres gibt. Uns geht es so gut. Wie dumm, das nicht zu genießen."

„Na ja, du hattest Gründe.“ Charlotte schaut kurz zu Gerd rüber.

Der nickt. „Das stimmt. Aber jetzt geht es uns gut. – Oh, Sybille wird sich freuen. Sie wollte auch unbedingt, dass ich einen Termin mit dir ausmache. Ich dachte, ich hätte keine Zeit, darum hatte ich dich um die Fahrt gebeten.“ Gerd klingt, als wolle er sich entschuldigen. „Sie hat mich fast gezwungen, mir deine Website und die Videos über den Schnelle-Hilfe-Koffer und das Lösungsquadrat anzusehen, die du mir geschickt hast. Sonst hätte ich es wahrscheinlich nicht gemacht. Ich habe wirklich Angst, Bille zu verlieren.“

„Was wäre denn noch anders, wenn alles so gut liefe, wie du es dir nur vorstellen kannst?“

„Mit Sybille?“

„Ja, auch mit Sybille.“

„Als wir uns die Videos angeschaut haben, haben wir nach langer Zeit mal wieder geredet.

Ich verfange mich manchmal in meinen Gedanken und drifte ab. Ich konnte immer viel spüren, weißt du. Und ich philosophiere gern und mache mir Gedanken um die Welt, um Sonne, Mond und Sterne und um das Universum. Jetzt mach ich das aber schon lange nicht mehr. Außer Sybille weiß das auch niemand. Sie ist die Bodenständigere von uns, aber ihr konnte ich das erzählen. Zum Beispiel habe ich an unseren Grundstückecken Lampen installiert, die in der Dämmerung angehen. Jeden Abend stelle ich mir vor, dass es zwischen ihnen eine Verbindung gibt und dass diese unsichtbare Lichtschranke unser Grundstück schützt. Dann kann ich ruhig einschlafen. – So was versteht doch keiner, oder?“

Charlotte zuckt mit den Schultern. Vielleicht doch, soll das heißen.

„Schließlich bin ich ja kein esoterischer Hellseher, sondern Geschäftsmann und Handwerker. Bille kann ich so was sagen, die lacht nicht. Sie akzeptiert es einfach. Sie hat mir mal erzählt, dass sie sich damals auch deshalb in mich verliebt hat. – Vielleicht würden wir das auch wieder mehr machen. Zuhören und reden, draußen sitzen und in den Himmel gucken oder spazieren gehen.

Als wir uns dein Lösungsquadrat angeschaut haben, hatten wir mal wieder so ein Gespräch, ich glaube, das erste nach ich weiß nicht wie vielen Jahren. Das war schön. Bille hat mir einfach zugehört und sich bei mir angelehnt, auf unserer Küchenbank. So nah waren wir uns schon lange nicht mehr. Es ging um die drei Ebenen in deinem Lösungsquadrat: Denken, Fühlen und Handeln. Das fand ich logisch und ich habe zu ihr gesagt, das ist wie Wasser, Luft und Erde. Die können auch nur zusammen existieren. Zum ersten Mal nach langer Zeit habe ich meinen Gedanken freien Lauf gelassen und einfach laut gedacht. Ich glaube, das war für uns beide schön.“

„Oh, das klingt wirklich sehr schön.“ Charlotte ist berührt von der Erzählung des spirituellen Handwerkers neben ihr.

Wieder ist es still im Auto. Manchmal hat Charlotte das Gefühl, dass auch ihr Citroën ab und zu eine Pause braucht, um die ganzen Geschichten irgendwo hinzuordnen.

„Gibt es noch etwas, was du anderes tun, denken oder fühlen würdest, wenn du wieder fröhlich wärst und mehr du selbst?“

„Ich glaube, das war’s. Es braucht gar nichts Großes, aber es würde so vieles ändern. Ein bisschen Zeit braucht es. Die Zeit ist ja da, ich kann entscheiden, was ich damit mache. Wir würden mal wieder richtig Urlaub machen, mit den Fahrrädern. Nur Bille und ich. Und ich könnte es genießen. Die Angst vor der Leere wäre weg. Ich glaube, so hat alles begonnen. Als die Kinder ausgezogen sind, beide an einem Tag. Die eine hat mit dem Studium angefangen, der andere mit der Lehre. Es war so leer zu Hause und dann habe ich immer länger gearbeitet, ohne das so richtig zu merken. Ich hatte Angst, nach Hause zu kommen.“

„Was wäre denn da statt Leere und Angst?“

„Es wäre einfach wieder normal. Vielleicht wäre da Freude. Ich bin dann wieder ganz. – Ja, das wünsche ich mir.“

„Wollen wir darüber später noch am Strand reden?“

„Ja, gerne. Obwohl sich jetzt schon so vieles anders anfühlt.“

„Und vielleicht kannst du mir irgendwann erklären, was die drei Ebenen des Lösungsquadrates mit den Elementen zu tun haben."

„Interessiert dich das?" Gerd klingt jetzt doch erstaunt.

„Klar. Sehr. Nur ich möchte dich jetzt nicht ablenken."

„Es gibt ja immer einen Weg, oder?"

Charlotte schaut ihn an und lächelt. Gerd verschränkt die Arme hinter dem Kopf und dehnt sich so gut es geht in dem kleinen Auto.

Inzwischen sind sie in Hamburg angekommen. Pause und Fahrerwechsel.

Darauf besteht Gerd, als sie wieder in den Citroën einsteigen. Die Pause hat er draußen verbracht. Er hat sich seinen Kaffee, den er sich beim Mühlenbäcker gekauft hat, in einen mitgebrachten Thermosbecher füllen lassen und dann ist er losgegangen.

Abgasanlage defekt, bringt sich der Citroën in Erinnerung. Auch beim zweiten Starten bleibt er dabei.

„Sollen wir losfahren?", fragt Gerd.

„Von mir aus ja."

An der ersten Kreuzung verschwindet die Anzeige wieder.

Auch an das freundliche Schweigen, mit dem ihr Auto manchmal gefüllt ist, wenn Mitreisende mitkommen, hat sich Charlotte schon gewöhnt. Ein bisschen staunt sie, wie selbstverständlich Gerd mit ihr schweigen kann. Es fühlt sich sicher an.

„Darf ich schlafen?“, fragt Charlotte.

„Gerne, ich kenn ja den Weg.“

Sie fahren gerade an dem Supermarkt mit dem großen orange-grünen Logo vorbei, als Charlotte wach wird. Hier hat sie eingekauft, als sie noch in Rostock gewohnt hat. Wie immer winkt sie ihm zu. Gerd sieht sie fragend und kein bisschen belustigt an.

„Das war zehn Jahre lang mein Supermarkt“, erklärt Charlotte. Hier habe ich mal gewohnt.“

„Oh. – Gut geschlafen?“

„Ja, danke.“

„Ich habe Kraniche gesehen. Aber ich wollte dich nicht wecken. Ich hatte schon vergessen, wie schön sie sind. – Hast du denn nachher noch Zeit für ein Gespräch am Strand? Über die Leere?“

„Ja, gerne. Ich hab mich darauf eingestellt und ich bin ja jetzt ausgeschlafen“, sagt Charlotte und lächelt.

Bald darauf biegen sie von der B 105 ab auf die Straße, die über den Darß führt. Charlotte mag diesen Weg. Zu Hause. Zum ersten Mal formt sich ein Gedanke aus dem konfusen Gefühl. Aus dem Gedanken wird ein Wort.

Es ist früher Nachmittag, das Wetter ist gut und es weht kein Wind, der Wörter und Sätze davontragen könnte.

Charlotte schaut zu Gerd. „Bereit?"

„Jawohl." Gerd lacht. „Soll ich halten?"

„Ja, am nächsten Parkplatz."

Es ist Charlottes Magischer-Moment-Parkplatz.

Auf dem Weg zum Strand erzählt sie Gerd von ihrem besonderen Moment. Er wird es verstehen. Oben auf der Düne bleiben sie für einen Moment stehen, ganz still.

Es ist einer dieser seltenen ruhigen Tage, die nicht richtig sonnig und nicht wolkig sind. Die Ostsee liegt als spiegelglatte Fläche vor ihnen. Ganz leise plätschert sie in kleinen, fast unsichtbaren Wellen an den Strand. Es gibt keine klare Horizontlinie. Man kann nur erahnen, wo das Wasser in der Ferne aufhört und der Himmel beginnt. Alles ist eins.

Bei diesem Zwielicht muss Charlotte immer die Augen zusammenkneifen. Sonnenbrillenwetter.

Charlotte hat eine Strandmatte mitgenommen, aber Gerd setzt sich einfach in den Sand.

„Okay, was wäre jetzt nützlich für dich? Was ist deine allergrößte Hoffnung für unser Gespräch?", beginnt Charlotte.

„Diese Leere in meinem Bauch lähmt mich. Wenn ich arbeite, ist sie auch da, aber nicht so stark wie zu Hause. Ich möchte wissen, was das ist und wie ich damit umgehen kann. Ich möchte wieder fröhlich sein und meine Energie spüren."

„Das kann ich gut verstehen. Wo ist diese Leere in deinem Körper? Im Bauch, sagst du?"

„Ja." Gerd fasst sich an den Bereich unter seinem Brustkorb.

„Kannst du beschreiben, was da ist? Wie fühlt sich das an? Hat das eine Konsistenz oder eine Farbe?"

„Schwarz, wie ein Loch. Hohl."

Gerd schließt die Augen und Charlotte leitet ihn sanft. Sie stellt Fragen und gibt ihm Zeit. Schließlich gelingt es Gerd, Abstand zu der Leere herzustellen, sie anzuschauen. Er bemerkt seine Reaktionen, zuerst Angst, dann Ungeduld. Gerd spricht wenig. Charlotte begleitet ihn weiter mit ihren Fragen und sanften Anweisungen. Es ist, als ob sie auf einer Welle gleiten. Gerd nickt jedes Mal, wenn er eine Aufgabe erfüllt hat.

Schließlich bedeutet er Charlotte, dass er jetzt genügend Abstand zu seinen Persönlichkeitsanteilen hat oder Bewusstseinszuständen oder welches Wort auch immer zu dem passt, was er spürt und sieht. Er könne sie jetzt ruhig und freundlich betrachten, sagt er zu Charlotte. Und er ist neugierig auf den Anteil, der sich so leer anfühlt.

Charlotte hat ihm diese Art der Arbeit erklärt. Innere systemische Arbeit oder Arbeit mit Persönlichkeitsanteilen nennt sie das. Dabei werden Persönlichkeitsanteile erkannt, benannt und man kann ihnen begegnen und sie transformieren. So wird das Gefühl von innerem Frieden unterstützt. Wichtig dabei ist, dass man den Teilen aus einer guten Position heraus begegnet.

„Aus der Mitte", hat Gerd eingeworfen.

Charlotte hat Gerd diese Methode vorgestellt, nachdem sie ihm eine Weile zugehört hatte. Sie hatte das Gefühl, dass Gerd einen Zugang fände zu dieser Art, sich selbst kennenzulernen und zu verstehen.

Damit hat sie wohl richtig gelegen. Als Charlotte ihn bittet, mit dem leeren Teil auf eine Weise zusammen zu sein, die richtig für ihn ist, versinkt Gerd immer tiefer in sich selbst.

Ab und zu gibt Charlotte noch eine leise Anregung: „Vielleicht möchte der Teil etwas sagen? Und möglicherweise kannst du ihn auch fragen, was er braucht?“

Gerd sagt nichts mehr. Ab und zu nickt er.

Einmal fragt Charlotte ihn, wo er gerade ist.

„Ich höre zu.“

Charlotte ist bei ihm, atmet, hört das leise und gleichmäßige Plätschern des Meeres. Sie hält den Raum, würden ihre Kolleginnen das nennen.

Schließlich fragt sie Gerd leise, ob er noch Zeit braucht. Sie bittet ihn zu tun, was noch zu tun ist, um seine Erfahrung mit seinem Innenleben rund zu machen. Und sie regt an, sich bei den Teilen, denen Gerd gerade begegnet ist, zu bedanken und dann in seinem Tempo hierher zurückzukommen.

Gerd macht die ihr schon vertraute Bewegung: Er verschränkt die Hände hinter dem Kopf und dehnt sich. Dann stehen beide auf, recken und strecken sich und schütteln die vom Sitzen steif gewordenen Glieder.

Gerd schaut auf die Uhr. „Gerade mal 25 Minuten! Ich hätte mich nicht gewundert, wenn es inzwischen dunkel geworden wäre."

„Möchtest du noch etwas sagen?"

Gerd schüttelt mit dem Kopf und beginnt zu reden.

„Die Teile waren in meinem Garten, in dem Lichtfeld. Das war gut. Alles macht Sinn. Die Leere will da sein dürfen, gesehen werden. Ich hatte wirklich Mitgefühl mit ihr. Es fehlt ja wirklich was. Eine Lebensphase ist zu Ende. Als ich das verstanden hatte, hat sie sich verändert und ist ganz aktiv geworden. Sie hat sich fast gefreut, dass da jetzt Platz ist für Neues. – Unglaublich, was alles in uns passiert. Mein Lichtfeld packe ich auch in meinen Schnelle-Hilfe-Koffer. Dahin kann ich mich mit meinen Teilen zurückziehen und ihnen zuhören."

„Danke, dass du mir das erzählt hast. – Da kannst du neugierig sein, wer alles noch dein Lichtfeld bevölkern wird."

„Es ist ja schon ein bisschen komisch. Aber gut."

Charlotte hört, dass das Gerds Abschlussworte dazu sind. Und sie akzeptiert es.

„Haben wir noch Zeit, damit ich ein paar Minuten allein am Strand langlaufen kann? Ich glaube, ich brauche noch ein bisschen Zeit, bevor ich Bille und Jan und Gesa treffen kann und bereit bin für die Grillparty. Die haben ja keine Ahnung, wer da noch alles dabei ist", sagt Gerd und lacht.

Es klingt befreit, findet Charlotte.

„Ja klar“, sagt sie, „ich freue mich auch, wenn ich noch ein bisschen Zeit habe.“

Gerd wird ernst. „Danke, Charlotte. – Hut ab vor deiner Arbeit. Ich weiß gar nicht, wo du das alles lässt, was du hörst und siehst und spürst. So lange kann ja kein Mensch am Meer langlaufen, um das auszugleichen.“

Charlotte lacht. „Danke, Gerd.“

Sie verabreden sich in einer halben Stunde am Auto und gehen in entgegengesetzte Richtungen los.

Diesmal kommt keine Fehlermeldung, als Charlotte den Citroën startet. Gerd bemerkt es und sagt: „Ich glaube, dein Auto kriegt auch einiges von dem mit, was hier passiert.“

Eine weitere halbe Stunde später sind sie in Born. Charlotte hört Stimmen von der Terrasse des reetgedeckten Hauses.

„Möchtest du die anderen kennenlernen und etwas mit uns trinken?“, fragt Gerd.

Charlotte schüttelt den Kopf. Jetzt möchte sie wirklich ankommen.

Fast hätte sie die „Was bleibt“-Karte vergessen.

„Darf ich zwei haben?“

Gerd schreibt auf beide Karten dasselbe: *Danke*. Eine der Karten gibt er Charlotte. „Die andere ist für Bille.“

„Dann brauchst du noch eine“, sagt Charlotte. Sie bittet Gerd, noch einmal dasselbe draufzuschreiben. „Die ist für dich selbst.“

Gerd lacht und umarmt Charlotte schnell und kurz.

Er schreibt etwas auf die Karte und hält sie hoch, sodass Charlotte sie lesen kann: *Einfach machen.*

Dahinter hat er eine Glühlampe gezeichnet.

„Mittwochs ist Bauernmarkt in Wieck“, sagt Charlotte beim Einsteigen.

Liebe Charlotte,
viele Grüße vom Markt sendet dir Gerd.
Mir geht es gut. Danke für die Mitfahrgelegenheit!
Ich würde gern an einer Gelöst! Selbsterfahrungswoche mit einer Gruppe teilnehmen, aber nicht online.
Bis bald!
Gerd
PS: Ich habe dir meine Gedanken zu den drei Ebenen des Lösungsquadrates und den Elementen aufgeschrieben. Ich hoffe, du lachst nicht:
Durch das, was wir tun, entstehen Ergebnisse, die sich manifestieren. Sachen, die man sehen, hören, riechen, schmecken oder anfassen kann. Das Handeln ist wie die Erde, auf der so vieles entsteht.
Und damit etwas Gutes entstehen kann, braucht es gute Bedingungen: Luft und Wasser.
Die Gedanken sind flüchtig wie Luft, sie sind frei und können sich in alle Richtungen bewegen. Dann finden

sie sich, gehen in eine Richtung und es entstehen Lösungen.
Durch deine Fragen konnte ich meine Gedanken in eine Richtung lenken und sie kreisen jetzt nicht mehr um das Problem, sondern um die Lösung. Das ist so einfach. Gefühle sind wie Wasser. Ohne Wasser gedeiht gar nichts. Die Gefühle wässern sozusagen alles, was wir denken und tun, mit Menschlichkeit.

;) Gerd

Charlotte, Saira und Betty
sind gemeinsam unterwegs.
Charlotte erzählt Überraschendes.
Wie immer gibt es noch einen Platz für dich.
Über Beziehungen, Entscheidungen und
Begegnungen, die Lebenswege veränderten.

ALLES IST GLEICHZEITIG

Saira und Betty, drei Tage später im April 2023

Saira winkt von ihrem Praktikantenzimmer in der Darßer Arche herunter, als Charlotte klingelt.

„Ich packe schnell meinen Rucksack“, ruft sie und bittet Charlotte herein.

Charlotte macht lieber noch einen Spaziergang zu dem kleinen, gemütlichen Boddenhafen. Die Ruhe hier am Bodden tut gut nach drei Tagen in Zingst, dem quirligen Ostseebad. Im Auto werden sie noch lange genug nebeneinandersitzen. Und wahrscheinlich viel erzählen. Sicherheitshalber schickt sie der immer pünktlichen Betty noch eine Nachricht, dass es ein bisschen später wird.

Betty, denkt Charlotte. Über ein halbes Jahr kennen sie sich jetzt schon. Betty ist in der Zwischenzeit einen langen Weg gegangen.

Betty, Betty, erstes Gespräch

Betty ist es gewohnt, Sachen sofort zu erledigen. Gleich in der Woche nach der Fahrt mit Charlotte hat sie um einen Termin gebeten. Nicht ohne vorher zu fragen, ob das in Ordnung für Charlotte wäre, wenn sie sie coache.

Sie freuen sich, als sie sich wiedersehen. Ihre Umarmung ist spontan und herzlich. Charlotte bittet Betty in ihre Praxisräume. Wie jedes Mal genießt sie es, wenn jemand zu ihr kommt, der die Räume noch nie betreten hat. Das Treppenhaus ist kalt und unpersönlich, umso größer ist das Staunen, wenn man die großzügigen hellen Räume von Charlottes Praxis betritt. An den Wänden hängen Bilder, die sie von überall her mitgebracht hat. Zu jedem einzelnen Bild könnte sie eine Geschichte erzählen. Aus den großen Fenstern kann man über die Dächer der kleinen Altstadt von Unna schauen, aus deren Mitte die grüne Kirchturmspitze ragt.

Es gibt wenig Möbel. Charlotte arbeitet mit einzelnen Klienten oder mit kleineren oder größeren Teams, manchmal mit Paaren oder Familien. Wenn sie Seminare gibt, braucht sie Platz für einen großen Stuhlkreis, und wenn sich noch einige Teilnehmerinnen online dazuschalten, möchte sie die Technik möglichst unauffällig integrieren.

Manchmal nutzen Kollegen die Räume. Donnerstagabends kommt eine Yogalehrerin, Charlottes Tai-Chi-Lehrer bietet – leider nur noch selten – Kalligrafiekurse an und einmal hat es sogar einen koreanischen Kochkurs gegeben.

Vor neun Jahren, als sie die Räume bezogen hat, hat sie alles leicht und flexibel gestaltet – sie wollte sich auch in ihren Räumen frei fühlen und viele Möglichkeiten offenlassen.

Jetzt sind die Stapelstühle in dem kleinen Abstellraum verstaut. Charlotte mag es, wenn der Raum nach einem Seminarwochenende mit vielen Menschen wieder leer und aufgeräumt ist. Sie hat manche Blumen aussortiert und andere neu geordnet. Alle Farben des Herbstes leuchten in ihnen: Dunkelrote Astern neben einer rosa-weiß gestreiften Lilie. Eine wunderschöne orange-rote Rose hat ihre Blüte weit geöffnet. Sie duftet sogar. Dazwischen Sträucher, deren Namen Charlotte nicht kennt, mit kleinen roten oder weißen Früchten, ein Brombeerzweig und ein paar Gräser. Ein dunkelrotes Löwenmäulchen. Die braungelbe Blüte einer letzten Sonnenblume ragt neben einer schlanken Gladiole aus dem bunten Arrangement heraus.

„Wow." Betty schaut sich um. „Ach ja, die Blumen. Schön."

„Trinkst du grünen Tee?"

Betty tritt zu Charlotte, die gerade eines der Teegläser öffnet. Sie hält es Betty unter die Nase, damit sie an den Teeblättern riechen kann.

„Ja, gerne. – Wow, die Wand!" Betty hat die Wolkenwand über der Küchenzeile entdeckt.

„Das ist der Zingster Himmel am Hafen", erklärt Charlotte. „Als ich damals mit Maik am Hafen in Zingst stand

und die vielen verschiedenen Grautöne sah, habe ich ihm gesagt, dass so die Wand über der Küche in der Praxis aussehen soll. Maik hat den Himmel fotografiert und eine Tapete daraus machen lassen."

Betty lächelt und nickt. Wieder etwas Verbindendes zwischen ihnen.

„Wollen wir uns setzen?"

Charlotte bringt die Teekanne zu dem niedrigen weißen Tisch mit den beiden Stühlen und der kleinen braunen Ledercouch unter dem Bild mit dem Herz, das Betty jetzt betrachtet.

„Das hat mir Maik geschenkt, als er mir einen Heiratsantrag gemacht hat."

Wieder lächelt Betty. Ein bisschen nachdenklich. „Du hast ja gesagt, oder?"

„Ja."

„Ob ich wohl mal heiraten werde." Sie sagt es ohne Fragezeichen.

Dann setzt Betty sich auf einen der Stühle und trinkt einen Schluck Tee. „Lecker."

„Ich hab mich gefreut, als du mich angerufen hast", beginnt Charlotte.

Betty nickt langsam. Sie wirkt aufgeräumt.

„Ich hab mir eure Website angeschaut. Und das Video mit dem Lösungsquadrat. Ich glaube, das ist genau, was ich brauche.

„Okay, dann lass uns mal von vorne anfangen. Ange-

nommen, wir entscheiden uns, in einer Form zusammenzuarbeiten, die zu dir passt, und das ist wirklich hilfreich für dich und bringt dich weiter. Was wäre dann anders?"

Wieder nickt Betty langsam. Sie nimmt sich Zeit, bevor sie antwortet.

„Entschieden habe ich mich schon. Ich möchte mit dir zusammenarbeiten, ich möchte das Gelöst! Coaching und ich möchte endlich mal dranbleiben an meinen Themen.

In jeder Beziehung mit einem Mann ist es das Gleiche. Zuerst bin ich Feuer und Flamme und dann kühlt es sich ganz schnell ab. Ich habe das Gefühl, das geht immer schneller. Und dann trenne ich mich. Jetzt ist es auch so. Ich bin nur noch wütend auf meinen Freund. Er kann mir nichts recht machen. Ich bin ungerecht, richtig fies. Aber ich will mich nicht trennen. Ich weiß nicht, ob ich Kinder will, aber ich möchte mir die Option offenhalten. Und wenn ich mich trenne, muss ich wieder anfangen zu suchen. Und was, wenn es wieder nicht der Richtige ist? Ich bin schon 38."

Betty erzählt, dass sie erst seit ein paar Monaten mit ihrem Freund zusammen ist. Im Beruf hat sie Erfolg. „Die Marketingkoordination in unserer Firma macht mir Spaß. Eigentlich ein guter Job", sagt sie.

Jetzt hat sie beschlossen, zwei Monate unbezahlten Urlaub zu nehmen. „Irgendwie bin ich müde. Und unzufrieden. Nichts erfüllt mich. Alle fragen, wohin ich reisen will, aber ich will eigentlich gar nichts machen. Nur viel Sport. Und dann mal sehen."

In den ersten zwei Wochen hat ihr Freund auch Urlaub, da wollen sie wegfahren.

„Oh, diese Wut!“, bricht es plötzlich aus ihr heraus. „Ich möchte das jetzt wirklich mal hinkriegen.“

Dann sammelt sie sich gleich wieder und zieht einen Zettel aus ihrer Tasche. Charlotte hat diese Kleinigkeit registriert, weil sie eigentlich eher einen sportlichen Rucksack erwartet hätte. Andererseits passt die Tasche zum orangen Rollkoffer.

„Zuerst brauche ich Strategien, um die Wut im Zaum zu halten, wenn sie kommt. Damit ich erst mal Abstand gewinnen kann. Mein armer Freund. Der weiß immer gar nicht, was los ist, wenn es so aus mir herausbricht. – Aber das weiß ich ja selbst nicht. Ja, das würde ich gerne herausfinden, wieso ich immer so wütend bin und wie ich das in den Griff kriegen kann. Das passt wohl zu der zweiten Phase, der Integration, oder?“

Charlotte nickt, sagt aber nichts. Sie will Betty nicht unterbrechen.

„Und die dritte Phase klingt auch verlockend“, setzt Betty nach einer kleinen Denkpause fort. „Stabilisierung. Dann müsste ich keine Angst mehr haben, dass die Wut wiederkommt.“

„Das klingt ja schon fast wie ein Plan. Klar, es gibt keine Garantie. Meiner Erfahrung nach ist es manchmal so, dass wir in schwierigen und stressigen Situationen mit gewohnten Gefühlen reagieren, auch wenn sie eigentlich schon

überwunden sind. Aber du kannst lernen, mit der Wut umzugehen. Vielleicht verändert sie sich dann auch."

„Das wäre schön", sagt Betty jetzt leise. Charlotte hört den Zweifel in ihrer Stimme, gleichzeitig schaut Betty sie bittend an.

„Eigentlich bist du schon auf dem Weg."

Betty zieht die Augenbrauen hoch.

„Na ja, du hast entschieden, etwas zu tun und dich um dich zu kümmern. Und du hast eine Vorstellung von dem, was du erreichen möchtest. Das ist oft schon das Wichtigste. Der Rest ist nur noch Arbeit, würde Maik sagen."

„Arbeiten kann ich."

Sie besprechen, wie sie zusammenarbeiten können. Es stellt sich heraus, dass Betty wirklich gut vorbereitet ist und schon genaue Vorstellungen hat. Sie möchte ein Betty-Jahr einlegen, in dem sie sich um sich kümmern will. In jeder Beziehung. Ihre Auszeit soll der Start dafür sein. Sie stellt sich vor, die Zeit zu nutzen und sich online durch das Gelöst! Selbstcoaching Programm zu arbeiten.

„Langsam und Schritt für Schritt", sagt sie und lacht dabei.

Und sie möchte sich dabei von Charlotte begleiten lassen.

Sie sprechen auch darüber, ob die Coach- und Klientinnenrolle für sie passen.

Charlotte schlägt ihr vor, sich das Onlinematerial erst einmal anzusehen und dann zu entscheiden. Das bräuchte sie nicht, meint Betty. Sie habe sich mit allem beschäftigt, die frei verfügbaren Videos und das Material angesehen. Entschieden hätte sie sich schon.

„Cool." Charlotte freut sich. Nicht in erster Linie, weil sie einen Gelöst! Prozess verkauft hat und jemandem helfen kann, den eigenen Weg zu finden und ihn mutig und frei zu gehen. Sie freut sich, weil es Betty ist.

„Herzlichen Glückwunsch zu deinem Entschluss. Das ist die beste Investition: die in dich selbst. Für deine Gesundheit und damit es dir gut geht. – Sollen wir gleich weitermachen?"

Betty nickt.

„Was wäre heute ein guter erster Schritt für dich?"

„Na ja, erst mal wäre es gut, wenn ich ein bisschen mehr Kontrolle über die Wut hätte und mich nicht so ausgeliefert fühlen würde."

Jetzt will Charlotte wissen, ob sie sich an Situationen erinnern könne, in denen es ihr gelungen ist, die Wut schon ein bisschen zu kontrollieren.

Betty überlegt lange.

„Nee, eigentlich nicht. – Aber Sport hilft."

Charlotte erklärt das Prinzip des Schnelle-Hilfe-Koffers. Es ist gut, Ausgleichsmöglichkeiten wie Sport zu haben. Es ist auch gut, Strategien zu kennen, die sofort verfügbar sind.

„Was könntest du in einer solchen Situation denken, fühlen oder tun, damit du ein bisschen Abstand von deiner Wut bekommst und sie kontrollieren kannst? Leider ist es

ja nicht zu jedem Zeitpunkt möglich, erst mal eine Runde zu joggen.“

Betty lacht. Aber ihr fällt nichts ein.

Charlotte fragt sie auch, ob sie jemanden kennt, der mit schwierigen Gefühlen gut umgehen kann – auf eine Weise, wie sie es gerne täte. „Vielleicht auch jemanden, den du gar nicht gut oder überhaupt nicht kennst, dem du aber zutraust, mit der Wut oder anderen Gefühlen so umzugehen, wie du es dir wünschst.“

Betty zuckt mit den Schultern. „Wahrscheinlich kenne ich viele, die das können, aber mein Kopf ist wie leergefegt. Was tust du denn?“

Charlotte schweigt einen Moment. „Wenn es mir zu eng wird und ich mich nicht von einem Gefühl lösen kann, dann stelle ich mir vor, ich bin am Meer. Ich beame mich an meinen Lieblingsplatz an der holländischen Nordsee.“

Betty hört ernst und aufmerksam zu.

„Oder an die Ostsee. Dort habe ich schon einige schwere Situationen lösen können. Das Meer hilft mir. Es ist immer da, in seinem Wasser wurden schon so viele Geschichten abgespült. Es kennt so viel Freude und so viel Leid. Und es trägt alles mit Geduld. Manchmal ist es grau, fast schwarz und stürmisch und manchmal ganz ruhig und kleine Wellen glitzern in der Sonne. Wenn ich dort bin, dann wird mir immer bewusst, wie viel Glück ich habe in meinem Leben, und ich werde dankbar und bin für einige Momente sehr

glücklich. Dann relativiert sich alles. In meinem Schnelle-Hilfe-Koffer steht der Name des Ortes in Holland."

„Ich glaube, das könnte mir tatsächlich auch helfen", meint Betty. „Nicht nur, wenn ich da bin."

Jetzt reden sie darüber, wie wichtig es ist, die eigenen Strategien zu finden. Das versteht Betty sofort.

„Klar, wir sind ja alle verschieden. Trotzdem, ich glaube, der Gedanke ans Meer würde mir wirklich helfen. Man fühlt sich so frei da." Sie will es auf jeden Fall ausprobieren und es beim nächsten Mal erzählen.

Betty, zweites Gespräch

„Unglaublich, wie mir der Gedanke ans Meer hilft." Betty sprudeltgleich beim Reinkommen los.

„Tee?", fragt Charlotte.

Betty lacht. Sie stehen am Sideboard an der Küchenzeile vor der Wolkenwand. Betty wählt den Tee aus.

Als sie an dem kleinen weißen Tisch sitzen und den ersten Schluck Tee getrunken haben, beginnt sie zu reden.

„Schön, so in Ruhe anzukommen. Aber die Wut ist noch da. Und ich kann mich ja nicht die ganze Zeit gedanklich ans Meer beamen. Trotzdem, unfassbar, wie allein so ein Gedanke etwas ändern kann. Ich fühle mich wie auf der Düne in Wustrow. Nicht so stark wie neulich, aber wenn ich mir Zeit nehme, wird das Gefühl immer stärker. – Kann man das eigentlich lernen?"

„Sich in einen guten Zustand zu versetzen und ein Gefühl zu aktivieren? Du merkst es doch, oder? Ja, das kann man lernen. Bei jedem Gedanken, bei jeder Sinnesempfindung werden synaptische Verbindungen geknüpft, erst recht, wenn wir sie uns bewusst machen. Bewusst wahrzunehmen ist der Schlüssel. Wenn du die Wut zum Beispiel bemerkst, hast du schon gewonnen. Dann bemerkst du auch deinen Impuls und du kannst entscheiden, ob du ihm folgst oder wie du damit umgehen möchtest. Wenn ein Gefühl stark ist wie Wut, kann unser Gehirn in diesem Moment keine kreativen Lösungen und Strategien erfinden. In diesen Momenten ist der Schnelle-Hilfe-Koffer wichtig. Ministrategien, die dir in besonders schwierigen Situationen helfen, Abstand zu bekommen. Damit du mit deiner Wut umgehen kannst und nicht deine Wut mit dir."

Charlotte möchte wissen, ob sie in den vergangenen Tagen noch etwas gedacht, gefühlt oder getan hat, was ihr geholfen hat.

„Nicht viel." Betty überlegt.

„Und ein bisschen?"

„Ja, tief durchatmen oder aus dem Raum gehen, aber das habe ich auch früher schon gemacht."

Charlotte freut sich, dass sie noch etwas beobachten konnte. „Wir können immer etwas tun, damit es uns augenblicklich besser geht. Gibt es noch etwas?"

Betty zuckt mit den Schultern. „Laufen, aber das hatten wir ja schon. – Wenn ich nur wüsste, wo die Wut herkommt."

Wie schon beim letzten Mal hat Charlotte das Gefühl, dass Betty diese Frage zermürbt.

„Angenommen, du wüsstest, wo die Wut herkommt – was wäre dann anders?“

„Dann könnte ich verstehen.“

„Gut, du könntest verstehen. Würde sich ich etwas verändern?“ fragt Charlotte weiter.

„Ich wäre ruhiger und würde vielleicht nicht denken, dass etwas nicht mit mir stimmt.“

Das versteht Charlotte. „Was könntest du denn stattdessen denken?“

Betty überlegt wieder. Charlotte gefällt, wie Betty sich Zeit nimmt, um über die Fragen nachzudenken.

„Vielleicht würde ich denken: ‚Ach, da bist du wieder‘, wenn die Wut kommt.“ Sie lacht über ihren Gedanken. „Bin ich jetzt komplett verrückt? Jetzt rede ich schon mit der Wut.“

„Das ist eigentlich eine gute Idee“, antwortet Charlotte. „Vielleicht würde sie dir sogar sagen, wozu sie da ist. Wäre das nützlich für dich?“

„Na klar! Aber wie soll das gehen?“ In Bettys zweifelndem Blick mischt sich jetzt auch ein bisschen Belustigung.

„Ja, das klingt komisch. Ich glaube, es ist ganz gut, wenn es ein bisschen komisch ist. Wenn wir nur das täten, was wir sowieso tun, wäre ja nichts anders.“

Betty nickt erwartungsvoll.

Jetzt fragt Charlotte, wo Betty die Wut im Körper spürt.

Sie zeigt sofort auf den Oberbauch. Dabei schließt sie die Hand zu einer festen Faust. Charlotte will wissen, wie sich das anfühlt.

„Bedrückend. Fest."

Betty fühlt sich unwohl, das spürt Charlotte.

„Hast du ein Bild von diesem Bedrückenden, Festen in deinem Oberbauch?"

Nein, ein Bild sähe sie nicht, aber es sei irgendwas Dunkles. Rot wäre auch dabei.

Jetzt bittet Charlotte Betty darum, sich vorzustellen, diesem Dunklen und Roten irgendwo außerhalb ihres Körpers einen Platz zu geben. So könne sie es besser kennenlernen und mit ihm reden.

Obwohl es eine seltsame Vorstellung ist, lässt sich Betty ohne zu zögern darauf ein.

„Es sitzt jetzt da", meint sie und zeigt auf einen Korbsessel in der Ecke.

„Hat das, was da sitzt, einen Namen?"

„Wut." Keinen Moment muss Betty über diese Antwort nachdenken. „Von mir aus könnte es noch weiter weg."

Charlotte fragt jetzt, wo sie den Teil spürt, den, der die Wut nicht haben will.

„Im Kopf."

Charlotte lässt Betty auch diesen Teil beschreiben, bis es ihr gelingt, auch dazu Abstand zu gewinnen. Betty versteht, dass es nicht gut möglich ist, die Wut kennenzulernen, wenn sie sie loswerden will.

„Und wie fühlt es sich jetzt an, der Wut gegenüberzusitzen?“

„Ruhig.“ Betty sagt das leise. „Sie tut mir jetzt fast ein bisschen leid.“

Charlotte bittet sie, die Wut zu fragen, wozu sie da ist. Betty nickt langsam und ist für eine Weile still.

„Sie will irgendwie auf mich aufpassen“, meint sie dann leise. Sie klingt verwundert. Aber wenn Betty wissen will, warum sie aufpassen will und worauf, dann erfährt sie nichts mehr.

Sie nehmen sich Zeit, um die Arbeit für heute zu beenden. Betty bedankt sich bei den Teilen, mit denen sie gerade Bekanntschaft geschlossen hat. Dann reden sie noch einen Moment über das, was Betty gerade erfahren hat.

„Das war gar nicht komisch“, sagt sie nachdenklich.

Beim Verabschieden sagt sie noch: „Ich glaube, ich habe heute etwas verstanden.“

Betty, drittes bis achtes Gespräch

Charlotte ist im Urlaub gewesen und hat Betty einige Wochen nicht gesehen. Bis auf ein Telefonat haben sie keinen Kontakt gehabt.

Jetzt begrüßen sie sich lachend. Wie immer platzt Betty gleich heraus: „Wir haben uns getrennt. Wir wollten es beide.“

Und wie immer kocht Charlotte erst mal Tee.

Betty sucht sich schnuppernd eine neue Teesorte aus, bewundert die Blumen und kostet den Tee. Dann beginnt sie noch einmal. Langsam jetzt. Nächste Woche begänne ihre Auszeit, sagt sie.

„Der Urlaub findet ja jetzt nicht statt." Sie wirkt gelöst. „Ja, mir geht es gut. – Es war alles so eng."

Sie erzählt, dass sie mit ihm darüber geredet hat. „Das habe ich vorher nie gemacht, außer einmal kurz, als ich aus Wustrow zurückgekommen bin. Sonst habe ich immer alles ausgehalten und es war mir nicht mal bewusst. Bis ich wütend wurde."

Sie reden über ihre freie Zeit ohne Pläne und darüber, wie sie es genießt, allein zu sein. Betty beschreibt, wie sie gerne in Cafés sitzt und Leute anschaut – und sie läuft. Ihre Angst, allein zu bleiben, begleitet sie. Langsam füllt sich ihr Schnelle-Hilfe-Koffer. Kaffee trinken, Yoga, lesen und Leute angucken sind dazugekommen. Dinge, die sie erst jetzt wiederentdeckt hat.

Im vierten Gespräch unterhalten sie sich übers Reisen. Charlotte erzählt ein bisschen von ihren Reisen allein und mit Max, als er klein war. Allein reisen sei für sie unvorstellbar, meint Betty. Sie denkt aber darüber nach, mit einer Freundin ans Meer zu fahren.

„Das habe ich noch nie gemacht, ohne Mann", überlegt sie.

Beiläufig fragt Charlotte sie nach der Wut.

Betty schaut sie überrascht an: „Die ist weg. Wirklich, wie weggeblasen." Ungläubig schüttelt sie den Kopf.

Die Abstände zwischen den Gesprächen werden größer. Betty will dranbleiben. Die Übungen helfen ihr. Manchmal redet sie über ihre Erkenntnisse, über das, was ihr wichtig ist, und über ihre Ziele. Den größten Teil des Prozesses geht sie allein. Sie sagt, der Gelöst! Prozess mit den ganzen Übungen forme den Weg. Die Gespräche mit Charlotte sind die Pausen, in denen die Seele nachkommen kann.

Beim nächsten Mal kommt sie erholt und gut gelaunt aus dem Urlaub zurück. Sie war mit ihrer Freundin über den Jahreswechsel auf den Kanaren.

„Zum ersten Mal konnte ich die Sonnenwende sehen", erzählt sie aufgeregt. „Wusstest du, dass man das wirklich sehen kann? – Manchmal habe ich mehrere Stunden allein am Meer gesessen. Ganz bewusst. Ich wollte das Gefühl speichern. Von unserem Tal auf La Gomera konnte ich den El Hierro sehen. Zuerst ging die Sonne hinter der Insel unter. Dann ist sie jeden Tag ein Stück weitergewandert, bis sie schließlich neben der Insel im Meer verschwunden ist. Und dann wanderte sie jeden Tag wieder ein kleines Stück zurück und ging wieder hinter der Insel unter. So etwas habe ich noch nie gesehen – und ich habe mir auch noch nie Zeit genommen, jeden Abend am selben Ort zu sein, zu schauen und den Moment zu erleben. Krass, was da für Gedanken und Gefühle kommen. – Hast du nicht mal gesagt, alles gehört zusammen? Das habe ich auch gespürt." Betty klingt bei dem letzten Satz gerührt und muss schlucken.

„Ich denke oft daran", redet sie leise weiter. „Dann kann ich die Ruhe und Weite richtig fühlen. In mir. In meinem Schnelle-Hilfe-Koffer steht es ganz oben. Vielleicht brauche ich ihn ja mal wieder." Sie lacht.

Charlotte sieht ihr an, wie sie ihre freie Zeit genießt. Auch ohne Partner. Etwas verändert sich. Betty beginnt zu vertrauen.

„Was soll schon passieren? So schlecht bin ich nicht, ich werde schon jemanden treffen. Vielleicht ja mal den Richtigen. – Und wenn nicht, geht es mir auch gut. Das sehe ich ja jetzt. Auch das Ding mit der Achtsamkeit hilft. Im Moment sein. Jetzt weiß ich, was damit gemeint ist. Das ist wirklich ein Weg. Es gibt dem Leben irgendwie eine andere Qualität. Es wird länger, weil ich die Momente bewusster erlebe. Schon cool. Eigentlich ist Achtsamkeit eine lebensverlängernde Maßnahme."

Charlotte sagt nur noch wenig. Sie lachen viel.

Einmal verabreden sie sich für drei Stunden. Sie wollen sich Bettys gesamte bisherige Lebenslinie anschauen. So könnte sie sich bewusst machen, welche Ressourcen sie in den einzelnen Phasen ihres Lebens erworben hat und was ihr in schwierigen Zeiten geholfen hat.

„Vielleicht hilft es auch, manches besser zu verstehen. Ich habe oft erlebt, dass das sehr versöhnlich wirkt. Ich freue mich jedes Mal, wenn Menschen erstaunt vor ihrer Lebenslinie stehen, die sie mit bunten Kärtchen auf dem Boden gelegt haben. Sie bekommen einen freundlichen,

manchmal achtungsvollen Blick auf sich selbst und können auch schwierige Zeiten integrieren. Manchmal schließen sie Frieden mit Situationen, mit denen sie lange gehadert haben", erzählt Charlotte über die Lebenslinienarbeit.

So geht es dann auch Betty mit ihrer Lebenslinie. Sie hat sich früh Sorgen um ihre Mutter gemacht, deren Ehe nicht einfach war. Als Betty sich erinnert, wie einmal eine der Freundinnen ihres Vaters ein Halstuch ihrer Mutter getragen hat, wird sie wütend und ballt ihre Hand zur Faust. Diese Faust hat Charlotte schon einmal gesehen – als Betty ihr gezeigt hat, wo sie die Wut in ihrem Körper spürt. Jetzt hat sie dabei Tränen in den Augen.

„Meine Mutter hat nie etwas gesagt", sagt sie leise.

Charlotte fragt sie, ob das dieselbe Wut ist, von der sie am Anfang ihrer Gespräche gesprochen hat.

Betty sieht sie an: „Ich glaube schon." Sie nickt bekräftigend und sagt dann ganz klar: „Ja, das ist dieselbe Wut. Und sie schützt mich vor Traurigkeit."

Charlotte fragt weiter. Was ihr damals geholfen hätte, will sie wissen.

Betty weiß es sofort. „Wenn ich etwas hätte sagen können. Oder meine Mutter. Ich konnte nichts sagen."

„Nein, du warst ein Kind."

„Meine Mutter hat alles ausgehalten. Sie hat nie Grenzen gesetzt."

„Die Wut zeigt Grenzen."

Betty nickt. „Dafür war meine Wut da. Übrigens hat sie

sich verändert", fügt sie hinzu. „Ich nenne sie jetzt immer ‚kleiner roter Teufel'." Sie lächelt traurig. „Vielleicht brauche ich sie bald nicht mehr."

„Oder vielleicht anders", ergänzt Charlotte.

Am Ende steht Betty wie viele andere staunend vor ihrer Lebenslinie.

Sie erzählt auch, dass sie inzwischen einen neuen Freund hat.

„Ich bin zum ersten Mal ruhig, es fühlt sich richtig an. Manchmal bin ich noch unfair." Sie meint, das Wort träfe besser zu als Wut. Und sie hat mit ihrem Freund darüber geredet.

„Weißt du, was jetzt ganz oben in meinem Schnelle-Hilfe-Koffer steht? Noch vor dem Meer?

Charlotte schaut sie gespannt an.

„Danke. – Das sage ich zu der Wut, wenn sie wiederkommt. Danke fürs Erinnern, dass ich auf meine Grenzen achten soll. Und sie ist jetzt auch kein roter Teufel mehr, sondern ein Mädchen im roten Kleid, das skeptisch guckt."

Charlotte lacht. Den skeptischen Blick kann sie sich vorstellen, sie hat ihn bei ihr oft gesehen.

Wieder danke, denkt Charlotte auch. Dankbarkeit scheint ein Zeichen für Versöhnung oder innerem Frieden oder von beidem zu sein.

In großen Abständen treffen sie sich noch einige Male. Die Gelöst! Übungen hatte Betty durchgearbeitet und sie probiert auch die verschiedenen Stabilisierungs- und Vertiefungsübungen aus.

„Tut gut", sagt Betty beim letzten Gespräch. „Ich werde es bestimmt immer mal wieder machen. Um dranzubleiben."

Als Charlotte vom Hafen zurückkehrt, steht Saira schon am Auto. Sie sieht schön aus. Die Haare hat sie an einer Seite zu einem Zopf geflochten. Über ihrer Jeans trägt sie einen kurzen Mantel mit verschiedenfarbigen Knöpfen. Ihren Rucksack hat sie vor sich abgestellt, ihre Augen leuchten und sie lacht über das ganze Gesicht.

Charlotte freut sich, Ravis jüngere Schwester kennenzulernen, und kommt ihr mit einem ebenso fröhlichen Lachen entgegen. Als sie voreinander stehen, zögern sie kurz, dann umarmt Charlotte sie einfach.

„Danke, dass ich mitfahren darf", sagt Saira.

„Ich hab mich auf dich gefreut", antwortet Charlotte. „Schöner Mantel", ergänzt sie, als Saira sich umdreht, um ihren Rucksack zu verstauen und die Applikation auf dem Mantel sichtbar wird.

„Ja, das ist ein Geschenk von Betty."

Die Fahrt mit Betty und Ravi ist Charlotte lebendig in Erinnerung. Als Betty sie fragte, ob sie auch Saira mitnehmen könne, war sie fast ein bisschen aufgeregt, die Schwester des weltoffenen, jungen Mannes kennenzulernen.

Bevor Saira ins Auto steigt, sieht sie sich noch einmal um. Hendrik, der gleich seinen Dienst an der Rezeption anfängt, steht in der Tür und winkt. Sonst ist noch niemand da.

Saira läuft schnell zurück und umarmt ihn. Charlotte winkt auch, sie kennt Hendrik noch von früher.

„Können wir bitte schnell losfahren?", fragt Saira, nachdem sie sich ins Auto gesetzt hat. Sie hat Tränen in den Augen.

Charlotte startet. *Rücklicht defekt*, zeigt das Display an.

Charlotte lächelt zu Saira rüber – die lächelt tapfer unter Tränen zurück.

„Im Handschuhfach liegen Taschentücher", sagt Charlotte und deutet darauf. „Ist dein Praktikum zu Ende?"

Saira nickt und nimmt sich ein Taschentuch aus der Packung. „Nächste Woche fange ich an zu studieren."

„Oh, cool. Wo denn?"

„In Bingen. Umweltschutz."

„Schön. Freust du dich?"

Saira nickt wieder. Weint und lacht dabei und putzt sich ihre Nase. „Ich freue mich wirklich. Aber hier war es auch schön. Na ja, und ich weiß nicht genau, ob es richtig ist, jetzt noch Umweltschutz zu studieren. – Es war wirklich schön hier."

„Ja. Es wäre auch komisch, wenn du nicht traurig wärst. Vielleicht ist die Fahrt weit genug, um dich zu verabschieden. Du fährst ja quer durch Deutschland."

„Ja, das wollte ich so. Ich mag es, an verschiedenen Orten zu sein."

„Ravis Schwester", stellt Charlotte fest.

„Stimmt, wir sind beide gern unterwegs."

„Nur in Bingen gibt es keine Kraniche. Ich habe auf den Routenkarten nachgeschaut."

Gerade passieren sie das Ortseingangsschild von Wustrow. Bettys oranger Koffer leuchtet schon von weitem. Sie sieht erholt aus und die Aprilsonne hat ihre Haut leicht gebräunt.

Charlotte hält an und Saira steigt aus, um Betty zu umarmen. Charlotte beobachtet die beiden.

„Abschiedsschmerz?", fragt Betty.

Saira nickt. „Ist okay."

Betty nickt auch. „Das gehört dazu."

Sie verstaut den Koffer im Kofferraum und fragt Saira mit Verwunderung in der Stimme: „Das ist alles? Dein ganzes Gepäck nach einem Jahr?"

Charlotte hatte sich auch schon über Sairas kleinen Rucksack gewundert, aber nichts gesagt.

„Gibt es nicht ein Lied bei euch?", sagt Saira. „Es reist sich besser mit leichtem Gepäck?"

„Ja, aber wer kann das schon?"

„Ich." Jetzt lacht Saira schon wieder.

Charlotte wartet, bis Betty ihre Jacke ausgezogen und sie auf den Koffer gelegt hat. Sie hatte sie gerade schon bewundert, als sie neben Betty gehalten hat. Offensichtlich auch eine Eigenkreation. Graue Seide und Vlies wurden mit lavendelfarbenen Steppnähten kombiniert. Betty ist wirklich eine Künstlerin, denkt Charlotte, als diese es sich auf der Rückbank gemütlich macht. Dann startet sie den Motor.

Betty und Saira reden vertraut miteinander. Sie berichten Charlotte, dass sie sich ab und zu getroffen haben, auch mit Ravi.

„Wie geht es ihm?", fragt Charlotte.

„Gut. Er hat Liebeskummer."

„Geht es ihm gut oder hat er Liebeskummer?" Betty klingt ein bisschen ungeduldig.

„Beides", sagt Saira ruhig. „Er ist auf seinem Weg und lebt, wie es gut für ihn ist, und er ist traurig wegen des Liebeskummers. Gleichzeitig. Das ist möglich, oder?"

Charlotte fällt erst jetzt auf, wie gut Saira Deutsch spricht.

Und so viel Weisheit liegt schon in ihren Worten. So viel Akzeptanz.

„Warum hat er Liebeskummer? Hat er sich getrennt? Von wem? – Wenn ich das fragen darf. Du weißt ja, ich bin neugierig."

„Marie hat sich von ihm getrennt. Und Yva auch."

„Oh." Das kommt von Charlotte. „Das ist traurig."

„Ja. Er ist traurig, und er akzeptiert es. Aber Ravi ist nicht gut darin, Beziehungen zu beenden. Er sagt, die Liebe bleibt sowieso. Ich glaube, das hilft ihm. Und er hat Sehnsucht nach einer Beziehung. Er wünscht sich eine Familie."

„Liebe Grüße an ihn", sagt Charlotte.

„Ich glaube, er wäre heute auch gern mitgekommen", sagt Betty jetzt. „Er fragt jedes Mal, wie es dir geht, wenn wir uns hören oder schreiben. – Apropos, du hast uns eine Geschichte versprochen."

Charlotte erinnert sich. Sie wollte erzählen, wie sie und Maik sich kennengelernt und wiedergetroffen hatten. Sie hat es schon oft erzählt.

„Ravi ist aber nicht da", sagt sie.

„Wer weiß, wann er mal wieder in Deutschland ist. Er ist schon seit ein paar Monaten in Estland", antwortet Betty.

„Wenn ich darf, würde ich sie auch gerne hören. Ich liebe Liebesgeschichten." Sairas Stimme klingt fast schwärmerisch.

„Im Hamburger Stau, okay?"

„Hoffentlich ist auch Stau", sagt Saira.

„Darauf ist Verlass", sagt Charlotte.

„Hundertprozentig", kommt es fast gleichzeitig von Betty.

„Kraniche!", ruft Saira plötzlich und zeigt auf das Feld auf ihrer Straßenseite.

Charlotte schaut in die Richtung von Sairas Zeigefinger und sieht ungefähr zwanzig Kraniche, die sich dort versammelt haben.

Auch als sie vorbeigefahren sind, ist es noch still im Auto. Als Charlotte kurz zu Saira guckt, sieht sie, dass ihre Augen sich wieder mit Tränen gefüllt haben. Und auch Charlotte ist berührt. Wie immer, wenn sie Kraniche sieht. Bis Lübeck werden sie immer wieder die großen schönen Vögel sehen.

Charlottes Gedanken wandern schon zu Maik. Sie hat Gefallen daran gefunden, im Auto Geschichten zu erzählen und zu hören. Diese kurze Nähe zwischen Menschen. Geschichten, die man sich normalerweise erst nach jahrelanger Bekanntschaft erzählt. Oder nie. Im Auto hört man sich zu. Und diesen beiden will sie gern von sich erzählen.

Mecklenburg, Sommer 1980

Der erste Urlaub ohne Eltern: Charlotte ist mit drei Freundinnen auf Fahrradtour durch Mecklenburg. Sie haben ein Zelt mit und es gibt einen Wohnwagen am See, der dem Betrieb gehört, in dem Charlottes Mutter arbeitet. Dort wollen sie eine Woche bleiben. Nicht weit von zu Hause entfernt, aber sie ist unterwegs.

Räder packen, Tourenziele ausdenken, Zelt aufbauen, Proviant mitnehmen. Jede von ihnen hat ein paar Konserven eingepackt, Mortadella und Leberwurst für 95 Pfennig. Brot und Gemüse kaufen sie unterwegs. An den

Alleen sind auch die Klaräpfel schon reif. Nicht weit vom Zeltplatz entdecken sie eine Himbeerhecke. Die hängt so voller reifer Himbeeren, dass sie die ganze Woche davon naschen können.

Gleich am ersten Tag hat Charlottes Fahrrad einen Platten. Ein Stück Glas im Vorderreifen. Zum Glück haben sie den Zeltplatz schon erreicht, als sie es bemerkt. Sie erinnert sich an die Glasscherben, die kurz vor dem Zeltplatz auf der Straße gelegen haben und denen sie ausgewichen ist. Offensichtlich nicht weit genug.Sie versucht, das Rad auszubauen. Ein bisschen Werkzeug haben sie mitgenommen, aber die Radmutter ist zu fest. Einer der drei Jungs, die gerade ihre Fahrräder abgestellt haben, kommt zu ihnen herüber und fragt, ob sie Hilfe bräuchten. „Wir kriegen das Rad nicht ab“, erklärt Charlotte ihm. Der Junge versucht es – auch ohne Erfolg.

„Habt ihr 'n bisschen Öl?“

Charlotte holt ihr Fläschchen Sonnenöl und gibt es dem Stoppelhaarigen.

„So, jetzt müssen wir kurz warten“, sagt er, nachdem er das Öl auf das Gewinde geschmiert hat.

In der Wartezeit stellt er sich höflich vor. Maik. Seine Freunde heißen Deetzi und Markus. Während sie warten, haben sie schnell erzählt, dass sie aus Berlin kommen. Sie haben sich ein Tandem gebaut und einen Anhänger daran gehängt. Mit dem Tandem und einem weiteren Fahrrad wollen sie fahren so weit sie kommen. Jede Nacht wollen sie ihre Zelte an einem anderen Ort aufbauen. Aber jetzt ist ein Sattel abgebrochen und sie suchen jemanden, der ihnen den Sattel anschweißen kann.

„Gelöst", sagt Maik und strahlt. Ganz leicht schraubt er das Rad jetzt ab. Geübt und konzentriert flickt er den Schlauch.

Charlotte sinniert über sein „Gelöst". So oft hat sie dieses Wort schon gedacht oder gesagt. „Gelöst" mit Haken dran. Problem gelöst. Stimmt, denkt sie, gelöst heißt auch etwas lösen, eine Schraubenmutter zum Beispiel. Ein bisschen Öl, ein bisschen warten und dann geht es fast von allein. So ist es eigentlich mit vielen Problemen. Schönes Wort. Die Lösung steckt schon im Wort. Bevor sie sich weiter in ihren Gedanken verlieren kann, ist Maik schon fertig.

Die Berliner Jungs bleiben auch, nachdem das Fahrrad längst repariert ist. Jeden Morgen stehen sie nun vor dem Zelt der Mädchen mit einer Tüte frischer Brötchen. Charlotte und ihre Freundinnen können so ein schönes Frühstück machen. Jeden Morgen arrangieren sie alles auf einer Decke am See: frischen Tee von der Pfefferminze, die dort wächst, selbst gepflückte Himbeeren, Mortadella aus der Dose, Erdbeermarmelade von ihren Müttern und Löwenzahnhonig, den Charlotte und Tine, Charlottes Freundin seit der ersten Klasse, selbst gekocht haben. Aus 200 Löwenzahnblüten, wie es im Rezept steht. Sie haben sie auf der Wiese vor ihrem Häuserblock gepflückt. Charlotte hat jetzt noch davon braune Flecken an den Händen. Die Jungs aus

Berlin wissen nicht, dass Löwenzahn braune Flecken an den Händen macht, und sie haben keine Ahnung, wie Pfefferminze aussieht.

Charlotte ist gern mit den Jungs zusammen. Sie sind so anders mit ihrem schnoddrigen Berliner Dialekt, cool und irgendwie auch schüchtern. Markus, der Schöne mit den langen Locken, ist eher ruhig und zurückhaltend. Deetzi mit seinen Sommersprossen und den roten Haaren sieht am frechsten aus. Er könnte direkt einem Erich-Kästner-Roman entsprungen sein. Maik trägt ordentliche Hemden, er lacht viel und organisiert alles. Er besorgt Schweißer für das Fahrrad, und er ist es, der morgens zum Bäcker fährt und mit den Brötchen vor dem Zelt wartet. Die Schule haben sie gerade beendet. Irgendetwas an den Mecklenburger Mädchen, die Gedichte lesen, Löwenzahnhonig herstellen und aus den Pflanzen, die sie am Weg finden, Tee kochen, scheint sie zu beeindrucken. Für die Jungs aus Berlin Mitte ist das alles Unkraut.

Charlotte, die nur Einsen schreibt, ist fasziniert von diesen Jungs, die keine Lust mehr haben, zur Schule zu gehen, aber Fahrräder bauen können. Sie reden so selbstverständlich über die Straßen von Berlin, über Straßenbahnlinien und U-Bahnhöfe, wenn sie sich gegenseitig erinnern, wo sie die Teile für ihre Fahrräder zusammengesammelt, auf Schrottplätzen gefunden oder manchmal auch gekauft haben.

Die Jungs erzählen auch, wie sie immer wieder von den-

selben Polizisten an derselben Brücke angehalten wurden, wenn sie von ihren Besorgungstouren kamen und nach Hause radelten. Sie wohnen am Karlsplatz, dicht an der Berliner Mauer und müssen den Polizisten, die sie längst kannten, jeden Tag wieder ihre Ausweise zeigen.

„Am Karlsplatz?", fragt Charlotte ungläubig. „Ist das der Karlsplatz mit der Pappel?"

Die Jungs schauen sich verwundert an und zucken mit den Schultern.

„Ick globe, da steht'n Boom", meint einer.

„Ist das der Karlsplatz aus dem Gedicht?"

Die Jungs wissen nicht, was Charlotte meint. Als Kind hatte sie in der Schule das Gedicht von Bertolt Brecht gelernt. Und sie musste weinen, als sie es vor der Klasse aufgesagt hatte.

„Eine Pappel steht am Karlsplatz,
Mitten in der Trümmerstadt Berlin",
rezitiert Charlotte die ersten beiden Zeilen.

Die Berliner schauen sie an. „Kannst du das noch weiter?", fragt Maik.

Ein bisschen verschämt fährt Charlotte fort:

„Und wenn die Leute gehen über den Karlsplatz,
Sehen sie ihr freundlich Grün.
Denn im Winter sechsundvierzig
Fror'n die Menschen und das Holz war rar.
Und es fieln da viele Bäume
und es ward ihr letztes Jahr.

Doch die Pappel dort am Karlsplatz

Zeigt uns heute noch ihr grünes Blatt."

Charlotte kommen wieder die Tränen. O nein, denkt sie, immer noch. Warum hat sie auch einfach angefangen, das Gedicht aufzusagen? Sie hat sich nichts dabei gedacht, sie machen das manchmal, Charlotte und ihre Freundinnen, wenn einer von ihnen ein Zitat oder ein Gedicht einfällt, das gerade passt. Jetzt ist es zu spät. Charlotte schluckt und spricht zu Ende:

„Seid bedankt, Anwohner vom Karlsplatz,

Daß man sie noch immer hat." [4]

Deetzi und Markus nehmen einen Schluck aus ihren Bierflaschen, Maik schluckt auch, ohne Bier.

„'46 gab's ja auch die große Hungersnot und Kälte in Berlin, da wurden alle Bäume abgeholzt", sagt er.

„Unser Geschichtsprofessor", feixen die beiden anderen.

„Wollen wir über den See schwimmen?", fragt Maik schnell.

Charlotte ist als Erste im Wasser. Ist wohl ein anderer Karlsplatz, wahrscheinlich in Westberlin, denkt sie noch.

Tagsüber radeln sie zusammen durch die Gegend. Zu alten Schlössern, tausend Jahre alten Eichen und zu versteckten, kleinen Badeseen. Meistens fahren Charlotte und Maik zusammen Tandem. Charlotte hat immer so ein geborgenes Gefühl im Bauch, wenn Maik ihr erklärt, was sie tun

---

[4] Bertolt Brecht, Die Pappel vom Karlsplatz, 1950

muss. „Eins – zwei – drei“, zählt er, dann soll sie treten, sonst spränge die Kette ab.

Jeden Tag brauchen die Jungs irgendetwas für ihr Tandem, und sie fragen Traktoristen nach Draht oder Werkzeug oder wo sie etwas schweißen lassen können. Bezahlen brauchen sie nie etwas.

Charlotte und ihre Freundinnen entdecken mehr reife Klaräpfel und sie pflücken Kornblumen und Klatschmohn. Abends kochen sie auf ihren Spirituskochern vor dem Zelt oder unten am See Frühkartoffeln oder Nudeln oder sie essen Brot, Mortadella und Himbeeren. Sie gehen baden und fahren ins Kino in die Nachbarstadt. Den Film „Sie nannten ihn Plattfuß“ würden sie sich alle nicht allein ansehen.

Charlotte und Maik fahren auf dem Tandem vor. Damit sie schon Karten kaufen können, hat Maik gesagt. Sie fahren so schnell sie können. Dann warten sie lange auf die anderen.

Maik erzählt Charlotte, wie er manchmal Schüsse hört an der Grenze und dass er im nächsten Jahr abhauen werde. Über die Donau will er nach Jugoslawien schwimmen. Bis dahin trainiere er noch Flossenschwimmen. Das soll aber niemand wissen.

Charlotte denkt an den Moment auf dem Berliner Fernsehturm vor zwei Jahren, als sie die Mauer gesehen hat, die mitten durch die Stadt gezogen worden war. Zum ersten Mal hat sie wirklich **gesehen,** *dass da etwas nicht nur* *zusammengehört, sondern eins ist. Durch diese Mauer ist das, was auf der anderen Mauerseite ist, für sie unerreichbarer als Lateinamerika, wohin sie gerne einmal reisen würde.*

Sie ist damals mit ihrer Familie zum Kaffeetrinken auf den Fernsehturm gewesen. Das war der Höhepunkt ihres Berlinbesuchs. Sie mussten stundenlang unten am Fahrstuhl anstehen, bis sie endlich hochfahren konnten. Die Kugel drehte sich und sie sahen über ganz Berlin. Charlotte ging auf die Toilette und weinte vor Wut und Ohnmacht. Diesen Blick auf die Mauer vergisst sie nicht mehr.

Bevor sie etwas zu Maik sagen kann, kommen die anderen schon. Sie sagt nicht mehr, dass es für sie feige ist, einfach abzuhauen. Dass sie lieber versuchen will, etwas zu verändern. Schade, mit ihm würde sie gern darüber reden. Sie möchte ihm zuhören und ihm auch sagen, was sie denkt. Und sie möchte ihm zuhören. In diesem Moment fühlt Charlotte sich Maik ganz nah, obwohl sie so verschieden denken. Jetzt hätte Maik sie auch küssen können.

Wahrscheinlich will er das gar nicht. Aber irgendwie sorgt er doch immer dafür, dass sie zusammen Tandem fahren können. Vielleicht ist es ja auch nur ein Vorwand, dass es jeden Tag etwas am Tandem zu reparieren gibt? Ein Vorwand dafür, noch hierzubleiben? Aber wahrscheinlich bildet sie sich das alles nur ein. In Berlin gibt es viel interessantere Mädchen, macht Charlotte sich selbst klar. Großstadtmädchen. Aber Charlotte hat dieses Gefühl im Bauch und sie isst auch nicht mehr richtig. Bestimmt wird sie traurig sein, wenn die Jungs weiterfahren. Am nächsten Tag müssen sie sowieso nach Hause.

Ein Glück, dass sie in diesem Sommer noch eine Reise vor sich hat. Nach Ungarn, das wird sie ablenken. Wie sie sich darauf freut! Und dann gibt es ja auch noch Roman, ihren Freund. An den hat sie in den letzten Tagen überhaupt nicht mehr gedacht. Und bei dem hat sie auch nicht dieses kribbelige Gefühl im Bauch wie jetzt bei Maik. Egal, denkt sie, wenn Maik sie küssen würde, dann würde sie sich bestimmt richtig verlieben und morgen wäre er weg. Das wäre schlimm. Aber sie hielte es aus. Wenn er sie doch nur küssen würde! Einen Tag haben sie noch Zeit. Morgen wollen sie alle zusammen zurückfahren. Die Jungs wollen sie begleiten und am nächsten Tag endlich ihre Tour zur Ostsee fortsetzen.

Am nächsten Tag brechen sie gemeinsam auf. Charlotte und Maik auf dem Tandem, Deetzi auf Charlottes Rad. Maik und Charlotte fahren schnell wie nie, es macht ihnen Spaß, täglich neue Rekorde aufzustellen. 53 Kilometer pro Stunde mit Anhänger zeigt das Tacho an.

Die Jungs schlagen ihr Zelt auf der Motorradrennbahn in der Nähe der Stadt auf. Am nächsten Morgen fahren Charlotte und Tine dorthin, um sie zu verabschieden. Charlotte hat ihnen Brote belegt für die Fahrt und Mohrrüben aus dem Garten mitgebracht. Maik verspricht zu schreiben und zu berichten, wie weit sie kommen. Zum Abschied geben sie sich die Hand.

„Juhu, ein Stau!" Saira reißt Charlotte aus ihren Gedanken.

Charlotte sieht die Bremslichter und schaltet die Warnblinker an. Hamburg. Auf diesen Stau ist wirklich Verlass.

Saira hält ihr ihr Handy hin und zeigt aufs Display. Die A 1 ist eine lange rote Linie.

„Geschichtenzeit. – So, Charlotte, wie war das mit dir und Maik?"

Charlotte lässt sich nicht lange bitten. Ihre Gedanken sind sowieso schon bei der Geschichte. Aber dann hat sie doch noch eine Idee.

„Sollen wir beim Mühlenbäcker Pause machen? Und, Saira, wann musst du eigentlich wo sein?"

„Ich habe Zeit. Ich sage meiner Freundin Bescheid, dass es spät wird. In der ersten Zeit wollte ich bei ihr wohnen, bis ich ein Zimmer gefunden habe."

„Falls es zu spät wird, kommst du mit zu mir und fährst morgen weiter."

Betty ist auch für eine Pause. „Ist ja schon irgendwie ein Ritual. Ehrlich gesagt habe ich extra deswegen vorher nichts gegessen."

Sie suchen sich den gemütlichsten Tisch. Cappuccino, Stullen, Franzbrötchen, Tee ... der Tisch sieht nach Party aus.

Betty zieht die Schuhe aus, legt die Füße auf den freien Stuhl und wickelt sich in eine der roten Decken ein, die über den Stuhllehnen hängen.

„Es waren einmal vier Mecklenburger Schulmädchen ...“

Charlotte hat zwei interessierte Zuhörerinnen, und als sie aufhört zu reden, scheinen beide von weither zurückzukommen.

„Und wie geht’s weiter?“, fragt Betty sofort.

„Maik hat wirklich noch geschrieben, dann haben wir uns aus den Augen verloren.“

„Ist er über die Donau geschwommen?“

„Ja, aber da hatten wir schon keinen Kontakt mehr. Natürlich nicht. Ich glaube, das wäre nicht lustig für mich gewesen.“

„Und dann?“ Das kommt von beiden gleichzeitig.

„Dann habe ich ihn vergessen. Dreißig Jahre lang. Ich bekam ein Kind, war verheiratet, geschieden, und ich habe unter der Trennung gelitten. Und dann hatte ich genug getrauert. Ich kann mich noch genau erinnern, wie ich zu meiner Freundin in Dresden gesagt habe: ‚So, jetzt kann wieder was passieren in meinem Leben.‘ – Ein paar Tage danach bekam ich eine Nachricht auf Facebook von einem Maik: ‚Kommst du aus Teterow?‘

Ehrlich gesagt wusste ich erst nicht, wer da geschrieben hat. Seltsamerweise hatte Max mich ein paar Tage vorher, als er vom Fahrradfahren kam, gefragt, ob ich wüsste, was meine Höchstgeschwindigkeit mit dem

Fahrrad wäre. Keine Ahnung, wo das in meinem Gedächtnis versteckt war, aber ich habe wie aus der Pistole geschossen geantwortet: ‚53 km/h mit Tandem und Anhänger.' Ja, und das haben meine Synapsen dann ziemlich schnell verbunden. Wir haben geschrieben. Maik wohnte schon seit langem in NRW, hatte zwei Töchter und war geschieden. Dann haben wir uns kurz vor Silvester in Hamburg getroffen, ich wollte mir dort sowieso eine Chagall-Ausstellung ansehen. Da haben wir endlich den Kuss nachgeholt und ich werde nie vergessen, wie Maik abends, bevor er zurückgefahren ist, gesagt hat: ‚Wenn mir heute Morgen jemand gesagt hätte, dass ich heute Fan von gemalten roten fliegenden Kühen werde, hätte ich ihn für verrückt gehalten.'

Vier Jahre später haben wir am selben Tag geheiratet. – Wollen wir weiterfahren?"

Sie reihen sich ein in die Autoschlange. Im Schritttempo geht es voran. Charlotte hängt ihren Gedanken nach und auch Betty und Saira bleiben still.

Saira ist die Erste, die wieder etwas sagt: „Dein Mann ist über die Donau geschwommen? Warum?"

„Er und sein Freund wollten nach Jugoslawien kommen. Von Rumänien aus über die Donau. Dort konnte man in die deutsche Botschaft gehen und dann nach Westdeutschland ausreisen. Bis nach Jugoslawien haben sie es auch geschafft. Was sie nicht wussten, war, dass sich die politischen Bedingungen in Jugoslawien geändert hatten, nachdem Präsident Tito gestorben war. Die Jungs wurden aufgegriffen und zurück nach Rumänien abgeschoben. Vom rumänischen Gefängnis wurden sie wieder in die DDR gebracht und nach einem Jahr Gefängnis freigekauft. Seitdem lebt Maik in NRW.

Ich habe sein Tagebuch von der Flucht gelesen – unglaublich, dass sie das geschafft haben. Er war siebzehn und hat sein Leben riskiert. Was sie für eine Angst gehabt haben müssen. Welche Kräfte man freisetzen kann, wenn man etwas wirklich will. Ich war in dem Jahr auch in Ungarn. Die Donau führte Hochwasser, der Wasserstand lag fünf Meter über Normalhöhe. Die Donau ist dort ohnehin bestimmt zwei Kilometer breit, dazu kam die reißende Strömung. Im Wasser trieben Balken und ganze Bäume und die Grenzpatrouillen fuhren den Fluss auf und ab. Die beiden warteten vorher stundenlang unter einer Brücke und haben die Abstände zwischen den Patrouillen gemessen. Sie sind die ganze Nacht geschwommen. Dabei durften sie ja die Wasseroberfläche so wenig wie möglich bewegen. Sie haben lange dafür trainiert."

„Eine Fluchtgeschichte", sagt Saira.

„Haben das viele gemacht?", fragt Betty.

„Weiß nicht. Es gibt ja die abenteuerlichsten Fluchtgeschichten. In jeder Zeit. Nur wenige sind bekannt, glaube ich."

„Hat Maik das mal veröffentlicht?"

„Nein, sein Tagebuch haben vielleicht zwei oder drei Menschen gelesen. Er schreibt eigentlich nie. Im Gefängnis hatte er Zeit. Und er musste es wohl loswerden. – Wie unterschiedlich wir den Sommer '81 erlebt haben. Wir waren beide in Budapest, wir hätten uns treffen können. Maiks Flucht begann eigentlich in Budapest. Jeden Tag fanden sie dort neue Wege, um ihre ungarischen Forint gegen ein paar Westmark einzutauschen. Das war sehr klug. Ohne das Westgeld wären sie im rumänischen Gefängnis verhungert. In dem Tagebuch habe ich gelesen, dass sie bei einem kostenlosen Konzert von Omega waren, das war damals eine sehr populäre ungarische Rockband. Bei dem Konzert waren meine Freundin und ich auch. Kurz vor der eigentlichen Flucht bricht das Tagebuch ab. Unglaublich, so viel Angst und so viel Mut gleichzeitig. Wir können wirklich alles schaffen, wenn wir wichtige persönliche Ziele haben."

„Krass!", rufen Betty und Saira fast gleichzeitig.

„Ja. Für uns beide haben sich damals Lebenswege entschieden."

„Für euch beide?", fragt Betty.

„Ja, es muss sogar fast derselbe Tag gewesen sein, das haben Maik und ich mal herausgefunden. Nur meine Geschichte war vergnüglicher. Es war auch nur ein Tag, eine

Begegnung. Sonst gäbe es wahrscheinlich heute Charlottes Coaching Car nicht – obwohl es ja alles andere als ein Coaching Car ist, eher Charlottes Geschichtenauto."

„Können wir denn diese Geschichte auch noch hören?", fragt Betty.

„Ich hab einen Mann getroffen, bin mit ihm spazieren gegangen und er hat mir gesagt, dass ich Psychologie studieren soll. Das habe ich gemacht. That's it."

Charlottes Gedanken brauchen nur eine Schublade weiterwandern, dieselbe Zeit, derselbe Ort, eine komplett andere Stimmung.

Budapest, Juli 1981

Charlotte trägt ihr weißes Lieblingskleid mit großen, aufgedruckten Blumen und einem tiefen Rückenausschnitt und sie will es nicht beklecken. Sie sitzt auf dem Rand eines kleinen Springbrunnens im Burgviertel und versucht, ihr Stück Melone über das Wasser zu halten, während sie isst. Es ist nicht so einfach, den Saft nicht auf ihr Kleid tropfen zu lassen. Mit spitzen Fingern schiebt sie es hoch, damit es sauber bleibt. Charlottes Hände sind klebrig und halten die Melone. Sanna, ihrer Freundin, die neben ihr ebenfalls versucht, ein Stück Melone ohne kleckern zu essen, ergeht es nicht besser. Sie sehen sich an und müssen lachen. Auf der anderen Seite des Brunnens lacht auch jemand. Charlotte blickt hinüber in ein unglaublich schönes Gesicht. Der junge Mann muss sie schon eine Weile beobachtet haben. Alles an ihm ist schön: Er ist groß, schlank und braun gebrannt, hat warme dunkle Augen, einen weichen großen Mund und schwarze halblange Haare. Jetzt kommt er zu ihnen herüber.

„May I help you?"

Er hält das Melonenstück, damit Charlotte sich die Hände waschen kann. Dann setzt er sich zu ihr. Es ist Charlotte gar nicht unangenehm, dass er neben ihr sitzt und zusieht. Sie bricht ihr Melonenstück in zwei und gibt ihm eins. Bobo, so hat er sich vorgestellt, kommt aus Jugoslawien. „Aus Kroatien", fügt er hinzu. Charlotte erinnert sich, im Geografieunterricht die einzelnen Gebiete von Jugoslawien gelernt zu haben. Sie kann sich Kroatien auf der Landkarte vorstellen. Am Abend wollen Bobo und sein Freund nach Moskau weiterfahren. Charlotte hat gar nicht darauf geachtet, dass er nicht allein ist. Sie hat auch Sanna vergessen. Sanna hat wohl bemerkt, dass hier etwas geschieht, wobei sie nicht stören soll. Sie unterhält sich mit George, Bobos Freund. Als sie zusammen losgehen, nimmt Bobo Charlottes Hand, einfach so. Sie wundert sich nicht einmal darüber.

Den ganzen Tag laufen sie durch Budapest, über die Brücken und durch die Straßen. Und Charlotte redet. Sie redet und redet in ihrem Schulenglisch. Sie weiß, dass es ganz gut ist, aber sie weiß auch, dass es nur Schulenglisch ist. Gelernt und erprobt in einem Klassenraum, nie in einem englischsprachigen Land. Ihr Englischlehrer ist während des Zweiten Weltkrieges in englischer Kriegsgefangenschaft gewesen. Er erzählt gerne Geschichten. Dabei vergisst er manchmal, dass er Lehrer ist, und viele Schüler lachen und verstehen ihn nicht. Aber Charlotte wartet immer darauf, dass er mal wieder den Lehrplan vergisst. So lernt sie wenigstens ein bisschen Umgangssprache. Außerhalb der Schule gibt es keine Gelegenheit, englisch zu reden, außer in Ungarn. Jetzt. Hier in Budapest, mit diesem jungen Mann, den sie vor ein paar Stunden noch nicht gekannt hat und mit dem sie jetzt so seltsam vertraut ist. Es ist ihr egal, ob sie Fehler macht. Sie weiß nicht, woher die Worte kommen, die aus ihr heraussprudeln. Sie erzählt Bobo von sich, von der Schule und von dem Ärger, den sie hatten, weil sie einen Brief an den Bischof geschrieben haben. Alle ihre Freunde. Sie wollen, dass die Wehrdienstverweigerer einen Zivildienst leisten dürfen, statt im Gefängnis eine Strafe abzusitzen. Unterschriftensammlungen sind verboten. Darum mussten sie jeder einen Brief schreiben. Erst wenn der Bischof mindestens 10.000 Briefe bekommt, kann er sich bei der Regierung dafür einsetzen. Sie erzählt ihm auch von ihrer Familie, von der Angst ihrer Eltern und darüber, wie wütend sie das macht und wie sie sich manchmal mit ihren Eltern stritt. Diese verfluchte Angst überall! Angst davor, dass die Nachbarn reden, Angst vor der Stasi, Angst vor Ärger im Betrieb, Angst davor, dass Charlotte sich ihre Zukunft verbaut. Dabei hat sie nur Einsen auf dem Zeugnis. Charlotte erzählt auch von der Ostsee und den Familienurlauben dort, von den vielen schönen Spielen, die sich ihr Vater für sie und ihren Bruder ausgedacht hat, und darüber, wie sie als Kinder barfuß durch den Regen gelaufen sind. Und auch davon, dass sie nicht weiß, was sie studieren wolle, und dass sie sich noch in diesem Sommer bewerben müsse. Früher wollte sie Lehrerin werden und den Kindern beibringen, mutig zu sein und das zu sagen und zu tun, was sie für richtig hielten. Aber sie hat den Stimmeignungstest nicht bestanden. Vieles interessiert sie: Sprachen, Mathematik und Literatur, Menschen, Kunst und Musik. Die Worte kommen einfach aus ihr heraus. Sie ist ganz sicher, dass Bobo alles versteht, jeden Satz ihres Kauderwelsch. Jedes Wort, und auch das, was sie nicht sagt, und das, was sie nicht einmal weiß.

Sie halten sich fest an den Händen und gehen immer weiter, den ganzen Tag. Bobo studiert Maschinenbau, sein Vater ist Psychologieprofessor an der Universität in Zagreb. Sein Englisch ist perfekt. Er ist schon überall auf der Welt gewesen. Aber so viel redet Bobo nicht, meistens hört er zu. Nur ab und zu fragt er etwas. Manchmal sieht Charlotte Bobo an, in den Atempausen, bevor neue Worte aus ihrem Mund sprudeln. Dann blickt er ihr ins Gesicht, ruhig und sehr freundlich. Und sein Blick macht, dass sie immer weiterredet. Einmal bleibt Bobo stehen, auf der Margare-

tenbrücke. Er gibt Charlotte eine Münze und nimmt sich selbst auch eine.

„Wünsch dir was", sagt er. Dann schließt er die Augen und wirft seine Münze in die Donau. Charlotte tut dasselbe.

Bobo will weitergehen, aber Charlotte fällt etwas ein. Sie hält Bobo fest. „Wir nehmen den Moment auf", sagt sie auf Deutsch. Sie erinnert sich daran, wie sie es mit Charly gemacht hat. Sie schließt die Augen hört den Straßenlärm, riecht den Geruch der Stadt, fühlt Bobos warme Hand, dann sieht sie sich um. Bobo versteht und macht dasselbe. Dann sehen sie sich an, lachen und setzen ihre Weg ohne Ziel fort. Auf der Margareteninsel setzen sie sich auf eine Bank und Charlotte redet weiter. Über die Bücher, die sie liest, und über Musik. Über ihre Sehnsucht und das Fernweh. Bobo umarmt sie, gerade so fest, dass Charlotte sich sicher fühlt und weitersprechen kann. Immer weiter. Sie redet über Gefühle, über die sie auf Deutsch nicht spräche. Die Distanz, die die englische Sprache schafft, hilft ihr. Bis zum Abend redet sie. Dann gehen sie zum Bahnhof. Bobo und George wollen den Nachtzug nach Moskau erreichen.

Auf dem Weg zum Bahnhof sagt Bobo: „Charlotte, you will become a good psychologist."

Am Bahnhof treffen sie Sanna und George wieder. Sie hatten bemerkt, dass etwas Besonderes passiert zwischen Charlotte und Bobo und sind nach kurzer Zeit ihre eigenen Wege gegangen.

Auf dem Bahnsteig umarmen sie sich. Bobo hält Charlotte lange im Arm und küsst sie ganz sanft und flüchtig auf den Mund. Dann schaut er Charlotte mit seinen tiefen, ruhigen Augen und seinem unendlich freundlichen Blick an.

Als der Zug abfährt, winken George und Bobo aus dem Fenster.

„That's it? Ohne Geschichte?" Betty klingt enttäuscht.

Jetzt mischt sich der Citroën ein: *Niedriger Kraftstofffüllstand.*

„Das sollten wir wohl doch ernst nehmen." Charlotte fährt am Autohof ab und tankt an der nächsten Tankstelle auf. Zurück auf der Autobahn erzählt sie auch noch den Rest der Geschichte von Bobo.

„Eine Sommergeschichte. Ich habe Bobo nie vergessen und lange von ihm geträumt. Nicht romantisch, er ist immer in meinen Träumen aufgetaucht, wenn es etwas zu entscheiden gab. Irgendwann hat das aufgehört."

„Bobo aus Jugoslawien. Und Maik ist vielleicht am selben Tag nach Jugoslawien geschwommen." Saira denkt an die andere Sommergeschichte aus jenem Jahr. An die Fluchtgeschichte. „Menschen auf der Flucht gab es immer."

„Ja. Er hat sich nicht als Flüchtling gefühlt und wurde nie so behandelt. Maik sagt, er war Bundesbürger, und er wollte es sein. Er ist zur Armee gegangen, hat einen Beruf gelernt und studiert."

„Wirst du eigentlich manchmal als Flüchtling betrachtet?", fragt Betty und rutscht auf die andere Seite der Rückbank, um Saira besser sehen zu können.

„Ich werde gefragt, woher ich komme. Das ist okay, ich habe mich daran gewöhnt. Ich habe mich auch daran gewöhnt, dass ich nett sein muss. Wenn du anders aussiehst, lernst du, freundlich zu sein. Das haben mir meine Eltern von klein auf beigebracht. ‚We have to be nice', haben sie immer gesagt. Zum Glück bin ich gerne freundlich. – Betty, hast du auch eine Geschichte?"

„Ach, ich bin froh, dass ich gerade keine Männergeschichte zu erzählen habe. Und Charlotte kennt so viele Geschichten von mir aus unseren Coachinggesprächen. Eigentlich komisch, dass wir hier so im Auto sitzen und ich Geschichten von meiner Coachin höre. Hier bist du einfach Charlotte für mich. Ist das eigentlich okay?"

„Deine letzten Sätze könnte ich genauso wiederholen: Eigentlich komisch, dass wir hier im Auto sitzen und ich meiner Klientin Geschichten von mir erzähle. Hier sind wir einfach Charlotte, Betty und Saira. Ist das eigentlich okay für dich, Betty?" Charlotte schaut sie im Rückspiegel an. Sie bemerkt, wie vertraut diese Begegnung ihrer Blicke im Rückspiegel mittlerweile ist. Sie lachen sich an. Betty geht es wohl genauso.

„Für mich ja."

„Für mich auch."

„Wie ist eigentlich so ein Coaching?", fragt Saira und dreht sich zu Betty um.

Charlotte weiß, dass Betty jetzt erst mal darüber nachdenkt, bevor sie antwortet, und ist neugierig, was sie sagen wird.

„Eigentlich wollte ich meine Wut loswerden, das habe ich nicht geschafft. Ich habe etwas viel Wertvolleres erreicht: Ich habe sie verstanden und jetzt kann ich sie akzeptieren und nutzen. Ich bin sogar dankbar dafür. Ich glaube, mein Coachingprozess hat drei Phasen. – Ist das richtig, Charlotte?"

Charlotte nickt und Betty redet weiter.

„Ich habe meine eigenen Ministrategien, meinen Schnelle-Hilfe-Koffer, zur Soforthilfe sozusagen. Wenn die Wut wiederkommt oder wenn es sonst irgendwie schwierig wird. Davor habe ich keine Angst mehr. Ich kann klarer zu mir stehen, ich weiß, was ich will, und kann das sagen.

Ich habe gelernt, meine Gefühle zu verstehen, zu achten und sie zu integrieren. Und jetzt mache ich weiter, ich festige und vertiefe, was ich für mich erarbeitet habe. Zum Beispiel wenn ich stundenlang allein am Meer sitze. Ich will das ruhige, weite Gefühl ganz tief spüren. Und ich möchte es speichern und aktivieren können, wenn ich es brauche. So mache ich auch meinen Schnelle-Hilfe-Koffer immer wirksamer und zu einem wirklich wertvollen Tool für mich selbst. Er gibt mir das Vertrauen, dass ich mit meinen Gefühlen und allem, was das Leben so bringt, umgehen kann. Ich weiß, dass ich immer etwas tun, denken oder fühlen kann, was mir hilft. Was soll schon passieren? – Und krass, ich wollte meine Wut loswerden, jetzt sage ich ‚Danke', wenn ich sie merke. Dann weiß ich, ich muss mal innehalten und schauen, was los ist. Mich um mich kümmern. ‚Danke' steht ganz oben auf meiner Schnelle-Hilfe-Koffer-Liste. – Kannst du noch was ergänzen, Charlotte?"

„Besser kann man es wohl nicht zusammenfassen. Das war auch für mich schön, Betty. Danke. Am Ende steht das Wort ‚Danke' ganz oben auf deiner Schnelle-Hilfe-Liste. So ein kleines, einfaches, tiefes Wort. Am Ende ist alles wieder einfach. Das denke ich so oft. Es ist so etwas wie ein Prüfkriterium für mich geworden. Das Richtige ist einfach. Und es gibt Wege dorthin. Bettys Weg führt darüber, ihre Gefühle zu verstehen, zu akzeptieren und zu integrieren. Sie handelt – sie denkt – sie fühlt – und sie handelt ... Vielleicht braucht sie irgendwann den Schnelle-Hilfe-Koffer gar nicht mehr, weil aus den Strategien längst eine selbstverständliche Haltung sich selbst gegenüber geworden ist. Und wenn es mal schwierig ist, dann kann sie immer noch darauf zurückgreifen. Was soll ihr schon passieren?" Die letzten Sätze richtet Charlotte an Saira.

„Trefft ihr euch noch?", fragt Saira.

„Ja, in großen Abständen“, sagt Betty. „Zur Stabilisierung. Und zum Auffrischen und inneren Aufräumen. Das werde ich, glaube ich, noch lange machen. Oder immer mal wieder. – Das sollte jeder Mensch tun. Wie Frühjahrsputz oder die Check-ups beim Arzt. – Ich erzähle auch jedem davon, der mich danach fragt, oder manchmal auch, wenn ich nicht gefragt werde. Wir geben für so viel Zeug Geld aus. Meistens, um schön zu sein. Dabei macht innerer Frieden wirklich nachhaltig schön. Ich bekomme oft Komplimente in letzter Zeit. Leute sagen, dass ich strahle oder Gelassenheit ausstrahle. Gelassenheit. Das hätte früher nie jemand gesagt.“

„Cool. Ich hab mir die Gelöst! Website auch angesehen, aber ich habe kein richtiges Problem.“

„Für Charlotte ist das kein Problem.“ Betty lacht. Sie sagt immer, die Lösung braucht kein Problem, stimmts, Charlotte?“

„Stimmt. Die Lösung braucht das Problem nicht. Gleichzeitig kann das Problem Teil der Lösung sein. Oder wir sagen auch, dass Probleme noch nicht erfolgreiche Lösungsversuche sind.“

„Das gefällt mir. – Ich habe wirklich darüber nachgedacht, ob ich auch so ein Coaching mache. Ich glaube, ich käme mit Onlineübungen und ein paar Gesprächen ganz gut klar. Aber ich wüsste nicht so richtig, wofür. – Klar, zum Aufräumen. Dann weiß ich wieder, ob ich auf dem richtigen Weg bin.“

„Ich weiß gar nicht, ob es *den* richtigen Weg gibt: Umwege und Sackgassen können ja auch wichtig sein. Ich finde auch, dass es gut ist, sich immer wieder mal auszurichten, alles einzuordnen, in die eigene Mitte zu kommen."

„Warum machen das nicht alle Menschen? Innerlich aufräumen? Oder einen Schnelle-Hilfe-Koffer packen? Das ist doch so nützlich. – Jeder braucht so etwas."

„Hiermit ernenne ich euch zu meinem Marketingteam", sagt Charlotte und sie alle müssen lachen.

Das Auto ist nicht nur voll mit Geschichten, sondern auch voller Lachen, denkt Charlotte.

„Ich habe übrigens jemanden kennengelernt", sagt Betty unvermittelt. „Darum fahre ich jetzt auch gerne nach Dortmund. Ich weiß noch nicht viel. Wir sind uns beim Joggen begegnet, immer wieder. Jetzt wollen wir uns mal treffen. Ich freue mich und ich bin auch ruhig. Das ist neu. Was soll schon passieren? Maximal bin ich ein bisschen traurig. Ich probiere es einfach aus. Langsam. Es ist das erste Mal, dass ich eigentlich keinen Mann treffen wollte. Es geht mir gut allein. Ein bisschen aufgeregt bin ich doch."

„Saira, hast du eigentlich einen Freund oder eine Freundin?", fragt Charlotte und wirft ihr einen kurzen Seitenblick zu.

„Du meinst eine Liebesbeziehung? – Nein. Irgendwie bin ich in Liebe mit der Welt."

„Darum Umweltschutz?", fragt Charlotte weiter.

Saira nickt.

„Schließt denn das eine das andere aus?"

„Ich weiß nicht. Nein, natürlich nicht. Ich war auch schon manchmal verliebt, aber für eine Beziehung hat es nie gereicht oder es hat sich noch nicht ergeben."

„Du hattest noch nie eine Beziehung?" Bettys Neugier ist jetzt komplett geweckt.

„Nein." Saira sagt es leichthin, als ob sie eine Süßigkeit ablehnen würde. „Aber ich glaube nicht, dass ich asexuell bin, falls du das wissen möchtest. Man kann ja auch mit sich alleine Spaß haben. Es ist nur nicht das Wichtigste. Mir geht es gut und da bin ich wirklich entspannt. Ich hoffe, ich habe Zeit. Und wie gesagt, es gibt Wichtigeres."

Betty ist für eine Weile ruhig. Jetzt wechselt Charlotte mit Saira einen vertrauten, freundlichen Blick.

Dann meldet sich Betty doch zu Wort. Charlotte hat irgendwie schon darauf gewartet. „Du hast mal gesagt, Charlotte, oder Ravi, ich weiß nicht mehr: Es gibt so viele Wege, um ein erfülltes, glückliches Leben zu leben. Langsam verstehe ich. Es ist, als ob meine Scheuklappen weg sind und plötzlich die ganze Schönheit des Lebens vor mir liegt. So lange war ich nur auf dieses Thema Beziehung und Männer fixiert. In diesem Auto fliegen wirklich schon viele gewichtige Sätze umher. Mannomann. Hier ist irgendwie der Platz dafür. Was machst du mit den ganzen Sätzen und Geschichten, wenn das Auto mal stirbt?"

„Sie schreibt sie auf“, sagt Saira.

Es ist fast 17 Uhr und Charlotte hält an der Haltezone des Dortmunder Bahnhofes. Saira hat noch bequem Zeit, um nach Bingen zu kommen. Sie steigen alle drei aus und umarmen sich kurz. Der Abschied geht schnell, wie immer. Betty läuft zurück zum Auto und kommt mit drei „Was bleibt“-Karten wieder. Sie weiß, dass sie im Handschuhfach liegen.

„Also?“, fragt sie.

„Coaching zum Aufräumen. Die Lösung braucht das Problem nicht“, sagt Saira.

„Das Richtige ist einfach“, sagt Betty.

„Was mache ich mit den vielen Geschichten und guten Sätzen, wenn mein Citroën stirbt?“, sagt Charlotte.

Saira lächelt und dreht sich dann um, um zum Bahnsteig zu laufen.

„Einen guten Start, Saira!“, ruft sie der jungen Frau mit dem bunten Mantel und dem schwarzen geflochtenen Seitenzopf noch hinterher. „Und viel Glück, Betty“, sagt sie zu Betty gewandt, bevor sie wieder ins Auto steigt.

Auf dieser Fahrt ist Charlotte Beifahrerin.
Zusammen mit den Gelöst! Coaches
Bea und Steffi träumt sie.
Wie aus Visionen Pläne werden.
Wovon Charlotte und Maik träumen.

STELL DIR VOR, ES GESCHIEHT EIN WUNDER

Bea und Steffi, Ende April 2023

Der Citroën zeigt sich von seiner besten Seite. Anstandslos und voll beladen fährt er los. Fast liebevoll denkt Charlotte daran, wie ihr Auto wieder und wieder die weite Strecke fährt.

„Könnt ihr so sitzen?“, fragt sie nach hinten, wo Steffi und Bea sich die Rückbank teilen.

„Alles klar“, kommt zurück.

Die Sonne ist gerade aufgegangen. Sie steht noch ganz tief und sie fahren ihr genau entgegen, Richtung Osten. Charlotte und Maik klappen die Sonnenblenden herunter.

Für Bea, Steffi und Charlotte ist es spät geworden gestern Abend. Aber heute haben sie einen Fahrer. Maik ist früher als sie aufgestanden und hat sogar schon Stullen geschmiert. Er mag es, beim Fahren ein vorbereitetes Picknick zu essen, und er kümmert sich gern und genießt es auch ein bisschen, wenn das gesehen wird und andere sich freuen. Und er unterstützt Charlotte gern, überhaupt und in dem, was sie tut. Charlotte hat Glück mit Maik. Maik mit Charlotte auch, denkt sie und lächelt in sich hinein.

Bea und Steffi sind Gelöst! Coaches. Sie haben sich bei der Ausbildung kennengelernt und sind inzwischen gut befreundet. Charlotte und Bea haben sich gestern getroffen, um einen Gelöst! Workshop für Menschen mit traumatischen Erfahrungen und deren Angehörige vorzubereiten.

Bea hat viele Menschen in Katastrophengebieten und akuten Notfallsituationen begleitet. Ihr liegt ebenso wie Charlotte viel daran, dass das Thema Trauma nicht mehr tabuisiert wird, sondern dass Menschen sich in der Lage fühlen, diesem Thema zu begegnen. Sie haben gestern lange darüber geredet, ob Gelöst! Traumacoach eine legitime Vertiefung ist. Ihnen ist bewusst, dass es unter ihren Traumatherapeuten-Kolleginnen dazu viel Skepsis gibt und sie verstehen die Gründe. Trotzdem, das Thema gehört in unsere Welt. Auch Krankheit, Tod und Verlust sind Teil unseres Leben. Es gibt Krieg und Gewalt, Flucht und individuelle Erfahrungen. Erfahrungen, die überfordern und traumatisch wirken können – und die integriert und bewältigt werden können. Dieses Thema braucht Aufklärung, darin sind sich Bea und Charlotte einig. Nachdem sie ihre Haltung ausgetauscht und formuliert haben, ging es ganz leicht, mit Hilfe des Gelöst!

Modells Angebote zu entwickeln, die einen normalen, respektvollen und integrierenden Umgang mit schwierigen Erfahrungen unterstützen. Als Steffi am Abend dazukam, waren Charlotte und Bea noch ganz erfüllt von ihren Ergebnissen, und es war schön, ihr davon zu berichten.

Charlotte ist immer noch erfüllt davon – und dankbar. Dankbar für Gelöst!, dankbar für diese engagierten Coaches, die den Wert des Konzepts verstehen und weitertragen, dankbar für das fröhliche Treffen gestern Abend und dankbar dafür, dass sie jetzt zusammen im Auto sitzen.

Heute Morgen ist von der Fröhlichkeit von gestern Abend noch nichts zu spüren. Es ist früh und gestern war für alle ein langer Tag. Steffi kam von ihrer Dienstreise aus Dortmund und hat den Besuch bei ihrer Freundin in Münster extra um einen Tag verkürzt, um sich mit ihren Gelöst! Kolleginnen treffen zu können. „Businessdinner" hätte man das in ihrer Firma genannt, meinte sie. Das Wort passte aber irgendwie gar nicht zu dem gestrigen Abend. Es gab Brot und Dips, Gemüse, Oliven und Wein. Nach Arbeit fühlte es sich nicht an, als sie Visionen ausgetauscht und entwickelt haben.

Es ist gleich noch eine Projektidee entstanden: Gelöst! für Firmen. Die Anfrage einer großen Sanierungsfirma war der Anlass, um Steffis Projekt „Gelöst! im Business" zu konkretisieren. Die Haltung und Methoden, die dem

Gelöst! Konzept zugrunde liegen, die Prinzipien, das Lösungsquadrat und die vielen Übungen aus dem Gelöst! Coaching bieten einen guten Rahmen dafür. Dazu kommen die Erfahrungen, die sie alle mitbringen: Steffi als Marketingexpertin, Bea als langjährige Qualitätsmanagerin und Traumatherapeutin und Charlotte als ehemalige Geschäftsführerin, als Therapeutin und Coach. Wieder war es so leicht gewesen, ihre Vorstellungen und Visionen aufs Papier zu bringen, wie mit Hilfe des Gelsöst! Konzepts wirklich wertschätzende Unternehmenskultur unterstützt werden könnte. Quer durch alle Hierarchieebenen, sowohl bei den gewerblichen als auch bei den kaufmännischen Mitarbeitern. Sie freuen sich schon darauf, dem Unternehmen ihre Ideen vorzustellen und ein passendes Angebot zu entwickeln.

Sie haben auch darüber gesprochen, wie sie zusammenarbeiten wollen und ihren Traum von einem fairen Gelöst! Unternehmen umsetzen können. Ein Unternehmen, in dem Verantwortung, Aufgaben, Gewinn und Visionen geteilt werden. Die Idee von einem fairen Gelöst! Unternehmen schwirrt schon lange in ihren Köpfen. Gestern waren sie sich einig darin, Schritt für Schritt einfach anzufangen, am besten mit konkreten Projekten, und dann zu sehen, welche Strukturen und Rechtsformen sie brauchen. Ihre unterschiedlichen Erfahrungen und Perspektiven und die gemeinsame Gelöst! Basis würden helfen.

Charlotte spürt noch das kribbelige und zuversichtliche Gefühl von gestern. Wie es wohl Steffi und Bea geht?

„Ich hab total Bock", kommt es aus Steffis Richtung, als ob sie Charlottes Gedanken gehört hätte.

„Ich auch, noch mehr als sowieso schon", bestätigt Bea. „Gestern Abend im Bett ist mir noch eingefallen, dass wir Coaches wirklich viel Expertise einbringen: Persönliche Entwicklung, Familie und Erziehung, Suchtberatung, Trauma – wir haben so viele Erfahrungen. Wir können wirklich ein gutes Coachingangebot für Firmen machen, für die Mental Health und Resilienz nicht nur Schlagworte sind. Ich hab schon mehrmals erlebt, dass Firmen mit großen Coachinganbietern zusammenarbeiten und Coachingkapazität in großen Umfang vorhalten, und die wird einfach nicht genutzt.

Ich hab total Lust, das anders zu machen, menschlich, auf Augenhöhe und nahbar. Gelöst! eben. Das wäre so toll."

Es braucht nur ein paar Sätze, um wieder die Stimmung vom vorigen Abend zu spüren, denkt Charlotte und schaut zu Maik. Sein Blick ist entspannt auf die Straße gerichtet und nur weil Charlotte ihn gut kennt, kann sie sehen, dass er ein bisschen lächelt.

„Da wart ihr ja ziemlich erfolgreich gestern Abend. Wenn meine Firma größer wäre, würde ich euch buchen", sagt er. Maik hat eine kleine Zwei-Personen-Firma für baulichen Brandschutz.

„Brandschutz können wir auch“, meint Steffi. „Ich glaube, mit unserem Schnelle-Hilfe-Koffer können wir wirklich ein nützliches, greifbares Produkt anbieten.“

Klimaanlage defekt, mischt sich der Citroën ein.

„Die Anzeige ist neu“, wundert sich Charlotte. „Die Klimaanlage hat sowieso noch nie funktioniert.“

„Dein Auto ist auch ziemlich defizitorientiert. Von Charlottes Coaching Car könnte man anderes erwarten.“ Bea klingt ernst.

„Stimmt.“ Charlotte lacht. Sie kennt Beas Humor. „Eigentlich müsste hinter der Kilometeranzeige die ganze Zeit ‚und ich fahre immer noch‘ stehen.“

„Zuverlässig“, ergänzt Steffi.

„Sparsam“, sagt Maik.

„Ans Meer“, sagt Charlotte.

„Um mal in die Defizitkerbe zu schlagen: Ich glaube ehrlich, ein Personalchef von so einer großen Firma läse so eine Mail mit unserem Angebot wahrscheinlich nicht mal. Und wenn, wäre es trotzdem so etwas wie ein Wunder, wenn er die nicht nur lesen, sondern uns auch noch einen Termin geben würde.“

Aus Steffi spricht wieder die Realistin, doch Charlotte nutzt diese Vorlage. „Woran würden wir denn erkennen, dass das Wunder geschehen wäre?“

„Wenn auf vielen Schreibtischen, in vielen Hosentaschen oder Spinden von Angestellten die kleinen ALIs aus Ton ihren Platz fänden.“ Bea kramt einen der kleinen, runden Tonsmileys aus ihrer Hosentasche, die die Gelöst! Coaches schon an so viele Menschen verteilt haben.

ALI nennen sie sie: A wie Atmen, L wie Lächeln und I wie Innehalten. Wenn man sie ansieht und einen Moment bewusst atmet, lächelt und innehält, ist das wie eine kleine Minimediation und ein kurzer, magischer Moment, den man sich jederzeit verschaffen kann.[5]

„Ja, der Personalchef hätte einen Schnelle-Hilfe-Koffer, der ihm hilft, gelöst und entspannt zu bleiben, und er könnte viele Schnelle-Hilfe-Workshops organisieren. Dadurch würden uns die meisten Mitarbeiterinnen und Mitarbeiter kennen und in vielen Schnelle-Hilfe-Koffern stände der Gelöst! Kontakt. Und wer von den Mitarbeitern noch nicht am Schnelle-Hilfe-Workshop teilgenommen hat, fragt seine Teamleiterin, wann denn der nächste geplant ist und ob er sich schon anmelden könne."

---

[5] ALI – Atmen – Lächeln – Innehalten
Dieses Ritual wurde aus dem Netzwerk Achtsame Wirtschaft übernommen. Ursprung dieses kleinen, freundlichen und so wirksamen Rituals ist das Ritual der Achtsamkeitsglocke in der Intersein Sangha des buddhistischen Achtsamkeitslehrers Thich Nhat Hanh (11.10.1926 –22.1.2022): Wann immer eine Glocke ertönt – sei es der warme, tiefe Klang des Big Bell Towers in einem der Meditationszentren, eine Klangschale, eine Kirchenglocke oder ein Telefon – wird Innegehalten bei dem, was man gerade tut. Zeit für ein paar bewusste Atemzüge.
achtsame-wirtschaft.de
intersein.de

„Und wenn die Mitarbeitenden persönlich, familiär oder in der Firma Schwierigkeiten hätten und nicht weiterkommen, buchen sie sich, ohne zu zögern, ein Coaching mit einem Gelöst! Coach. Und empfehlen es sich gegenseitig. ‚Warst du schon bei Steffi, Bea oder Christian ...?', würden sie sich gegenseitig fragen. Coaching wäre etwas ganz Normales. Und es gäbe Gelöst! Retreats an der Ostsee, wo Führungskräfte und Angestellte hinfahren können, um Kraft zu tanken und sich auszurichten. Die Plätze dort wären begehrt und immer ausgebucht." Charlotte kommt in Fahrt.

„Die Retreats wären in Ehmkenhagen?", fragt Maik.

„Ja", fährt Charlotte fort, „das Seminar- und Co-Living-Gutshaus ist natürlich immer ausgebucht und die Firmenretreats müssen lange vorher geplant werden. – Und in der Firma gibt es einen sehr hohen Anteil an Stammmitarbeitern; Krankenstand und Fluktuation wären gering. Die Mitarbeitenden würden sich wirklich gesehen fühlen und alle gingen morgens gerne zur Arbeit. Jedenfalls meistens."

„Das ist eine schöne Vision", meint Steffi.

„Ein bisschen konnte ich das schon in der Realität erleben", berichtet Charlotte. „In einem Kooperationsprojekt zwischen einer sozialen Organisation und den Krankenkassen. Ich habe fünftägige Kompaktcoachings und Selbstwerttrainings für die Teilnehmenden angeboten. Sie haben es untereinander weiterempfohlen. Auch einzelne Kollegen haben gefragt, ob sie zu einem Einzelcoaching kommen könnten, außerhalb der regulären Supervisionen und Seminare. Das war eigentlich genau so, wie wir es uns gerade vorstellen. Es war ganz leicht. Die Akzeptanz kam von allein, nachdem wir uns in Seminaren und Fallbesprechungen kennengelernt hatten. Das Vertrauen ist gewachsen. Von innen heraus, so wie ihr es gerade beschrieben habt. – Die Geschäftsleitung hatte auch Vertrauen und hat uns die Freiheit gelassen, die psychologische Begleitung so zu gestalten, wie es für alle nützlich war. So konnte sich ein ganz natürlicher Prozess entwickeln. Das sollten wir eigentlich veröffentlichen. Das Wunder ist möglich."

„Cool." Jetzt nimmt Steffi den Faden auf. „Wenn in der Firma, von der die Anfrage kam, das Wunder geschehen wäre, würden die Führungskräfte Kompaktcoachings „Gelöst! Führen" buchen und unsere Gelöst! Führen Masterminds wären immer gut besucht. Es würde sich eine wertschätzende Firmenkultur entwickeln und Akzeptanz, Gleichwertigkeit und Vertrauen wären Bestandteile."

„Cool", sagt auch Bea. „Was können wir tun, damit das Wunder auch in dieser Firma wahr wird?"

„Was wir gerade tun: Unsere Ressourcen bündeln, Ideen entwickeln, Freude daran haben. Jetzt brauchen wir alles nur noch in eine gute Form zu bringen, die uns entspricht. Einfach, ehrlich gemeint, von innen heraus. Und dranbleiben."

Während Steffi die letzten Sätze sagt, halten sie schon vor der Haustür ihrer Freundin.

„Das ist toll, Steffi. – Und jetzt mach dir erst mal ein schönes Wochenende in Münster.“ Bea steigt mit Steffi aus, um sie kurz und fest zu umarmen.

„Ja, ihr euch auch. Danke, Maik. Und Charlotte. Auch für gestern Abend“, sagt Steffi durch das geöffnete Beifahrerfenster und winkt ihnen zu.

„Wir telefonieren sowieso.“ Der letzte Satz ist wieder an Bea gerichtet. Doch bevor Steffi geht, fällt ihr noch etwas ein.

„Ach, das wollte ich schon die ganze Zeit erzählen: Ich habe doch in meinem Dorf ein Gelöst! Seminar zur schnellen Hilfe in schwierigen emotionalen Situationen angeboten. Das ist supergut angekommen und jetzt wollen alle einen ALI haben.“

„Ich habe gerade ein neues Päckchen mit ALIs bestellt. Du kannst welche davon haben“, bietet Bea an.

Charlotte hat gerade vor ein paar Tagen der Keramikerin von der Ostsee geschrieben und ihr die ALI-Geschichte erklärt. Schön, dass ihre Keramiksmileys noch so viel mehr sind als kleine Hosentaschenschmeichler. Auch Charlottes Kolleginnen aus dem Netzwerk der lösungsfokussiert arbeitenden Coaches haben sie schon in viele europäische Länder mitgenommen. Atmen – Lächeln – Innehalten. Drei meditative Atemzüge genügen manchmal, um sich zu zentrieren. Dieses kleine Miniritual hat Charlotte im Netzwerk Achtsame Wirtschaft kennengelernt, ein anderes Netzwerk, in dem sie sich engagiert. Auch dafür ist Charlotte dankbar, passt es doch so gut zu ihrem Gelöst! Konzept.

„So cool“, sagt Bea noch mal, als sie zu dritt weiterfahren.

Die nächste Station ist Hamburg, wo Bea an einem Treffen der Notfallseelsorgerinnen und Notfallseelsorger teilnimmt.

„Ja. Steffi macht einfach. Sie fängt einfach an. Wie du. Mit deiner Praxis. Und Job. Und Familie. Und Notfallseelsorge. Und alles andere.“ Charlotte dreht sich kurz zu Bea um und lächelt sie an.

„Ja. Macht ja Spaß.“ Bea macht nicht viele Worte um sich selbst. „Nächste Woche spreche ich mit meinem Chef wegen Arbeitszeitverkürzung“, redet Bea weiter. „Jetzt wird's Zeit. Und ich brauche wirklich Zeit für die ganzen Sachen. – Aber was war das eigentlich mit dem Co-Living-Gutshaus?“

Charlotte schaut Maik an. Soll ich es erzählen?, soll das heißen. Maik nickt.

„Als ich vor fast elf Jahren zu Maik nach NRW gezogen bin, habe ich gesagt, dass ich für zehn Jahre komme. Danach wollten wir ans Meer ziehen. In den letzten Jahren haben wir viel darüber nachgedacht, ob und wie und wo wir zusammen alt werden wollen. Maik fühlt sich zu Hause in Unna, ich nicht. Es war eine gute Zeit dort und jetzt ist sie vorbei. Das spüre ich. Wir haben uns in den letzten Jahren umgeschaut. Im vergangenen Jahr waren wir sogar in Ligurien und haben uns viele Häuser und Baustellen angesehen. Wir dachten, vielleicht wäre das eine gute Gegend für uns. Aber wir haben gemerkt, dass wir uns da nicht zu Hause fühlen würden. Und einfach irgendwo hinziehen, um dort zu wohnen, das wollen wir beide nicht. Wir haben Lust auf ein gemeinsames Projekt. Wir wollen gerne noch etwas aufbauen, wo wir uns beide mit dem, was wir können, einbringen. Wir träumen von einem Coliving- und Coworking-Projekt. Ich mag diese Lebens- und Arbeitsform. In jedem Winter bin ich für ein paar Monate irgendwo im Süden und arbeite in Coworking-Spaces. Manchmal wohne ich auch dort. Ich finde diese Form, Arbeits- und Lebensraum sowie Ideen zu teilen, passt in unsere Zeit. Meistens wird eine junge Zielgruppe angesprochen, junge Surfer und digitale Nomaden. Es ist nicht so einfach, Orte zu finden, an denen sich Menschen aller Altersgruppen wohlfühlen. So einen Ort möchten wir schaffen. Für uns und andere. Maik kann Häuser ausbauen und er betreibt seit langem Gästehäuser. Ich kann es beleben. Wir könnten Gelöst! Retreats, -Ausbildungen und andere Seminare dort anbieten. Ich merke, dass ich an der Ostsee zu Hause bin. Meine Eltern wohnen dort. Es geht ihnen gut und mein Bruder wohnt nicht weit weg, trotzdem sind die 600 Kilometer zwischen dem Ruhrgebiet und dem Darß eine große Entfernung. Vor inzwischen fast einem Jahr haben wir zufällig ein Gutshaus in Mecklenburg gefunden, in der Nähe vom Darß, das perfekt geeignet wäre. Darum fahren wir in den letzten Monaten so viel hin und her, manchmal zusammen, manchmal ich allein. Ich habe mich schon bei einer Mitfahrzentrale angemeldet, auch wegen dieser Sharing-Idee. Aber die Geschichte von Charlottes Coaching Car habe ich ja schon erzählt. Wir haben schon viel Zeit, Energie und Geld in diese Idee investiert. Für Konzepte, Architekten, Finanzberater. Sogar der Kaufvertrag muss schon fix und fertig vom Notar vorbereitet sein, bevor die Bank entscheidet, ob sie bereit ist, einen Kredit zu vergeben. Wir sind eben nicht mehr jung und die wirtschaftliche Situation hat sich in den letzten Monaten sehr verändert. Und als Selbstständige ist es für uns sowieso schwer, einen Kredit zu bekommen. Das Gutshaus ist unser Traum, in jeder Beziehung. Für Maik und mich als Paar, für mich persönlich, für unsere berufliche Perspektive, unsere persönliche Erfüllung – und für Gelöst! auch. – Ich dachte, ich hätte dir schon davon erzählt."

„Nein! – Wow, das klingt so gut. Ich drücke euch die Daumen. Fahrt ihr jetzt auch hoch deswegen?"

„Na ja, indirekt. Jetzt findet ein Coworking-Festival in Mecklenburg-Vorpommern statt. Da wollen wir uns mal umschauen. Ich glaube, das ist eine gut vernetzte Szene. Die haben sich übrigens auch in einer Genossenschaft organisiert: CoWorkLand. Das ist eine Genossenschaft von Coworking-Spaces in ländlicher Umgebung. Ich bin gespannt."

„Und ich erst." Maik hat aufmerksam zugehört, wie Charlotte das letzte Jahr und ihre Idee zusammengefasst hat und schaut lächelnd zu ihr rüber.

„Na, ich jetzt auch. Das passt genau zu euch und zu Gelöst! Für unsere Traumaseminare wäre das bestimmt auch ein idealer Ort."

„Auf jeden Fall."

„Und ein Coworking-Festival! Das habe ich noch nie gehört. Das klingt auch spannend. Falls es das im nächsten Jahr wieder gibt, komme ich mit meiner Familie auch. Dann machen wir gleich noch ein paar Tage Ostseeurlaub. Die Gegend kenne ich noch nicht. Kann ich schon mal ein Zimmer bei euch reservieren?"

„Klar, ihr seid Ehrengäste." Charlotte lacht. „Aber erst mal müssen wir es haben. Hoffentlich klappt es. Wir haben uns jetzt so viel damit beschäftigt, ich habe schon ein Kissen gekauft, weil es die richtigen Farben hat. Drück uns die Daumen."

„Auf jeden Fall", sagt Bea noch einmal.

„Also, ich hab Hunger. Frühstückszeit?" Für Maik ist Frühstück die wichtigste Mahlzeit, Charlotte braucht eigentlich keins. Aber Autopicknick mögen sie beide.

Charlotte packt Maiks Stullen aus. Apfelstücke hat er auch vorbereitet. Bea lacht und isst auch eine Käsestulle.

Zum Abschied umarmen sich alle drei. Maik gefällt Beas unkomplizierte, herzliche Art.

„Na, Charlotte?“, sagt Maik, als sie zu zweit weiterfahren. Er freut sich mit ihr.

Mittags wollen sie schon in Ludwigslust sein, dort wird das Festival eröffnet.

Multiunternehmer Ansgar ist mit von der Partie.
Wozu es noch ein Coachingkonzept braucht
und was einen guten Coach ausmacht.

LÖSUNGSRÄUME

Ansgar, drei Tage später in Lietzow, Rügen

Abschlussparty am Jasmunder Bodden. Es ist zwar noch kalt abends, aber der Frühling hat schon Kraft. Die erste Grillparty in diesem Jahr. An einem schönen Ort. Mit Menschen, die Charlotte und Maik alle vor drei Tagen noch nicht kannten und die jetzt wie Freunde sind. Jeannette vom Lietzower Coworking-Space hat leckere Gemüse-Feta-Päckchen vorbereitet, es gibt Käse und Fleisch und Salat, Störtebeker Bier und Saftschorlen. Charlotte hört fasziniert Coworkerin Babette zu, die ihre selbstgestrickten Mützen zeigt und erzählt, wie sie zu ihrem Online-Mützenshop kam. Tausendsassa Robert kommt noch mal bei Maik und Charlotte vorbei und bietet Hilfe bei der Finanzierung ihres Gutshausprojektes an, am Grill stehen ein paar Männer zusammen und reden. Einige schauen einfach auf den Bodden.

Charlotte gefällt dieser Ort. Sie hat in der nächsten Woche keine Praxistermine und hat beschlossen, eine Woche im Co-Living- und Coworking-Space auf Rügen zu bleiben und von hier aus zu arbeiten. Sie freut sich, dass auch Maik sich wohlgefühlt hat in den letzten Tagen. Wo sie auch waren und wen auch immer sie in all den Coworking-Spaces getroffen haben – alle waren offen, freundlich und hilfsbereit – bereit, Wissen und Erfahrungen zu teilen. Sie waren in edel restaurierten Gutshäusern und improvisierten, einfachen oder schicken Coworking-Spaces in den Städten und im Nirgendwo auf dem Land. Überall begegneten sie mutigen, interessierten Menschen, die sich trauen, ihre Ideen umzusetzen. Sie haben sich in Netzwerken und in einer Genossenschaft organisiert und freuen sich ehrlich über jeden, der dazukommt. Charlotte und Maik hoffen, bald richtig dazuzugehören.

Gerade hat Charlotte mitbekommen, dass Ansgar nach einem Bus nach Stralsund sucht. Er will noch eine Freundin in Ahrenshoop besuchen. Mit öffentlichen Verkehrsmitteln wird er wohl heute nicht mehr auf den Darß kommen.

Ihr gefällt, wie unbesorgt er ist und sich erst in dem Moment um die Fahrt kümmert, in dem er sie antreten will. Er wollte eigentlich hier in Lietzow im Co-Living übernachten, aber es gäbe kein freies Zimmer mehr, erklärt er Charlotte. „Aber es gibt ja immer einen Weg. Ich kann auch in Stralsund übernachten."

Dann freut er sich doch, als er hört, dass Charlotte und Maik ihn mitnehmen können, denn sie wollen noch nach Zingst zu Charlottes Eltern fahren, um das restliche Wochenende mit ihnen zu verbringen.

Die Abschiedsrunde geht schnell. Sie sind im Norden, da werden nicht so viele Worte gemacht.

„Meldet euch, wenn's was Neues gibt."

„Wir drücken die Daumen."

„Ich würd mich freuen, wenn's klappt."

„Bis bald."

Kurze, ehrlich gemeinte Sätze von allen Seiten. Ansgar holt noch seinen Rucksack, dann sitzen sie zu dritt im Auto.

Rechts offen, zeigt das Display ihres Citroëns an samt einem Piktogramm einer offenen Hintertür.

Charlotte versucht die Tür zu schließen. Klickklack. Wieder erscheint der Warnhinweis auf dem Display.

„Die schließt fast nie", beantwortet sie Ansgars fragenden Blick.

Ansgar ist groß und schlank – anders als Charlotte und Maik – und Charlotte hat ihm den Platz neben Maik angeboten. Genauso gern, wie sie selbst fährt, mag sie es, wenn Maik hinter dem Steuer sitzt. Am liebsten sitzt sie neben ihm, die Füße auf dem Armaturenbrett. Oli, Gelöst! Coach und ehemaliger Polizist, hat ihr erklärt, wie gefährlich das ist. Klar, das weiß sie, aber es ist halt so bequem. Manchmal legt sie trotzdem die Füße noch hoch. Im Sommer, bei Roadtrip-Musik. Heute sitzt sie hinten und Ansgar hat seine langen Beine ordentlich zusammengefaltet. Sie haben nicht viel Platz im Fußraum.

Jetzt tippt er auf seinem Handy und wenig später vermeldet er, dass seine Freundin ihn aus Zingst abholen wird.

„Schön", sagen Charlotte und Maik gleichzeitig. Es sind zwar nur zwanzig Kilometer von Zingst nach Ahrenshoop, aber es ist spät und ihre Eltern gingen doch nicht schlafen, bevor sie da sind.

Jetzt sehen sie schon den hohen Bogen des Rügendamms vor sich, dahinter die Lichter von Stralsund. Charlotte mag diesen Blick auf die die Silhouette der Stadt. Maik ist hier geboren, bevor seine Eltern ein paar Monate später nach Berlin gezogen sind. Trotzdem war er für die Menschen hier in den letzten drei Tagen „der Stralsunder", der Rückkehrer. Als Rückkehrerin fühlt sich eher Charlotte, Maik ist der Berliner. Trotzdem hatte sie den Eindruck, dass er es mochte, „der Stralsunder" genannt zu werden.

„Wo kommst du eigentlich her?", fragt sie Ansgar, mit dem sie außer bei einem Spaziergang durch den Buchenwald am Jasmunder Bodden noch nicht viel geredet hat. Und da hatten sie über Vögel, die an Hauswänden nisten, gesprochen. Ansgar weiß viel über Rauchschwalben und Mehlschwalben, über schwalbenfreundliche Häuser, darüber, wie Schwalben umgenistet werden können, und dass man diese Zeit einplanen muss, wenn man Umbauten an Häusern, an denen Schwalben nisten, vornehmen möchte.

„Aus Niedersachsen. Aus einem kleinen Ort bei Hamburg.“ Ansgar erzählt bereitwillig, wie alle, die sie auf dem Festival getroffen hatten. Klar, sie waren gekommen, um Menschen zu treffen, Gleichgesinnte.

„Ich bin gerade noch dabei, dort einen kleineren Hof auszubauen.“

„Darum weißt du so viel über Schwalben.“

„Ja, es interessiert mich aber sowieso, wie Menschen und Tiere miteinander auskommen können, Mensch und Natur eigentlich. – Na ja, ehrlich gesagt, erst seit ein paar Jahren. Früher hat mich nur Karriere interessiert.“

Charlotte schätzt Ansgar auf Ende sechzig. „Und wie kommst du hier zum Coworking-Festival?“

„Mich interessiert auch, wie Menschen miteinander auskommen, Räume und Ideen teilen. Ich glaube, wir brauchen solche Arbeits- und Lebensformen in der Zukunft.

Auf meinem Hof möchte ich auch so eine kleine Coworking- und Co-Living-Möglichkeit einrichten. Nur für ein paar Menschen, die zu mir kommen wollen.“

„Menschen, die zu dir kommen wollen? Zum Arbeiten?“

„Ja, ich habe genug gearbeitet in meinem Leben. Ich habe elf eigene Firmen aufgebaut und viele Unternehmen beraten. Jetzt beschäftige ich mich nur noch mit Sachen, die mich interessieren. Und ein paar Unternehmer kommen immer noch zu mir. Wir gehen spazieren und kochen zusammen. Sie nehmen sich eine kleine Auszeit bei mir und sie können in Ruhe arbeiten – und reden. Das tut denen gut. Dafür hab ich den Hof auch gekauft. Für mich und für die Schwalben und für Manager und Unternehmer, die mal ein bisschen Abstand brauchen. Ich habe so viel Erfahrungen, die gebe ich gerne weiter, wenn jemand das möchte."

Charlotte hätte diesen Mann mit Rucksack und struppigen grauen Haaren, in Cordhose und Outdoorjacke, von dem so viel Ruhe und Gelassenheit ausgeht, eher als Naturschützer oder Ornithologen eingeordnet, nicht als Manager und Unternehmensberater. Ansgar gefällt ihr.

„Ihr kommt ja auch von weit her, dem Nummernschild nach zu urteilen. Was führt euch hierher?"

Maik erzählt ihm kurz von ihrem Gutshausprojekt.

„Richtig so. Ihr seid Menschen, die was machen. Das gefällt mir."

Auch wenn die Worte ein bisschen gönnerhaft klingen mögen – so kommen sie weder bei Maik noch bei Charlotte an. Ansgar sagt einfach, was er denkt und was ihm gefällt. Herzlich und geradeheraus. Was der wohl schon alles erlebt hat, denkt Charlotte.

„Und womit verdient ihr euer Geld?", fragt Ansgar jetzt ebenso geradeheraus.

„Mit Brandschutz und Vermietung."

Knapper geht's nicht, denkt Charlotte.

„Ich bin Psychologin und hab vor ein paar Jahren ein Coaching-Konzept entwickelt. Gelöst! heißt das. Ich bilde Coaches darin aus und begleite Menschen und Firmen."

Sie hat auch keine Lust, über die Arbeit zu sprechen. Andererseits wäre es schon interessant zu hören, was Ansgar zu Gelöst! sagen würde.

Da dreht er sich auch schon zu Charlotte um: „Noch ein Coaching-Konzept? Wozu?"

„Weil es das Beste vereint, was ich weitergeben kann. Das, was funktioniert und was Menschen wirklich hilft, um mutig und frei zu sein und den eigenen Weg zu gehen. Für Unternehmen und Organisationen passt das auch. Und weil ich das weitergeben will, von dem ich weiß, dass es funktioniert. Es muss ja nicht jeder wieder von vorne anfangen. Das sind so viele Jahre Ausbildung."

Charlotte rechnet. Zwanzig Jahre mindestens.

„Davon gebe ich die Essenz weiter. Und noch etwas von dem, was an Erfahrung dazu gekommen ist. Das ist doch auch unsere Verantwortung, oder? Weiterzugeben, was wir können und wissen? Damit andere mehr daraus machen und von dort aus weitergehen können. Und ich möchte, dass es einfach ist. Für jeden verständlich. Ich habe mich früher an der Uni mal mit Begriffsforschung beschäftigt. Mein Professor hat immer gesagt, wenn wir etwas richtig begriffen und durchdrungen haben, können wir es auch klar und einfach ausdrücken. Das möchte ich."

„Gut. Mach weiter. Ich schicke dir Leute, wenn es dir recht ist. Unternehmerinnen."

„Gerne. Ein paar Unternehmerinnen, Managerinnen und Manager kommen auch zu mir. Zum Aufräumen. Ihr Business beherrschen sie, was sie straucheln lässt, sind oft die menschlichen Enttäuschungen und Verletzungen. Es hilft ihnen, mit Abstand alles zu betrachten. Die Lösungen finden sie meistens ganz allein. Sie sind sowieso Meister darin, Lösungen zu finden. Ich helfe ihnen, dass sie nicht nur ihre Schwierigkeiten gelöst haben, sondern auch gelöst sind. Nicht nur kognitiv."

„Da machen wir ja das Gleiche. Ich gehe dabei spazieren und koche mit meinen Kunden, die oft inzwischen mehr Freunde sind. Ich muss nicht mehr unterscheiden. Ich höre nur noch zu. Du hast recht. Die Lösungen sind sowieso schon da, auch die emotionalen. Sie brauchen nur Raum."

„Stimmt. Seit wann denkst du so?"

Ansgar lacht. „Früher war ich der Grafikguru. Ich habe Konzepte und Grafiken und Diagramme entworfen. Mit der Zeit wurden sie immer einfacher und weniger. Einige wenige, einfache Grafiken benutze ich auch heute noch. Wenn sie übersichtlich und einfach sind, werden komplexe Zusammenhänge dadurch leicht überschaubar und prägen sich ein. Wie bei dir. Heute ist alles wieder intuitiv, wie ganz am Anfang, als ich noch gar nichts wusste. Jetzt fließt nur mein ganzes Leben in die Intuition ein."

„Unbewusstes Wissen, die höchste Wissensstufe." Charlotte nickt.

„Ja. Ich nenne das wissende Intuition."

Sie schauen sich an. Es sieht unbequem aus, wie Ansgar seinen Kopf nach hinten verdreht. Sie wissen beide, was sie meinen. „Das kann man jungen Kollegen nicht erklären", sagt er.

„Nein. Was damit gemeint ist, versteht man erst, wenn es da ist. Manchmal wünschte ich, es wäre anders, dann könnten Junge und Alte mit mehr Akzeptanz zusammenarbeiten und wirklich voneinander profitieren."

„Das ist wohl der Lauf der Zeit."

Jetzt lachen sie alle drei.

„Na ja, manches haben wir ja auch noch vor uns. Und bei einigen Dingen bin ich ganz am Anfang mit meinem Wissen. Was Rauch- und Mehlschwalben angeht zum Beispiel."

„Was ist eigentlich die wichtigste Fähigkeit eines guten Coaches für dich?" Fast entschuldigend erklärt Ansgar seine Prüfungsfrage: „Macht Spaß, mit dir so zu reden. Du redest nicht drumherum."

„Zuhören."

„Sag ich doch, du redest nicht drumherum."

„Mir macht's auch Spaß. Darum rede ich doch mal ein bisschen drumherum: Wirklich zuhören ist eine Kunst. Es ist mehr als aktives Zuhören. Eine Weile habe ich achtsames Zuhören gesagt. Damit meine ich aktives Zuhören mit Herz. Und eigentlich ist es noch mehr. Zuhören ohne Hypothesen. Mit Vertrauen, dass die Lösung da ist. In meinem Gegenüber. Vielleicht zuhören mit wissender Intuition", greift Charlotte Ansgars Wortkreation auf.

„Das ist kein Drumherumreden, das ist etwas auf den Punkt bringen. Du bist gut, Mädchen. Ich weiß nicht, ob ich das in deinem Alter schon gewusst habe."

Jetzt lacht Charlotte. „Mädchen. Das hat ja auch lange keiner mehr zu mir gesagt. Das ist mein Job. Ich bin vor allem Psychologin, du bist vor allem Unternehmer.

In der Coronazeit hat Max, mein Sohn, mal ein Spiel gespielt mit seinen Freunden, als sie sich online getroffen haben. Sie haben sich vorgestellt, sie wären mit hundert anderen Menschen zufällig zusammen in einem Raum und haben sich gegenseitig gefragt, was sie wahrscheinlich besser können als die hundert anderen. Als wir einmal telefoniert haben, hat er mich das auch gefragt."

Der Citroën meldet sich mit einem Piepen: *Ölstand überprüfen.*

„Das habe ich gerade gemacht." Erklärend wendet Maik sich an Angsar. „Der fährt nur noch. Ansonsten ist er schon ziemlich durcheinander."

Ansgar nickt. Dann dreht er sich zu Charlotte. „Und? Was kannst du besser als die hundert anderen? Zuhören?"

„Ich kann Lösungen hören."

„Nicht schlecht." Ansgar macht eine Pause. Dann fährt er nachdenklich fort: „Ich glaube, ich kann so zuhören, dass Lösungen entstehen können."

„Wow." Bei diesem Wort taucht Betty kurz in Charlottes Gedanken auf. „Ja, das stimmt auch. Ich glaube, beides ist wichtig. Wenn ich Menschen frage und zuhöre, dann reden sie so viel über Lösungen, ohne das zu merken. Ich brauche nur ihre Worte zu wiederholen, dann entstehen wie von allein Lösungen daraus. – Und manchmal ist noch nicht mal das nötig. Manchmal brauchen wir nur den Raum halten. Den Lösungsraum. Mit unserer eigenen Haltung, mit wissender Intuition und ein bisschen auch mit Technik."

„That's it. – Punktlandung."

Sie waren gerade über die Meiningenbrücke gefahren und am vereinbarten Treffpunkt mit Ansgars Freundin angekommen.

„Danke – und viel Glück. Mach weiter, Mädchen. Du wirst gebraucht. Die Leute werden euch die Bude einrennen." Ansgar nickt erst Charlotte, dann Maik zu, bevor er aussteigt.

„Dir auch viel Glück. Viel Spaß in Ahrenshoop." Charlotte winkt ihm zu.

„Bis zum nächsten Grillabend", sagt Maik.

„Ladet ihr mich zur Eröffnungsparty in euer Gutshaus ein?"

„Klar."

Charlotte muss mit einem Rückschlag fertig werden
und versucht ihr Gleichgewicht wiederzufinden.
Sie lädt einen besonderen Gast ein: Karo.

SELBSTCOACHING

Hamburg, Mai 2023

Wie anders ich jetzt fahre, denkt Charlotte, als sie bemerkt, wie sie sich auf die Mühlenbäckerpause freut. Auf Cappuccino und Franzbrötchen.

Hier hat sie kein schlechtes Gewissen, wenn sie die superleckere, gebutterte und gezuckerte Hamburger Zimtschnecke aus Plunderteig bestellt. Sie kann sie genießen. Bevor sie Mitfahrerende mitgenommen hat, hatte sie fünf, höchstens sechs Stunden eingeplant für die Strecke von Dortmund nach Zingst. Meistens fuhr sie ohne Pause. Jetzt plant sie keine Ankunftszeiten mehr, kündigt sich nicht für eine bestimmte Tageszeit an und nimmt gelassen Umwege, Wartezeiten und Staus hin. Manchmal macht sie Extrapausen für Gespräche. Oder sie hält vor Wustrow und geht allein oder mit ihren Mitreisenden ans Meer, nur für den einen magischen Moment, wenn sich das Meer vor ihren Augen öffnet.

Sie rechnet nicht mehr in Stunden. Dieser Tag ist Fahrtag. Charlotte bemerkt, wie sie dadurch ruhiger wird. Sie ist neugierig auf die Fahrten und auf das, was während der Fahrt geschehen wird. Auf die Geschichten ebenso wie auf das Schweigen. Und sie hat Gefallen daran gefunden, eigene Geschichten zu erzählen.

Heute ist sie mit Karo verabredet. Neongrüner Koffer, buntes Kleid, so hat Karo sich beschrieben. Und dass ein Freund mit einem roten Tesla sie am Mühlenbäcker absetze, hat sie auch gesagt. Ihre Stimme klang jung, trotzdem schätzt Charlotte sie auf fünfzig Jahre. Sie ist neugierig auf Karo. So hätte sie sich selbst beschreiben können, mit einem neongrünen Koffer war sie selbst lange gereist und bunte Kleider trägt sie auch.

Über einen Tesla denken Maik und sie seit längerer Zeit nach. Ihr Van, mit dem sie so viel erlebt haben, war nach 600.000 Kilometern nicht mehr zu retten, und irgendwann würde auch ihr roter tapferer Citroën nicht mehr fahren wollen. Charlotte fühlt sich nicht mehr ganz sicher auf diesen langen Fahrten und sie ertappt sich immer häufiger bei dem Gedanken, dass sie gerne ein sicheres, umweltfreundliches Auto hätte. Doch allein der unweigerlich damit verbundene Gedanke, sich von ihrem kleinen treuen Auto verabschieden zu müssen, macht sie traurig. Sie haben zusammen so viel erlebt. So viele Geschichten fahren inzwischen mit.

Die eine Fahrt zurück vom Berliner Flughafen nach Rostock würde sie nie vergessen. Sie erinnert sich wie heute, wie sie an ihrem Auto stand und dem Flugzeug hinterher sah, mit dem Max nach Calgary flog, um dort für ein paar Monate in der kanadischen Partnerschule zu lernen. Sie war so glücklich und stolz und traurig zur gleichen Zeit. So, Mäxchen, hatte sie wehmütig gedacht, jetzt wirst du dein Leben allein leben. Was ich dir bis jetzt gegeben habe, war das, was ich konnte, und das muss reichen.

Sie durfte schon lange nicht mehr Mäxchen zu ihm sagen, aber in diesem Moment dachte sie es. Und obwohl sie wusste, dass er bald wiederkäme, wusste sie auch, dass er ab jetzt auch immer wieder weggehen würde. Sie hatte Angst um ihn, dieselbe Angst, die sie vor fünfzehn Jahren hatte, als sie in seinen Kinderwagen sah, um sicher zu sein, dass er noch atmete. Jetzt war er 15, groß und kräftig, und ganz tief wusste Charlotte, dass Max seinen Weg gehen würde. Er war schon immer selbständig, und er hatte gelernt, mit Schwierigkeiten umzugehen und zu improvisieren, wenn etwas nicht wie geplant lief. Das hatte Charlotte ihm beigebracht, weil es bei ihr so oft nicht wie geplant gelaufen war.

Ihre Taschentücher reichten damals nicht für die ganzen Tränen, die sie auf der Heimfahrt nach Rostock weinte. Es war, als ob sie sich von Max' Kindheit verabschiedete.

Diese Abschiedsfahrt hat sich für immer in ihr Gedächtnis eingebrannt und nur sie und ihr Citroën waren dabei gewesen.

Es gab so viele andere Fahrten.

Charlotte und Siggi unterwegs in die Pyrenäen, mit einem Steinschlag aus den Schweizer Alpen an der Scheibe. Sie hatten den Riss mit Pflaster abgeklebt, damit Charlotte beim Fahren nicht immer hinschauen musste, und um zu kontrollieren, ob er länger wurde.

Charlotte und ihr Citroën im Schnee. Die Plastikblenden vorne hatten sich gelöst und ragten wie zwei Harpunen nach vorne.

Oder die Fahrt zu einem Supervisionstermin, nachdem Ben ihr gesagt hatte, dass er sie nicht mehr liebt, und bei der sie geblitzt wurde. Sie hätte damals nicht fahren dürfen. 70 km/h war sie zu schnell gewesen.

Und später die vielen Fahrten von Rostock nach Dortmund zu Maik. 512 Kilometer.

Und auch wenn sie an ihr Auto jetzt fast wie an einen Freund denkt, hat sie manchmal das Bedürfnis nach sicheren und ruhigen Fahrten. Ohne falschen Alarm, mit schließenden Türen und funktionierender Klimaanlage, vielleicht sogar mit Sitzheizung und Navi.

Jedes Mal, wenn Charlotte sich entschließt, Mitreisende mitzunehmen, fragt sie sich, ob das verantwortungsvoll ist.

Da helfen auch kein TÜV und keine Durchsicht. Charlotte spürt, dass sie sich wohl bald von ihrem treuen Citroën verabschieden muss.

Ein roter Tesla? Ruhig, umweltfreundlich und sicher, aber ohne Geschichten. Bei diesem Gedanken spürt Charlotte Sehnsucht und Wehmut gleichzeitig. Wahrscheinlich würde sie nicht noch einmal eine Beziehung zu einem Auto entwickeln.

Na ja, mal sehen, beendet sie diese Gedanken und widmet sich wieder ihrem Franzbrötchen. Sie hat es schon fast aufgegessen, ohne es richtig zu bemerken, so sehr war sie in ihre Gedanken vertieft.

Wenn ich esse, dann esse ich, erinnert sie sich selbst und konzentriert sich auf das süße, klebrige Gebäck und den Milchschaum, der vom Cappuccino noch übrig geblieben ist.

Da biegt ein roter Tesla auf den Mühlenbäckerparkplatz. Karo? Eine dunkelhäutige Frau im bunten Kleid steigt aus. Ihre Hautfarbe hat Karo nicht beschrieben. Die Frau öffnet die hintere Tür und zwei Kinder hüpfen aus dem Auto, zuerst das Mädchen. Ihre vielen kleinen, geflochtenen Zöpfe hüpfen mit.

Ihr Telefon klingelt. Karo.

„Ich schaff's nicht, Charlotte. Tut mir leid, dass ich erst jetzt anrufe. Ich dachte, ich krieg's noch hin."

„Kein Problem. Vielleicht nächstes Mal. Mach dir einen schönen Tag."

„Ein schöner Tag, das wäre schön, darauf hatte ich gehofft. Das Meer hilft mir immer, um mein Gleichgewicht zu finden. Schade, ich hätte es gut gebrauchen können."

„Ja, schade. Vielleicht findest du trotzdem was, was du machen kannst für dein Gleichgewicht. Eine Kleinigkeit."

„Ich versuch's. Tschüss, Charlotte."

„Tschüss, Karo."

Charlotte hatte sich auf Karo gefreut. Roter Tesla, buntes Kleid. Sie hat tatsächlich sich selbst gesehen, wie sie im roten Tesla zur Ostsee fährt. Auch das „Ich schaff's nicht" hätte von ihr kommen können. Charlotte ist nicht besonders gut organisiert. Sie staunt selbst immer wieder, wie gut es ihr gelingt, zuverlässig für ihre Mitreisenden zu sein. Mehr als ein paar Minuten kommt sie nie zu spät. Seitdem sie sich nicht mehr beeilt, ist sie pünktlich.

Trotzdem, im Gleichgewicht fühlt sie sich ganz und gar nicht. Es gibt immer einen Weg. Immer. Dieser Satz, ihr Slogan, ist im Moment kaum mehr als theoretisches Wissen. Immerhin, sie weiß, dass es so ist. Auch wenn sie den Weg für sich noch nicht sieht, wird es einen geben. Auch für sie. Vielleicht ist es wirklich gut, mir mal selbst zuzuhören, denkt sie.

Was, wenn ich selbst mal in Charlottes Coaching Car auf dem Beifahrersitz mitführe? Mein eigener Karo-Anteil, der aus dem Gleichgewicht geraten ist?

Charlotte merkt, dass sie ein mulmiges Gefühl hat. Sie weiß, dass es Zeit ist, hinzuschauen.

Jetzt will sie erst mal losfahren. Sie sucht sich einen Radiosender und findet Klaviermusik auf NDR Kultur. Es ist immer noch Zeit, hinzuschauen. Beim Fahren ist es sowieso besser, sich nur aufs Fahren zu konzentrieren. Wenn ich fahre, fahre ich, ermahnt sie sich selbst.

Aber Karo hat längst Platz genommen auf dem Beifahrersitz. Karo im bunten Kleid. Sie wartet nicht, bis Charlotte bereit ist zuzuhören. Ungefragt beginnt sie zu reden. Sie redet gleichförmig, ohne Punkt und Komma, wie in Trance.

Alles muss raus. Jetzt.

Sie redet über den Druck, den sie spürt, wenn sie sich mit Onlinemarketing und den sozialen Medien beschäftigt. Darüber, dass sie sich dann gar nicht gelöst fühlt. Dass sie hadert und manchmal nur das Oberflächliche, Plakative in dieser schnellen Onlinewelt sehen kann, die Tschakka-Coaches, oder die, die Allwissen und Spiritualität für alle Welt sichtbar in den Medien vor sich hertragen. Sie weiß auch, dass das ungerecht ist, und sie will nicht so denken. Die Gedanken drehen sich im Kreis. Dazu kommen Geldsorgen, Zweifel, Selbstvorwürfe, weil sie nicht genug Eigenmittel hat, um ein Gutshaus zu kaufen. Sie denkt an die Finanzierungsabsage der Bank und an ihre niedergelassenen Freunde und Kolleginnen, die alle viel erreicht haben, zumindest was Wohlstand und Geld betrifft. Sie haben Boote und Häuser. Ein Freund spricht über sein Geschäft als Gelddruckmaschine. Dann wieder die spöttische Frage an sich selbst: Du haderst, weil du kein Schloss kaufen kannst? Und sie denkt daran, wie wohl sie sich fühlt, wenn sie und Maik in ihrem alten Miniwohnwagen in Nordholland hinterm Nordseedeich beim Bauern auf dem Hof sitzen und auf die Weiden schauen, und wenn sie Maik zuhört, während er mit den Schafen redet.

Alte Sätze fallen ihr wieder ein, Sätze, die sie vor langer Zeit gehört hat, von ihrer Mutter, von Lehrerinnen und Leichtathletiktrainern:

Ich muss etwas schaffen.

Schuster, bleib bei deinen Leisten.

Psychologie ist brotlose Kunst.

Sätze, die aus den Tiefen ihres Gedächtnisses aufleuchten, wenn sie nicht im Gleichgewicht ist. Sätze, die sie fühlt, sieht und denkt.

Und dann redet Karo über ihre Sehnsucht, ankommen zu wollen. Zehn Jahre wollte sie in Nordrhein-Westfalen leben und dann zusammen mit Maik ans Meer ziehen. An irgendein Meer. Die zehn Jahre sind vorbei und das Gutshaus auf dem Festland hinterm Darß sollte ein Ort zum Ankommen werden, für sie beide. Ankommen in sich selbst, zu Hause sein in sich selbst, das sind große Worte. Zu Hause sein in dem, was man tut, das kennt sie auch. Und doch, sie sehnt sich nach einem Ort.

Ein Jahr lang ist sie hin- und hergependelt zwischen Dortmund und dem Darß, fast 600 Kilometer hin, genauso viele Kilometer zurück, manchmal mit Maik, manchmal mit Mitreisenden. Ein Jahr lang hat sie sich mit diesem Gutshaus beschäftigt, Konzepte geschrieben, Finanzierungspläne erstellt, mit Architekten, Finanzberaterinnen und Bänkern das Haus besichtigt, wieder und wieder, den Kaufvertrag bis aufs Kleinste ausgearbeitet, viel Geld bezahlt, geträumt und geplant und dabei aufgepasst, dass sie sich nicht in ihren Träumen und Plänen verliert.

„So viel Zeit, Energie und Geld“, sagt Karo jetzt. Karo stellt sich selbst die Fragen, die sie braucht, um weiterzureden. Und die sie schließlich wieder ruhig werden lassen.

„Was ich tun kann, um wieder ins Gleichgewicht zu kommen?“, fragt sie sich jetzt.

Charlotte hat längst angehalten. Gleich an der nächsten Abfahrt hatte sie die Autobahn wieder verlassen. Ahrensburg stand auf dem Schild. Sie ist ausgestiegen und sitzt jetzt an einer Wiese neben Karo am Straßenrand. Und hört Karo zu. Sie hört sich selbst zu.[6]

[6] Diese Art, sich selbst und seinen inneren Anteilen aus dem Selbst, der Mitte heraus zu begegnen, wie Charlotte es in diesem Kapitel tut, wird in der Psychologie als innere systemische Arbeit bezeichnet. Meinem Lehrer Tom Holmes, der diesen Ansatz auf besondere Weise weiterentwickelt hat, habe ich viel zu verdanken.
Sein Buch „Reisen in die Innenwelt“ beschreibt seine Methode anschaulich. Anm. der Autorin *Innersystems.org*

„Gute Frage. Ja, was brauche ich dafür? Geld? Eine Idee, wie es weitergeht? Vielleicht Energie. Oder Tränen. Mich selbst wieder mögen können. Mich lösen von Gelöst!? Oder Gelöst! – Jetzt erst recht? Ein Gespräch, um mich zu ordnen vielleicht. – Mich ordnen. Ja, das zuerst. Und Abstand finden. Sachen erledigen. Den Kopf frei kriegen. Weinen. Reden. Abstand finden. Ordnen."

Charlotte hört zu. Sie hört ihrem eigenen Karo-Anteil zu – mit ein bisschen Abstand.

Karo redet und nur Charlotte kann sie hören.

„Manchmal frage ich mich, was du sagen würdest, Charlotte. Wenn du so ruhig deinen Klientinnen zuhörst und wenn sie auf einmal zuversichtlich werden und Lösungen finden. Das hilft.

Was genau willst du lösen, würdest du fragen. Oder wovon möchtest du dich lösen? Und was möchtest du stattdessen tun, denken und fühlen? Ich möchte mich lösen vom Im-Kreis-Drehen. Vom Immer-wieder-an-der-gleichen-Stelle-Sein. Von dem Nicht-weiterkommen-Gefühl. Vom Gefühl, nichts geschafft zu haben. Vom Gefühl zu scheitern? Du hast Gelöst! entwickelt. Du weißt, dass es immer einen Weg gibt. Immer. – Eigentlich weiß ich das ja auch. Das hilft auch, das jetzt auszuhalten. Natürlich weiß ich, dass es weitergeht. Ich sehe den Weg nur gerade nicht. Ich brauche Abstand. Damit ich mehr sehen kann. Erst mal eine Pause. Nicht sofort eine Lösung. Die unbedingte Suche nach einer Lösung macht, dass ich mich im Kreis drehe. Immer wieder dieselben Gedanken. Ich darf es liegen lassen, ich darf eine Pause einlegen. Wenn ein Gleichgewicht verlassen wird, kann ich nicht sofort im neuen Gleichgewicht sein. Dazwischen ist Ungleichgewicht, Chaos, Zweifel. Bevor ich am neuen Ufer ankomme, muss ich schwimmen.

Das alles weiß ich. Das Wissen darum macht es leichter, die Zweifel und die Angst auszuhalten. Die Lösung ist da, in mir. Ich weiß es.

Gleichzeitig kann ich es noch nicht spüren und ich sehe die Lösung noch nicht. Gut, dass Charlotte da ist. Sie vertraut. Sie weiß ganz tief, unerschütterlich, dass es einen Weg gibt, dass wir es schaffen, wie auch immer der Weg aussieht. Sie bleibt voller Vertrauen, ruhig und freundlich. Sie hält meine – ja, was? Meine Enttäuschung? Zweifel? Unzufriedenheit? Ratlosigkeit?

Von allem etwas. Ich werde mir Zeit nehmen, um diesem Teil zu begegnen. Mit Mitgefühl, aus der Mitte heraus. Aus dem SELBST sozusagen. Das SELBST. Ich bin froh, dass ich es kenne. Dass ich weiß, wie ich diese Qualität in mir aktivieren kann. Das gibt Halt in haltlosen Situationen. Vertrauen, wo Zweifel sind. Sicherheit, wo Ratlosigkeit herrscht.

Was brauche ich noch, um mein Gleichgewicht zu finden? Einen Weg, wie ich wieder auf meinen Weg komme. Gut, dass es Gelöst! gibt, auch das Gelöst! Programm. Ich kann die Übungen machen. Das gibt Sicherheit. Ich weiß, dass ich etwas tun kann, und ich weiß auch, was ich tun kann.

Trotzdem, die Zweifel bleiben. Loslassen geht nicht, ohne etwas zu haben, was ich stattdessen tun, denken oder fühlen kann.

Gut, dass Gelöst! auch dafür eine Lösung hat – für das, was ich stattdessen tun, denken oder fühlen kann. Es gibt etwas, was immer da ist, was ich immer wahrnehmen, sehen, hören, riechen, schmecken kann: Das Hier und das Jetzt. Das Hier ist immer da. Immer da, wo ich gerade bin.

Und das Jetzt auch, in jedem Moment. Jetzt. Jetzt. Jetzt. Jetzt.

Jetzt ist der Atem. Ich kann meinen Atem bewusst wahrnehmen, mich darauf konzentrieren. Dann ist kein Platz mehr für etwas anderes, wenigstens ist es nicht mehr im Fokus. Weil der Atem im Fokus ist."

Jetzt endlich macht Karo eine Pause.

Dann redet sie weiter. Langsam sagt sie die Sätze, die sie bei Thich Nhat Hanh und seiner Sangha gelernt hat. Aus dem Gelernten formt sie schließlich ihre eigenen Sätze:

„Einatmend weiß ich, dass ich einatme.

Ausatmend weiß ich, dass ich ausatme.

Einatmen – ein, ausatmen – aus.

Einatmend nehme ich meinen Körper wahr.

Ausatmend fühle ich mit meinem Körper.

Einatmen – den Körper wahrnehmen, ausatmen – mit dem Körper mitfühlen.

Einatmend nehme ich das beklemmende Gefühl in meinem Brustraum wahr.

Ausatmend sage ich dem beklemmenden Gefühl in meinem Brustraum: Ich sehe dich. Ich merke dich. Ich nehme dich wahr.

Einatmen – das beklemmende Gefühl wahrnehmen, ausatmen – ich sehe dich.

Einatmend versorge ich das beklemmende Gefühl in meinem Brustraum mit neuem Sauerstoff, ausatmend bin ich da für das Gefühl.

Einatmen – ich versorge mein Gefühl, ausatmen – ich bin da für mein Gefühl.

Einatmend aktiviere ich die Qualität von Weite. Ausatmend sehe ich Weite.

Einatmen – weit, ausatmen – das Meer.

Einatmend sehe ich Weite, ausatmend rieche ich das weite Meer.

Einatmen Weite – ausatmen – das Meer.

Einatmend aktiviere ich die Qualität von Weite, ausatmend werde ich ruhig.

Einatmend – Weite, ausatmen – Ruhe.

Einatmend weiß ich, dass ich einatme.

Ausatmend weiß ich, dass ich ausatme.

Einatmen – ein, ausatmen – aus.“

Karo macht lange Pausen zwischen den Sätzen. Die

Sätze, mit deren Hilfe sie ihren Fokus lenken kann, kommen wie von allein. Sie helfen, ihre Aufmerksamkeit zu lenken – auf ihren Atem, auf ihren Körper und auch auf das unangenehme Gefühl. Sie kann es wahrnehmen und wertschätzen – und ganz tief bemerkt sie, was das beklemmende Gefühl braucht: Weite.

Nun ist es still auf der Bank. Wenn jemand in dieser stillen Landschaft vorbeikäme, sähe sie oder er eine Frau am Wiesenrand sitzen: Eine Frau über fünfzig, im bunten Kleid, ganz still. Und wer genau hinschauen würde, sähe sie ein bisschen lächeln.

Atmen – lächeln – innehalten. Einatmen und ausatmen.

Dann rekelt Charlotte sich, steht auf und schüttelt ihre Beine aus. Karo auch. Karo, Charlottes hadernder Anteil, ist jetzt ruhig. Fast freundlich. Weil sie gesehen wurde. Charlotte hat ihr zugehört.

Karo-Charlotte schaut auf die Uhr. Fast eine halbe Stunde sitzt sie hier schon. Erst jetzt schaut sie sich um. Das frische Maigrün der Wiese ist gesprenkelt mit weißen Gänseblümchenpunkten und mit den etwas größeren, leuchtend gelben Blüten der Hahnenfußblumen. Dazwischen die hochschießenden, kräftigen rot-braunen Stängel des Sauerampfers, die die Wiese mit einem rot-braunen Schleier überziehen. Karo-Charlotte läuft das Wasser im Mund zusammen. Sauerampfer ist Kindheit. Sie sieht sich zurückversetzt nach Alt-Sührkow und hat den sauersaftigen Kindheitsgeschmack des Sauerampfers auf der Zunge.

Ein Traktorweg verläuft zwischen der Wiese und dem angrenzenden Feld. Wie schnell das Getreide plötzlich gewachsen ist, denkt Karo-Charlotte.

Noch hat auch das Getreide die frische maigrüne Farbe, bald würde es gelb werden und volle Ähren tragen. Karo-Charlotte versucht sich zu erinnern, welches Stroh die schöne gelbe Farbe hat und gut geeignet ist, um Strohsterne zu basteln. Noch eine Kindheitserinnerung. Das Stroh musste gesammelt, gewässert und gebügelt werden, bevor sie mit ihren Freundinnen Strohsterne daraus basteln konnte.

Charlotte bemerkt dieses glücklich-wehmütige Gefühl, dass sie seit einiger Zeit kennt. Ein Gefühl des Älterwerdens. Freude an kleinen Dingen gepaart mit Erinnerungen und dem Bewusstsein, dass sie vielleicht noch sehr oft das Maigrün genießen kann – nicht unendlich oft.

Charlottes Schritte werden größer, energischer. Karo geht jetzt wieder neben ihr. Sie redet wieder. Charlotte hört zu. Freundlich. Wissend und nicht wissend. Sie weiß, dass es einen Weg gibt. Wie der aussieht und wohin der führt, weiß sie nicht.

„Das beklemmende Gefühl ist wirklich weg", sagt Karo. „Gut, dass ich einen Schnelle-Hilfe-Koffer habe. Das heißt, ich habe gar nicht daran gedacht. Es kam von allein. Ich habe gemerkt, was ich brauche, auch die Worte kamen von allein."

„Ja, es ist wirklich alles da, wir müssen nur hinhören", erwidert Charlotte. Sie ist froh, dass sie diese Art, sich selbst zuzuhören, gelernt hat. Sie weiß, wie sie Weite aktivieren kann. Das Bild vom Meer ist in ihr, der Geruch und das Gefühl ihres magischen Moments.

Wie es weitergeht, weiß sie dadurch natürlich nicht, das Gefühl ist auch nicht weg, das war falsch. Es ist nur ruhig. Es erdrückt sie nicht mehr. Charlotte kann es aushalten. Und sie weiß, was es ihr sagt.

Nun nimmt Karo den Faden wieder auf: „Wir brauchen Zeit. Jetzt ist kein guter Zeitpunkt, um etwas zu entscheiden oder zu tun. Jetzt ist kein guter Zeitpunkt zu entscheiden, wie es weitergeht, wo wir zu Hause sein wollen. Wie und wo wir arbeiten möchten. Es stimmt, was du deinen Klientinnen und Kunden sagst, Charlotte: Gute Entscheidungen treffen wir nicht aus Wut oder Angst heraus, sondern aus der Mitte, aus dem Selbst, aus dem Gleichgewicht. Wenn ein Ufer abgebrochen ist, braucht es ein bisschen Zeit und Energie, um am anderen Ufer anzukommen und um wieder im Gleichgewicht zu sein. Dann fallen die Entscheidungen leicht."

Karo atmet hörbar aus.

„Bin ich froh, dass ich das jetzt alles auch so sehen kann. – Wie war noch mal die Anfangsfrage? Ach ja, was ich tun kann, um wieder ins Gleichgewicht zu kommen?

Atmen, gehen, reden, schreiben. Das hilft mir, das steht auch in meinem Schnelle-Hilfe-Koffer. Und die Frage: Was würde Charlotte dazu sagen? Wirklich, das hilft immer. Sie weiß es sofort. Und wenn ihr nichts einfällt, weiß ich, dass ich Zeit brauche, um ins Gleichgewicht zu kommen. Charlotte ist da, wenn ich im Gleichgewicht bin, zumindest wenn diese Mitte, das Selbst, nicht ganz verschüttet ist, wenn ich es aktivieren kann."

„Was würde ich denn jetzt sagen?", fragt Charlotte.

„Nimm dir Zeit. Take your time. Manchmal sprichst du in meiner Vorstellung Englisch mit mir, obwohl du es gar nicht perfekt kannst." Karo lacht.

„Die Zeit, in der man traurig sein muss, in der man sich von einer Idee verabschieden muss oder von Menschen oder in der man noch keinen Weg sieht, ist nicht so leicht, aber wichtig.

Ja, wandern, am besten am Meer langlaufen – das hilft.

Jetzt kommen auf einmal viele Ideen. Ich könnte mir selbst die Wunderfrage stellen. Oder die Wertehierarchie-Übung machen. Ich könnte mich fragen, was mir wirklich wichtig ist. Das hilft, mich auszurichten. Oder ich kann die Schätze-und- Kraftquellen-Übung machen. Ich kann aufschreiben, wofür ich dankbar bin. Das macht mir bewusst, was ich alles habe. Ich glaube, das mache ich. Alles. – Lassan, de biztosan. Langsam, aber sicher. Ich mache es langsam, eins nach dem anderen und nur das, was passt."

Karo und Charlotte gehen wieder zum Auto. Wenn ihr Citroën Augen hätte, könnte er sie kommen sehen, eine Spaziergängerin, die weiß, wo sie hinwill. Karo-Charlotte.

Es wäre komisch, wenn die zweifelnde Karo jetzt nicht da wäre. Karo weiß, dass sie gesehen wird. Sie will, dass Charlotte sich Zeit gibt und die Zweifel, die Ratlosigkeit und die Enttäuschung ernst nimmt und sie da sein lässt.

Danke, Karo, denkt Charlotte.

Kurz hat sie darüber nachgedacht, zurückzufahren, zu Maik. Sie hat Sehnsucht und sie weiß, dass es ihm noch schwerer fällt als ihr zu akzeptieren, dass sie für das Gutshaus nicht genug Geld haben. Bei aller Gleichberechtigung fühlt er sich als Versorger. Er möchte Charlotte auch etwas bieten können. Und Charlotte weiß, dass sie manchmal ungerecht ist. Maik bekommt ihre Unzufriedenheit zu spüren. Bei Maik fühlt sie sich sicher, bei ihm ist sie nicht immer die souveräne, in sich ruhende Charlotte, die aus ihrem alten Citroën Charlottes Coaching Car machen kann, die Lösungen hört und Lösungsräume schafft.

Auch wenn Maik jetzt bestimmt gerne mit ihr zusammen wäre, würde er sich mehr freuen, wenn Charlotte sich Zeit für sich nimmt. Danach werden sie sowieso ein paar freie Tage haben. Sie haben sich frei genommen, um den Kaufvertrag für das Haus zu unterschreiben. In der vergangenen Woche haben sie alles getan, was sie tun konnten, um ihren Traum vom Co-Living-Gutshaus doch noch verwirklichen zu können. Banken angeschrieben, Netzwerke genutzt, Konzepte angepasst. – Ohne Erfolg.

Ja, jetzt wird sich Charlotte Zeit nehmen.

Ihre Eltern sind nicht zu Hause. Sie konnten endlich ihre ersehnte Kreuzfahrt antreten. Dreimal war sie während der Pandemiezeit abgesagt worden. Jetzt schicken sie jeden Tag Fotos vom Schiff, aus Bergen und Kristiansund, von den mächtigen Fjorden, Fotos vom Essen und Fotos mit dem beliebten Käpt'n. Sie sehen jung aus auf den Fotos, vital und glücklich. Charlotte freut sich mit ihnen, wenn sie die Fotos ansieht. Sie freut sich auch, dass sie das elterliche Haus in den nächsten Tagen für sich allein hat.

Drei Tage ist Charlotte in Zingst geblieben. Drei Tage mit sich allein. Die Spaziergänge am Meer haben den Kopf frei gepustet. Die täglichen Morgenseiten[7] haben ihr Klarheit gegeben. Die Fragen, die sie sich beantwor-

[7] Schreibübung, bei der für eine festgelegte Zeit alles aufgeschrieben wird, was gerade auftaucht. Gedanken, Gefühle, was auch immer. Ohne abzusetzen, ohne abzukürzen, ohne zu verbessern. Ich habe sie bei Julia Cameron (Der Weg des Künstlers, Knaur) kennengelernt. Sie hilft, sich zu ordnen und auszurichten. Anm. der Autorin

tet hat, und die Gelöst! Übungen haben die Perspektive weit gemacht.

Und dann hat sie Karos beklemmendem Gefühl zugehört.

Sie hat sich ans Meer gesetzt, oben auf dem Deich, wo sie als Kind schob ihren magischen Moment erlebt hat.

Dort konnte sie Karo begegnen.

Zusammen haben sie aufs Meer geschaut, den Wellen gelauscht und den Atem gespürt. Und Charlotte hat Karos Zweifeln zugehört. Ganz ruhig, aus ihrer Mitte heraus.

Karo ist nicht ängstlich. Sie zweifelt und weiß nicht weiter, sie will etwas schaffen. Und unter all den Zweifeln und unter der Ratlosigkeit darüber, wie es weitergeht, ist sie traurig. Das beklemmende Gefühl ist Traurigkeit.

Sie ist traurig darüber, dass sie es nicht geschafft hat. Traurig, weil ihr Traum sich nicht erfüllt hat. „Noch nicht", hat sie leise gesagt, voller trauriger Hoffnung. Ihr Traum, angekommen und gleichzeitig frei zu sein. Der Ort, den sie damit verbunden hat, fast ein ganzes Jahr lang, ist Ehmkenhagen. Ankommen und frei sein, das hat sie verbunden mit dem Haus in Ehmkenhagen, das war das Bild, das sie davon hatte: Einen schönen Ort hat sie schaffen wollen, für sich und für Maik und für andere inspirierende Menschen. Ein Zufluchtsort für einige, ein Schaffensort für andere. Sie hat sich dort gesehen. So, wie sie ist und mit allem, was sie kann.

Mit Gelöst!

Sie hat sich dort gesehen, allein, schreibend und als Gastgeberin. Manchmal wäre sie auch unterwegs. Sie hätte ein Zuhause, zu dem sie gern zurückkäme.

Ja, Karo ist traurig. Charlotte hat sie gefragt, was sie bräuchte.

„Frei sein", hat Karo geantwortet, ohne auch nur einen Moment zu überlegen. Sie möchte sich frei fühlen. Tun, was sie tun kann. Ohne etwas beweisen oder schaffen zu müssen. Sie möchte frei sein. Gelöst! Mutig und frei den eigenen Weg gehen. Ihren Weg. Dazu gehört ein Zuhause.

„I've arrived.

I am home.

In the here, in the now.

I am solid, I am free.

In the ultimate I dwell. [8]

Karo-Charlotte wünscht sich dafür auch einen Ort.

Noch ein anderer Anteil von Charlotte hat sich gemeldet, als sie dort mit ihrem Karo-Anteil am Strand saß: Ein Teil ohne Namen – der Teil, der etwas schaffen möchte. Der etwas schaffen muss. Ein Macherteil.

Karo hat ihm aufgezählt, was er alles gemacht und geschafft hat – es war so viel. Es zählte nicht für ihn. Für ihn war nichts übrig geblieben von all den Erfahrungen, den Ausbildungen, den Reisen, dem Erschaffenen. Es war

---

[8] Meditationstext von Thich Nhat Hanh

nicht genug Geld auf dem Konto. Er wollte etwas schaffen. Er musste. Für Charlotte. Damit sie sich gut fühlt.

Charlotte hat ihre Aufmerksamkeit wieder auf ihren Atem gelenkt, als dieser Teil sich zeigte. Sie atmete mit ihm, mit dem Teil ohne Namen. Es war ein männlicher Anteil, das spürte sie. Sie atmeten lange zusammen. Charlotte bemerkte, wie sich dieser Teil schließlich entspannte.

„Es ist gut", sagte sie schließlich.

Und ganz in der Tiefe formten sich die Worte: Es ist genug.

Das konnte der Teil ohne Namen annehmen. Zusammen mit Charlotte und mit Karo.

Es ist genug. Und alles, was noch kommt, – und das wird viel sein, was auch immer das heißt, meinte Karo – es ist genug.

Lass los. Wir machen es, wie es passt. Mit dem, was kommt.

Es war ein inneres Zwiegespräch zwischen Charlotte, Karo und dem Teil ohne Namen. „Es ist genug", waren die Worte, die blieben und von denen keiner der drei sagen konnte, wer sie zuerst gedacht oder ausgesprochen hatte.

Als sie dort am Strand saß, meldeten sich noch andere Teile: ein wütender Teil. Er war wütend darüber, es nicht geschafft zu haben.

Und ein spöttischer Teil, der sagte: „Schuster, bleib bei

deinen Leisten." Er fragte die anderen, worüber sie eigentlich traurig oder wütend wären. „Weil Charlotte kein Schloss kaufen kann?"

Charlotte atmete und hörte ihren Anteilen zu. Mit Mitgefühl. Und schließlich konnte sie sie verstehen. Sie alle wollten dafür sorgen, dass es ihr gut ging. Dass sie sich zu Hause fühlt, wollte die Traurigkeit. Dass sie sicher ist, wollte der Teil, der etwas schaffen wollte. Die Wut schützte sie davor, die Traurigkeit zu sehr spüren zu müssen.

Und Mister Spott wollte dafür sorgen, dass sie bodenständig blieb.

Am Ende saßen sie alle friedlich nebeneinander. Sie schauten aufs Meer und sie atmeten. Bodenständigkeit statt Spott, take care statt Wut, es ist genug, statt: Ich muss es schaffen.

Die Traurigkeit blieb und sie war ruhig. Sie wurde gesehen und war nicht allein.

Charlotte saß lange dort. Dann stand sie auf, zog ihre Sachen aus und ging zum Meer. Ohne stehen zu bleiben, ging sie weiter, ihre Füße berührten das kalte Wasser. Ihre Waden, Beine – sie ging einfach immer weiter. Ohne zu zögern. Das kalte Wasser tat weh auf der Haut, sie bemerkte es und ging weiter.

Mit der nächsten Welle ließ sie sich nach hinten fallen. Das kalte Wasser ließ ihren Atem stocken. Sie ließ sich vom Wasser tragen, drehte sich um und schwamm ein paar Züge. Das Wasser prickelte frisch und kalt auf ihrer Haut.

Charlotte war glücklich und frei. In diesem Moment.

Sie ging zurück, Richtung Ufer. Dann zögerte sie, weil sie gern noch ein bisschen das kalte Wasser auf der Haut spüren wollte. Sie drehte sich wieder um und ging noch einmal ins Meer und ließ sich von den Wellen tragen. Dann ging sie an den Strand, ließ sich vom Wind trocknen, zog sich ihre Sachen über die noch feuchte Haut und ging fröhlich zurück, mit den Füßen im Wasser. Die Traurigkeit war dabei, ruhig und ein bisschen weniger traurig.

Alles ist gleichzeitig.

Charlotte sitzt wieder in ihrem Citroën und fährt nach Rostock, um Maik abzuholen. Sie freut sich auf die freien Tage, die sie jetzt noch zusammen verbringen können. Maik hat gestern noch zwei Fußgängertickets für die Fähre nach Bornholm gebucht. Das mag Charlotte auch an ihm. Er macht einfach.

Bei der Timeline-Arbeit, als sie sich ihre Ressourcen bewusst gemacht hat, die sie im Laufe ihres Lebens erworben hat und die ihr geholfen haben, hat sie sich an Bornholm erinnert.

Immer, wenn sich etwas geändert hat in ihrem Leben, wenn ein neuer Abschnitt begann oder ein alter beendet war, ist sie nach Bornholm gefahren. Meistens nur mit dem Fahrrad. Oft alleine.

Das Millennium-Silvester hat sie dort gefeiert, zusammen mit der ganzen Familie, mit Max – er war noch so klein damals –, mit ihren Eltern und mit der Familie ihres Bruders.

Bornholm markiert Abschnitte für sie.

Charlotte ist immer noch traurig und die Ungewissheit über das, was wird, kostet Kraft. Und sie ist neugierig auf das, was wird, auf sich selbst, auf Gelöst! und auf die Geschichten, die sie erleben wird – in ihrem Coaching Car, vielleicht in einem alten, eigensinnigen, aber zuverlässigen Citroën, einem roten Elektroauto oder in einem Coaching Bus, auf einer Wandertour oder doch in einem Gutshaus, das offen ist für viele Menschen, die gelöst arbeiten und leben wollen, die zum Seminar kommen oder zum Gelöst! Retreat oder einfach, um Abstand zu finden und sich auszurichten. Oder vielleicht wird sie ganz andere Geschichten erleben und Wege entdecken, von denen sie jetzt noch nichts ahnt. Sie wird neue Gelöst! Geschichten erleben und davon erzählen.

Plötzlich beginnt die CD in Charlottes Coaching Car zu spielen.

We all live in the yellow submarine.

Gelöst! Was es ist

Wie gute und nachhaltige Lösungen entstehen

In drei Schritten zu gesundem Selbstvertrauen

DAS GELÖST! COACHINGMODELL

Liebe Leserin, Lieber Leser!

Jetzt hast du Charlotte und ihre Mitreisenden auf einigen Fahrten begleitet, vielleicht bist du in Gedanken auf dem Rücksitz mitgefahren und hast ihren Geschichten zugehört. Vielen Dank dafür. Vielleicht konntest du dich auch in manchen Geschichten und Gedanken wiederfinden oder etwas für deinen eigenen Weg mitnehmen. Das würde mich freuen.

Ich glaube, eine Sache bin ich dir noch schuldig: Das Gelöst! Konzept. Du hast so viel darüber gelesen, nun sollst du auch erfahren, was das eigentlich ist.

Charlotte sagt, dass das Gelöst! Coachingkonzept die Essenz ihrer Arbeit ist. Das, was am besten funktioniert hat in über dreißig Jahren Erfahrung in so vielen verschiedenen Bereichen, zusammengefasst in einem einfachen System.

Und hier ist es:

Die Grundannahmen

Es gibt immer einen Weg. Immer.
Davon sind Charlotte und die Gelöst! Coaches aus tiefstem Herzen überzeugt. Entweder ist es möglich, die Situation zu verändern, oder wir können unsere Haltung so ändern, dass wir mit der Situation umgehen können.

Lösung kommt von (sich) lösen.
Wir können etwas tun, um eine Lösung zu finden. Wir können etwas lösen. Oft sehen wir die Lösungen erst, wenn wir uns vom Problem lösen und die Perspektive verändern.

Bestimmt erinnerst du dich an den schwarzen Punkt und das weiße Blatt, das Bild, das Michael so fasziniert hat? Erst wenn wir uns nicht mehr nur um das Problem drehen, sondern uns davon lösen und Abstand bekommen, können wir die große weiße Fläche ringsherum sehen.

Hier liegt das Potenzial für Lösungen.

Die Gelöst! Prinzipien

Es gibt einige wichtige Prinzipien, die dem Gelöst! Coaching zugrunde liegen. Ihnen ist es zu verdanken, dass es so gut funktioniert. Sie spiegeln die Haltung wider, auf der dieses Konzept beruht. Vielleicht erinnern dich einige dieser Prinzipien an die Geschichten von Charlotte und ihren Mitreisenden.

Langsamkeit
„Wenn du es eilig hast, geh langsam."

Wenn wir uns Zeit nehmen und uns trauen, langsam zu sein und Pausen zu machen, uns und dem anderen Zeit geben, zeigt sich die Lösung um so leichter und schneller. Langsam sein heißt auch zu vertrauen und sich, den anderen und den Prozess wertzuschätzen.

Csilla würde dieses Prinzip „Lassan de bisztosan" nennen, langsam aber sicher. Auch schön.

Gleichwertigkeit
Als Menschen haben wir von vornherein alle den gleichen Wert, nämlich 1. Es gibt keinen Menschen, der etwa den Wert 0,95 oder 1,05 hat. Das gilt auch und erst recht im Gelöst! Prozess. Egal, in welcher Rolle wir gerade sind – Klient oder Coach, Fahrerin oder Mitreisende –, wir sind als Menschen absolut gleichwertig.

Charlotte hat es in ihrem roten Auto leicht, mit Menschen ins Gespräch zu kommen. Die Mitreisenden erzählen von sich und Charlotte auch. Sie begegnen sich auf Augenhöhe, Menschen mit unterschiedlichen Erfahrungen. Alter, Bildungsstand, Hautfarbe, Beziehungsstatus, Kontostand, berufliche Position, sexuelle Erfahrungen und vieles andere unterscheidet sie, nur in einem sind sie alle gleich: Sie sind Menschen. Gleichwertig.

Expertenstatus

Jeder Mensch ist Experte für sich selbst, für seine Lösungen und Ziele.

Im Gelöst! Prozess ist der Gelöst! Coach Experte für den Prozess, nicht für die Lösung der anderen.

Charlotte sagt, dass sie Lösungen hören kann. Sie weiß nicht, welche Lösungen die richtigen sind, aber sie weiß, dass es welche gibt und dass jeder Mensch seine eigene Lösung, seinen eigenen Weg finden kann.

Loslassen, was nicht funktioniert

„Wenn etwas nicht funktioniert, tue etwas anderes", ist ein Leitsatz in der lösungsfokussierten Arbeit.

Loslassen, was nicht guttut – das gilt auch für Gedanken, innere Einstellungen, Probleme. Das gilt sogar für den Gelöst! Prozess – wenn er nicht passt, tue etwas anderes.

Diese Aufgabe haben wir immer wieder im Leben: Loszulassen, was nicht funktioniert. Vielleicht muss auch Charlotte ihren Traum vom Gutshaus loslassen.

Manchmal kann es schmerzhaft sein, liebgewordene Ideen, Menschen, Gewohnheiten loszulassen. Und es macht frei für Neues.

Trotzdem: Viel Glück, Charlotte!

Akzeptieren, was ist

„Es ist, wie es ist."

Eine innere oder äußere Situation zu akzeptieren, statt damit zu hadern und sich im Hätte, Könnte, Wäre ... zu verlieren, ist die Voraussetzung dafür, sie loszulassen und zu verändern.

Denk nur an Betty. Als es ihr gelingt, ihre Wut zu akzeptieren, statt sie loswerden zu wollen, gelingt es ihr auch, damit umzugehen. Mehr noch, die Wut wird ein wichtiges Warnsignal für sie.

Vertrauen

Jeder Mensch hat die Fähigkeit, passende Lösungen für sich zu entwickeln. Im Gelöst! Prozess geht es darum, diese Fähigkeit zu aktivieren, um damit Vertrauen zu sich selbst zu fördern.

Charlotte durfte tausendfach erleben, wie Menschen kleine und große Lösungen für sich finden – auch die Menschen in ihrem Auto. Das gibt ihr Vertrauen in Menschen und in den Gelöst! Prozess. Und das wiederum hilft den Menschen, die ihr begegnen, zu vertrauen. Vor allem sich selbst.

Freude

Das ist vielleicht das Wichtigste: Freude am Prozess, Freude an Entwicklung.

Und das ist auch ein wichtiges Anliegen dieses Buches:

Freude am Coaching zu wecken und dazu beizutragen, dass Coaching und Psychologie endlich auch in unserer

Kultur etwas Normales werden – so wie wir uns einen Friseurbesuch, eine Vorsorgeuntersuchung, eine Mitgliedschaft in einer Sportgruppe oder einen Saunagang gönnen, um etwas zu überprüfen, um gesund zu bleiben, um weiterzukommen oder einfach, um uns selbst etwas Gutes zu tun.

Gelöst!
Alles, was du hier gelesen hast, sind in Charlottes Welt, mit ihrem Wissen und ihren Erfahrungen nützliche und hilfreiche Coachingprinzipien. Es gibt bestimmt auch Situationen, in denen sie nicht hundertprozentig gelten und in denen es hilfreich ist, sich davon zu lösen oder sogar das Gegenteil zu tun – auch für Charlotte.

Nachdem du nun die Haltung, die dem Gelöst! Konzept zugrunde liegt, nicht nur in den Geschichten gespürt, sondern hier auch noch mal zusammengefasst lesen konntest, lass uns nun zum Kernstück, dem eigentlichen Gelöst! Modell kommen. Es lässt sich am einfachsten in einer Grafik darstellen: dem Lösungsquadrat. Ich hoffe, es ist einfach genug, damit auch Ex-Grafikguru Ansgar seine Freude daran hätte.

Das Lösungsquadrat beschreibt die drei Ebenen und drei Phasen guter Lösungen. Mit Hilfe des Lösungsquadrates ist es möglich, zu ganz persönlichen, sofort wirksamen und nachhaltigen Lösungen zu kommen.

Das einfache Lösungsquadrat

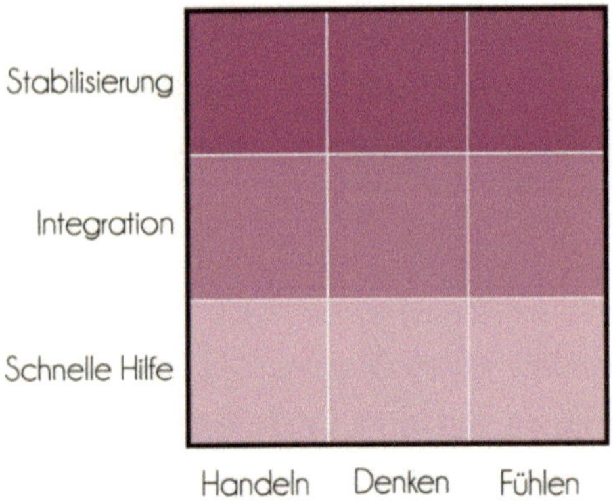

Die Lösungsphasen

Schnelle Hilfe

Vielleicht kennst du auch Situationen, in denen ein Gefühl so stark wird, dass man wie gelähmt ist und gar nichts tun oder sagen kann oder in denen es mit ganzer Kraft herausbricht, unkontrolliert, wie bei Betty am Anfang. Oder Situationen, in denen wir in wiederkehrenden Gedankenkreisen gefangen sind, die uns nicht loslassen. Situationen, in denen wir nicht wir selbst sind und uns unseren Gefühlen und Gedanken ausgeliefert fühlen. So wie es Gerd erging, als er das leere, beklemmende Gefühl hatte und vor seinen eigenen Gedanken fliehen wollte.

Dann ist es gut, wenn wir über Strategien verfügen, die uns helfen, unsere Gedanken, Gefühle und unser

Handeln schnell wieder lenken zu können. Sofort-Hilfe-Strategien sozusagen.

Die Herausforderung dabei ist, dass uns in einem solchen Moment, in dem uns ein Gefühl wie Schmerz, Wut, Angst, Eifersucht, Schuld oder Traurigkeit überflutet, nichts einfällt. Mehr noch, nichts einfallen kann.

Wenn ein Gefühl derart stark ist, blockiert unser Gehirn den Informationsfluss und wir haben keinen Zugriff auf die Hirnregionen, die für kluge Gedanken und kreative Ideen zuständig sind. Darum ist es wichtig, solche schnell wirksamen Ministrategien bereits vorbereitet zu haben, sodass wir nur noch darauf zurückgreifen brauchen.

Im Gelöst! Konzept werden diese erarbeiteten, individuellen Sofort-Hilfe-Strategien in einem Schnelle-Hilfe-Koffer gesammelt und nach Wirksamkeit geordnet.

Betty, Csilla, Gerd und Michael haben ihren eigenen Schnelle-Hilfe-Koffer entwickelt. Wahrscheinlich hast du bemerkt, dass es ein Prozess ist, den persönlichen Schnelle-Hilfe-Koffer mit den eigenen Strategien zu füllen, zu überprüfen und immer wieder anzupassen. Oftmals verändert und reduziert er sich im Laufe der Zeit. Bei Gerd stand zum Schluss nur noch ein Wort darin: Danke.

In dieser Schnelle-Hilfe-Phase geht es also um die Fähigkeit, in emotional schwierigen Situationen Abstand vom Problem zu bekommen, um unser Handeln, unsere Gedanken und Gefühle wieder in eine positive Richtung zu lenken.

Für viele Menschen macht es einen großen Unterschied, wenn sie wissen, dass sie immer etwas tun können, um sich augenblicklich besser zu fühlen. Sie fühlen sich nicht mehr ausgeliefert, sondern sind vorbereitet auf all die Überraschungen, die das Leben für sie bereithält, und sehen ihnen mutig entgegen.

Integration (oder: Frieden finden)

In der Schnelle-Hilfe-Phase entwickeln wir also die Fähigkeit, schwierigen Situationen gewachsen zu sein. Mit dem Schnelle-Hilfe-Koffer können wir erfahren, dass wir in jedem Moment beeinflussen können, wie es uns geht.

Die zweite Phase geht über die situative Fähigkeit, sich im Moment zu stabilisieren, hinaus. Es geht hier eher um eine generelle Haltung sich selbst und unserer Umwelt gegenüber. Manche sagen dazu „mit sich im Reinen sein". Das klingt für dich möglicherweise unerreichbar. Ich glaube auch, dass es nur sehr wenige Menschen gibt, die dauerhaft in diesem Zustand sind. Bewusst hinzuschauen ist ein erster wichtiger Schritt.

Der Psychoanalytiker C.G. Jung sagte einmal: „Wer nach außen schaut, träumt, wer nach innen schaut, erwacht."

Genau das ist hier gemeint. Die Menschen in Charlottes Auto schauen hin. Auf unterschiedliche Weise schöpfen sie Kraft aus dem, was sie in ihrer Vergangenheit erfahren haben, aus dem Reichtum, der in ihnen liegt, und aus dem, was sie für ihre Zukunft anstreben.

Bettys Geschichte zeigt, wie es gelingen kann, sich mit der eigenen Lebensgeschichte zu versöhnen und die Ressourcen, die daraus erwachsen sind, zu erkennen.

Gerd findet Zugang zu seinen Gefühlen und inneren Anteilen und lernt, sie wertzuschätzen.

Und Michael hat erlebt, welche Kraft darin liegt, sich bewusstzumachen, was ihm in seinem Leben wichtig ist und welche Ziele er wirklich erreichen will.

Wenn wir all das respektieren und achten können, dann sind wir dem Zustand, den wir als „mit sich im Reinen sein“, „bei sich sein“ oder „ich selbst sein“ bezeichnen können, ein ganzes Stück nähergekommen. In dem Konzept der inneren systemischen Arbeit, das für Charlotte und die Menschen, die sie begleitet, so hilfreich ist, wird dieser Zustand auch als „im Selbst sein“ bezeichnet.

Stabilisierung

Gewohnheiten sind mächtig. Manchmal bin ich froh darüber. Zum Beispiel wenn ich nicht lange genug geschlafen habe, der Morgen grau ist und ich eigentlich gerne im Bett bleiben möchte. Trotzdem stehe ich auf, dusche, putze mir die Zähne, koche einen Tee und fahre zur Arbeit. Gewohnheit hilft. Es ist wie beim Sport treiben: Zuerst ist es Überwindung, irgendwann geht es leichter, dann geht es wie von allein und schließlich brauche ich ihn, um mich gut zu fühlen.

So ist es auch mit emotionalen Gewohnheiten. Wenn

wir lange Zeit immer wieder mit demselben Gefühl auf bestimmte Situationen reagiert haben, beispielsweise mit Angst, Wut oder Unsicherheit, dann ist dieses Muster fest im Gehirn manifestiert. Ich vergleiche das gern mit einer Straße. Wenn wir uns die synaptischen Verbindungen, die durch unsere gewohnten emotionalen, kognitiven und Verhaltensmuster entstanden sind, als Straße vorstellen, dann sind das intakte, bequem befahrbare, sechsspurige Autobahnen. Wenn wir jedoch auf andere Weise reagieren, dann ist das dagegen zunächst ein schmaler Trampelpfad. Wenn wir nicht achtgeben, wird unser Gehirn weiterhin die breite Autobahn wählen. Es braucht eine Weile, in der wir den Trampelpfad immer wieder bewusst gehen müssen, bis er breit und bequem genug ist und unser Gehirn automatisch – also gewohnheitsmäßig – diesen Weg nimmt.

Um das, was wir im bisherigen Gelöst! Prozess – also in der Schnelle-Hilfe-Phase und in der Integrationsphase – erkannt und erarbeitet haben, dauerhaft umzusetzen, ist es wichtig, es zu üben, zu verinnerlichen und zu festigen. Dranzubleiben.

Oder wie Saira das nennt: aufzuräumen. Immer mal wieder.

Dafür dient die Stabilisierungsphase.

Die Lösungsebenen

Gerd hat es treffend beschrieben:

Die drei Lösungsebenen Handeln – Denken – Fühlen brauchen einander wie die Erde, die Luft und das Wasser einander brauchen. Wenn eine der drei Komponenten fehlen würde, gäbe es kein Leben. So ist es auch mit unserem Handeln, Denken und Fühlen. Gute Lösungen vollziehen sich auf diesen drei Ebenen.

Handeln

Nicht zufällig steht das Handeln an erster Stelle im Lösungsquadrat. Mein Lehrer für Neurolinguistisches Programmieren, Volker Warnke, sagte: „Selbstwertgefühl kommt nicht durch das Gefühl, sondern durch das Tun."

Sicherlich kennst du auch den Ausdruck „ins Tun kommen wollen". Eigentlich wissen wir genau, was uns guttut, aber wir tun es nicht.

Es gibt so viel Wissen, so viele Modelle und Konzepte. Und auch wenn es hier gerade um ein Modell geht – Konzepte und Modelle sind nicht das, worauf es ankommt. Sie erklären und vereinfachen nur, sie zeigen Wege. Wenn wir wirklich etwas erreichen wollen, genügt es nicht, sich darüber Gedanken zu machen und sich in Gedankenkreisen zu verfangen, sondern es kommt darauf an, das Wissen umzusetzen, etwas zu tun. Und wenn wir etwas verändern wollen, müssen wir etwas anderes tun als bisher. Etwas anderes tun kann auch bedeuten, weniger zu tun oder gar nichts zu tun. Wenn ich zum Beispiel denke, ich müsste eine Pause einlegen, geht es mir nicht besser durch den Gedanken, sondern nur dadurch, dass ich die Pause tatsächlich mache. Ich tue bewusst nichts.

Was auch immer wir erreichen wollen, es beginnt mit dem ersten Schritt. Michael würde sagen: „Einfach machen." Durch unser Handeln werden Veränderungen sichtbar. Es entsteht etwas, was bleiben oder sich weiter verändern kann. Wie alles, was in und auf der Erde wächst und was auf ihr gebaut wird.

Denken

Wie die Erde die Luft braucht, damit Leben auf ihr wachsen und gedeihen kann, so brauchen wir unsere Gedanken, um sinnvoll handeln zu können. Unsere Gedanken sind flüchtig wie die Luft. Sie kommen und gehen, mal aus der einen, mal aus der anderen Richtung. Wie der Wind. Manchmal kreisen sie, verfestigen sich und drehen sich immer schneller. Wie ein Orkan. Dann sind wir in ihnen gefangen und können sie nicht mehr lenken. Sie können aber auch frei sein wie die Luft. Wie der Wind Luftmassen aus verschiedenen Richtungen von weither bringen kann, können wir mit unseren Gedanken verschiedene Blickwinkel und Perspektiven einnehmen. Wie Wolken am Himmel zeigen sich dann Lösungen – ganz klein und leicht oder groß und kraftvoll.

Und wir können unser Handeln danach ausrichten. Wenn wir ein Ziel vor Augen haben und es uns genau vorstellen können, ist es leicht, dorthin zu gehen. Dann wirken unsere Gedanken wie ein kräftiger Rückenwind.

So ging es auch Charlotte, Bea und Steffi, als sie sich vorstellten, wie es wäre, wenn ein Wunder passiere und eine wertschätzende und gleichwertige Kultur in Unternehmen wirklich gelebt würde. Allein diese Vorstellung hat sie motiviert. Ihre Vision hat ihnen ermöglicht, erste Schritte festzulegen und umzusetzen.

Fühlen

Wenn wir bei Gerds Bild von den Elementen Erde, Wasser und Luft bleiben, dann sind unsere Gefühle wie das Wasser. Sie sind immer da, mal stärker, mal schwächer. Manchmal sind sie seicht und ruhig wie das ruhige, klare Wasser der Ostsee an warmen Sommertagen. Manchmal leicht und fröhlich wie ein Gebirgsbach, der munter dahinplätschert. In stürmischen Zeiten sind unsere Gefühle kraftvoll wie der Ozean. Dann können sie sogar so stark werden, dass sie alles überfluten. Das Wasser ist immer in Bewegung. Ohne Wasser ist kein Leben möglich. So ist es auch mit unseren Gefühlen. Sie machen uns lebendig und bestimmen, ob unser Leben glücklich und erfüllt ist oder ob wir es als Last empfinden. Ohne Gefühle könnten wir vielleicht mechanisch und sogar effizient handeln und logisch denken. Aber das, was uns Mensch sein lässt, würde fehlen – Freude, Erfüllung, Glück, Traurigkeit, Liebe, Angst oder Zorn. Unsere Gefühle bestimmen unsere Gedanken und letztlich auch unser Handeln – und umgekehrt.

Charlotte hat zum Beispiel ihre Charlottestrategie. Wenn sie sich überlegt, was schlimmstenfalls passieren könne und was sie dann tun könne, hilft ihr das, um sich zu beruhigen. So bleibt sie handlungsfähig.

So wie die Erde, das Wasser und die Luft die Qualität des Lebens bestimmen, so bestimmen unsere Handlungen, unsere Gedanken und unsere Gefühle die Qualität unserer Lösungen. Und so wie es darauf ankommt, achtsam mit der Erde, dem Wasser und der Luft umzugehen, um das Wunder des Lebens zu bewahren, so wichtig ist es, achtsam mit unserem eigenen Leben umzugehen und zu lernen, auf eine Weise zu handeln, zu denken und zu fühlen, die uns und unserem Leben guttut. Und was wir tun, was wir denken und wie wir mit unseren Gefühlen umgehen, können wir beeinflussen.

Es gibt immer einen Weg. Immer.

Dieses Lösungsquadrat ist nur ein Modell. Ein Modell vereinfacht Dinge und macht sie handhabbar – wie Ansgar es erklärt hat. Und dadurch wird es leicht.

Das erweiterte Lösungsquadrat

Kennst du die Neun-Punkte-Aufgabe? Sie besteht darin, die neun Punkte eines Quadrates mit vier Linien zu verbinden, ohne den Stift abzusetzen. Dabei müssen die Grenzen des Systems überschritten werden, um die Lösung zu finden. Wir müssen uns out-of-the-box bewegen.

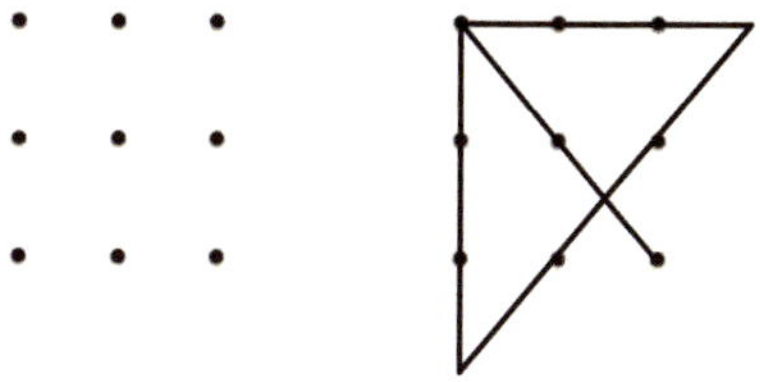

Ein ähnliches Phänomen gibt es auch beim Lösungsquadrat.

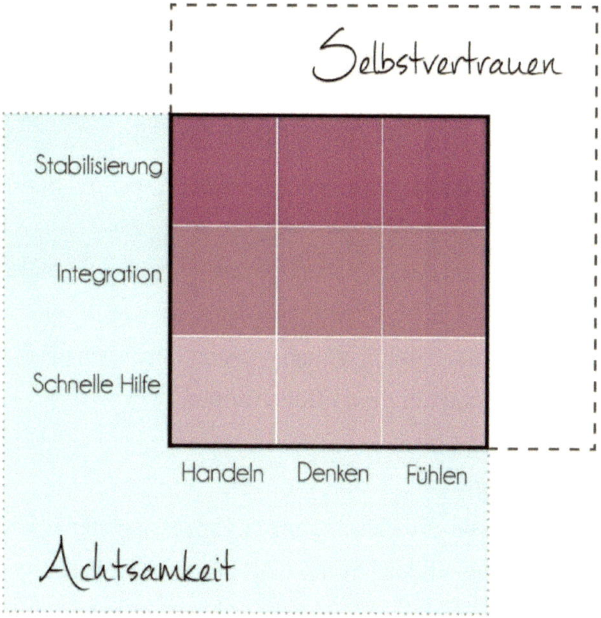

Selbstvertrauen

Stell dir vor, dass du alle drei Phasen des Lösungsquadrates durchlaufen hast:

- Du kennst einen Weg, um in schwierigen Situationen handlungsfähig oder sogar gelassen zu bleiben,
- du hast im Großen und Ganzen eine respektvolle, freundliche Perspektive auf dich selbst und die Welt um dich herum
- und es ist dir sogar schon zur Gewohnheit geworden, auf diese Weise zu denken, zu handeln und zu fühlen.

Was soll dir dann schon passieren?

Welche Herausforderungen das Leben auch immer für dich bereithält – du wirst einen Weg finden. Du kannst mutig und frei deinen Weg gehen und dir vertrauen.

Du wirst sozusagen mit einem übergeordneten Effekt belohnt: mit einem gesunden Selbstwertgefühl und Selbstvertrauen.

Und das wiederum beeinflusst dein Handeln, Denken und Fühlen. Du wirst mehr von dem tun, was dir guttut, deine Gedanken dahin lenken, wo sich Lösungen für dich auftun und dich in dir zu Hause fühlen.

Achtsamkeit

Der Schlüssel für diesen ganzen Prozess ist der gegenwärtige Augenblick. Wenn wir bewusst wahrnehmen, was gerade jetzt in uns und um uns herum geschieht, entsteht eine kleine zeitliche Lücke zwischen Reiz und Reaktion. Dadurch können wir unser Handeln, Denken und Fühlen steuern.

Vielleicht denkst du jetzt: „Was, das soll alles sein?"

Ja. Das ist alles.

Darauf zu achten, was in diesem Moment in mir und um mich herum geschieht, bedeutet, dass ich diesen gegenwärtigen Augenblick bewusst wahrnehme. Ich sehe, höre, fühle, rieche und schmecke, was jetzt gerade da ist. Das bedeutet auch, dass ich mir bewusst darüber bin, was ich gerade jetzt tue, denke und fühle. Das gibt mir etwas Abstand und versetzt mich in die Lage, meine Handlungen, Gedanken und Gefühle in eine Richtung zu lenken, die gut für mich ist.

Bewusst wahrzunehmen und zu akzeptieren, was ist, ist die Grundlage für den Gelöst! Prozess. Das Wort, das dafür oft verwendet wird, ist Achtsamkeit.

Achtsamkeit hat noch eine Nebenwirkung: Sie verlängert das Leben. Ist es nicht so, dass wir mit unseren Gedanken und Gefühlen irgendwo in der Zukunft oder in der Vergangenheit umherschwirren, statt auf das zu achten, was gerade jetzt da ist? Kennst du das auch, dass du dich bei einer Autofahrt plötzlich wunderst, dass du schon an einer bestimmten Stelle bist, ohne dich an die Fahrt bis hierher erinnern zu können? Oder dass der Teller schon leer ist, ohne dass du darauf geachtet hast, wie du ihn leer gegessen hast?

Wir verschenken damit so viel Gegenwart. Und die Gegenwart ist der einzige Zeitpunkt, in dem unser Leben stattfindet. Immer nur jetzt gerade. Und jeder Augenblick, der vorbei ist, ist endgültig vorbei. Kein einziger Augenblick lässt sich wiederholen. Und die Anzahl der Augenblicke, die ein Leben hat, ist endlich.

Kannst du dich an Bettys Fazit erinnern: „Eigentlich ist Achtsamkeit eine lebensverlängernde Maßnahme."

Betty hat recht, finde ich.

Es gibt noch einen anderen Aspekt, der mindesten genauso wertvoll ist: Achtsamkeit hilft, das Leben reich zu machen. All die Schönheit, die kleinen und großen Momente, glückliche ebenso wie traurige, bewusst zu erleben. Akzeptieren zu können, dass all das zum Leben gehört. Und die Kraft zu haben, beizutragen, was wir können, damit das Leben schön bleibt. Damit es bleibt.

Liebe Leserin, lieber Leser! Nun kennst du die drei Schritte, die Haltung und die Grundlagen des Gelöst! Prozesses.

Es ist möglich, mit Vertrauen durchs Leben zu gehen. Auf dem eigenen Weg, mutig und frei. Für Betty und Gerd, für Saira und Ravi, für Michael, für Csilla, für Ansgar, Steffi und Bea. Für Charlotte und Maik. Für dich.

Ich wünsche dir, dass du mutig und frei deinen Weg gehst. Mit Vertrauen und Lebensfreude. Und dass du manchmal innehältst, deinen eigenen Weg siehst und wertschätzt und dass du dir ab und zu Zeit nimmst, innerlich aufzuräumen und dich wieder auszurichten. Und du weißt ja: Coaching kann dabei helfen :)

ENDE

EPILOG

„Oh, Charlotte!“, sagte Mathis, mein Neffe, und verdrehte die Augen. Fragend sahen Max und ich ihn an.

Wir saßen gerade beim Abendbrot, mein Bruder Mario und seine Frau waren seit langem mal wieder ausgegangen und Max und ich waren vorbeigekommen, um mit den Kindern zusammen zu essen. Ich hatte ein Curry gekocht, nach einem Rezept von André, einem Koch, den wir beim Segeln in Indonesien kennengelernt hatten.

Ich war stolz auf das Curry, auf die Geschichte dazu, darauf, dass der Koch mir sein Rezept verraten hatte, und darauf, dass es immer allen schmeckte. Ich redete die ganze Zeit, und als ich gerade erzählte, dass ich immer so viel kochen würde, dass das Curry mindestens für zwei Tage reiche, dass es aber jedes Mal nach der ersten Mahlzeit aufgegessen war, egal, wie viel ich kochte, sagte Mathis: „Oh, Charlotte!“

Marlene, seine Schwester, kicherte, und ich fragte Mathis, was er meine.

„In unserer Klasse ist auch ein Mädchen, das immer so viel plappert“, erklärte er. „Die heißt Charlotte.“

Gleich darauf hielt er sich erschrocken die Hand vor den Mund. Als wir alle lachten, stimmte er aber mit ein.

Ich erzählte den Kindern, dass mir der Name gefiele und dass Max vielleicht Charlotte hieße, wenn er ein Mädchen geworden wäre.

Seitdem nannte Max mich halb genervt und halb liebevoll Charlotte, wenn ich in seinen Augen Blödsinn redete oder zu viel plapperte. Bald sagte er nur noch Charlotte zu mir. Oder Charlotti, wenn er gute Laune hatte. Charlotti. Mir gefällt das immer noch.

Die Charlotte in meinem Buch, die meinen roten Citroën fährt, wäre ich auch gerne. Ich ruhe nicht immer so in mir wie Charlotte das tut. Manchmal schon. Oft, wenn ich arbeite. Viele der Geschichten, denen Charlotte zuhört, habe ich so oder ähnlich gehört, und vieles von dem, was Charlotte erlebt hat, habe ich erlebt. Einige Geschichten, die in mein Leben gehören, kennt Charlotte nicht. Und manche Geschichten, von denen sie erzählt, habe ich so nicht erlebt.

So ist es auch mit den Geschichten der Mitfahrenden. Ich kenne Menschen, die diese oder ähnliche Geschichten erzählt haben. Einige haben andere Namen.

Einen gibt es wirklich: den roten Citroën, den C3 – Charlottes Coaching Car.

DANKE

Danke an alle, deren Geschichten und Wege mich zu den Episoden, die ich hier erzähle, inspiriert haben. Danke für euer Vertrauen und dafür, dass ihr es euch wert seid, euch um euch zu kümmern.

Danke an dich fürs Lesen. Für deine Neugierde. Ich hoffe, du hast gefunden, was du dir erhofft hast – oder etwas Anderes, was dich inspiriert. Oder es hat dir einfach Spaß gemacht. Das wäre schön. Schreib mir gerne, was dich in irgend einer Weise angeregt hat. Ich bin gespannt.

Ich habe vorher nicht gewusst, dass ein Buch wirklich das Produkt von Teamarbeit ist:

Danke an alle, die mir geholfen haben. Gela Löhr dafür, dass aus der Idee ein Manuskript wurde. Dein buchmentoring hat mir geholfen dranzubleiben. Den Testleserinnen Stephanie Finkler und Tina Hackmann für euer Interesse und eure wohlwollenden, unterstützenden Kommentare. Romy Schneider und Katrin Opatz für das sorgfältige Lektorat und Korrektorat. Ich habe mich verstanden gefühlt von euch. Stefanie Scheurich für Cover und Buchsatz – und für deine unerschütterliche Geduld. Der Familie Mekken an der holländischen Nordseeküste danke ich für den schönsten Schreibplatz ever.

Ich danke Anne-Katrin Schlegel für die Unterstützung bei der Buchreleaseparty, fürs Mitdenken, Lesen, Korrigieren, für deine Ideen. Das motiviert und ermutigt mich.

Maik, danke fürs Rückenfreihalten und dafür, dass du immer an mich glaubst.

Und danke an Max, einfach so.

Mehr über das Gelöst! Coaching, über Seminare und Weiterbildungsangebote der Gelöst! Akademie oder über anstehende Lesungen kannst du hier erfahren:

www.geloest-coaching.de

MEER.